魚と人の文明論

秋道智彌 著

臨川書店

目次

終　章　魚と人の文明論―統合知の地平

序章　魚と人を語る――文明論の視点

第1節　魚と人のかかわり

人類と魚

魚の問題から、人類の文明をどのように位置づけることができるだろうか。魚と人類の出会いは遠くさかのぼる。両者のかかわりが大きく変化したのは、漁撈を通じてであろう。先史時代の遺跡に残る魚骨や釣りばり、ヤス、石のおもり（石錘）などがその証拠となる。日本では三浦半島の夏島貝塚（横須賀市）から出土した釣りばりが最古とされる。約一万年前の縄文早期にあたり、日本ではそれより古い旧石器時代の釣りばりは知られていなかった。

ところが、沖縄本島南部の旧石器時代遺跡であるガンガラー窟（沖縄県南城市）内のサキタリ洞遺跡から二万三〇〇〇年前のものとされる釣りばりが出土した。実物を沖縄県立博物館・美術館でみたが、ニシキウズガイ製の単式釣りばりで幅一・四センチの小さなものであった。この遺跡からブダイやアイゴ、オオウナギなどの魚骨も随伴して出土している（Fujita *et al.* 2016; 山崎 2015）。沖縄は当時、大陸や台湾とは陸つづきではなかった。海を越えて沖縄にいたった旧石器時代人が釣りばりで魚を獲っていた可能性は大きい。

東南アジア・小スンダ列島ティモール島のジュリマライ遺跡からも二万二〇〇〇年前のサラサバテイラ製の釣りばりとともに外洋性のマグロ・カツオの魚骨が出土した（O'Conner *et al.* 2014）。相次ぐ発掘の成果は、漁撈活動がすでに旧石器時代から営まれていたことを示しており、人類史における海と人類とのかかわりを再考する大きな契機となった。

魚と養殖

人類は魚介類を一方的に獲るだけでなく、魚や貝類・海藻を養殖してきた。この営みはふつう水産養殖、アクアカルチャー（aquaculture）と称される。アクアは「水」、カルチャーは「養殖」のことを指す。カルチャーは広義で「文化」を表すように、アクアカルチャーは自然物から文化の産物として水産資源を生産することを指す。ただし魚の場合、養殖は魚卵をふ化させ、成魚まで育てる営みであるが、蓄養は幼魚ないし未成魚を一定期間、生け簀などで育てることを意味する。

魚の養殖は技術的にもわりと新しいが、蓄養の歴史は古くさかのぼる。すでに紀元前一一世紀、中国の殷代に養魚に関する記載があり、以下のように説明されている。「中国養魚最早的書載見於殷墟卜辞中之〈在圃魚〉、卜辞之中多次記載商王在秋冬之期在圃捕魚、圃是殷王畜養魚鱉的地方」。養魚はのちに「家魚」と称された。時代は下るが、紀元前五世紀の春秋戦国時代に、養魚に関する最古の書物である『范蠡（はんれい）養魚経』のなかで鯉が蓄養されていたことが記述されている。当時すでに、蚕の蛹を魚の餌とする混合式の蓄養がおこなわれていた。その伝統は現在まで継承され、とくにコイ科魚類の食性におうじた混合蓄養がおこなわれている。わたしは雲南省北東部の大理白族自治州にある洱海（じかい）（海抜一九六〇メートル）で、一九七〇年代以降、四大家魚（青魚、鰱魚、草魚、鱅魚）の成魚や種苗が導入されたが、外来種の稚魚が在来種を駆逐する変化が起こっていることを知った（秋道 2008）。

前漢から後漢時代、四川省、雲南省などにおける墳墓の副葬品に「陂塘稲田模型」と称される素焼きの器が出土した。陂塘は一種のため池で、農業灌漑用としてだけでなくハスやヒシの栽培、さらには養魚地としても利用された（渡部 1994, 2005）。

蓄養の歴史は中国以外でも方々で報告されている。本書で取り上げるように、古代ローマでは魚やカキを生け簀で蓄養していた（Déry 1997）。太平洋のハワイ王国でもロコ・イアとよばれる人工池でボラやユゴイ、サバヒーなどが飼育されていた。蓄養された魚は食用とされるだけでなく、儀礼における供物用とされた。つまり、宗教的な目的に魚が蓄養されていたわけで、供物としてもっとも貴重なブタの代用品とされた（Titcomb 1972）。

魚と文明論

人類の歴史と文明を踏まえた魚と人の論考は、どのような視点から切り込むことができるだろうか。わたしは近著の『越境するコモンズ』の第6章「コモンズと歴史」のなかで、文明についてつぎのように総括した（秋道 2016b）。文明の定義や位置づけはさまざまである。たとえば、所有権と生産管理に基づく階層制、中央集権制をともなう祭政一致の組織、職能集団・軍隊・役人と大多数の農民からなる複合的な分業社会とみなす定義や（Adams 1956）、五〇〇〇人以上の人口を擁する町、文書、象徴中心となる建造物の基本的な三要素をもつ社会とする考え方（Kluckhorn 1958）、灌漑施設による食料生産、農耕用のすき、帆走船、金属加工、暦法、度量衡、文字の使用、モニュメント、芸術などの物質文化に着目する立場（Childe 1936）のほか、税収による通貨、特権的な支配階級、国家的な祭祀階層、中央集権的な政府などの経済・社会面に注目する立場などがある。

トインビーによる膨大な歴史研究（トインビー 1975）やシュペングラーによる西洋文明批判論（シュペングラー 2007a, 2007b）、ハンチントンの『文明の衝突』論（ハンチントン 1998）など文明論には人類の思想にも影響をあたえた大きな蓄積がある。

こうした文明研究は西欧の研究者によるものであったが、日本の研究者からは異色の文明論が提示された。ユーラシア大陸における遊牧民と農耕民の相克史を文明の生態史観として提唱した梅棹忠夫と、陸地ではなく海洋に着目した川勝平太の海洋史観である（梅棹 1967; 川勝 1997）。川勝の論は梅棹説を陸地史観とみなし、海洋を組み込んで、日本海・シナ海（東シナ海・南シナ海）、北海・バルト海をあてはめたものである。いずれも世界の諸文明を空間的な配置関係としてとらえる見方に基盤をおいている。

これにたいして、ブローデルは『地中海』のなかで、人類の歴史を短期の波、中規模の波、長期の波として文明自体を異なる時間幅でとらえる視点を導入した（ブローデル 2004）。ブローデルの社会経済史的な視点からは、海の資源利用を流通史や経済史から分析する意義が明らかにされた。

梅棹と川勝の文明論では社会経済史的な詳細をあまり考慮せず、地理的、地政学的（ジオ・ポリティックス）な特性に依拠して文明を理解しようとする立場に貫かれている。また、川勝、ブローデルともに海洋の資源と人類とのかかわりにたいする洞察はあまりない。ハンチントンも海の問題を正面からとらえた文明論を展開しているわけではなく、文明間の緊張関係や接触による衝突に大きな関心が払われている。海の文明論を標榜しながら消化不良のまま陳腐化したとすれば、その原因はどこにあるといえるだろうか。

海洋文明に関連した人類の技術・制度には、漁撈技術、船舶、航海術、海軍、交易などの要素を挙げることができる。人類にとり海洋は居住空間ではない。生産や交易の場として、さらには超自然界とつながる神話を生み出す源泉であった。海洋空間に着目すれば、領海論や二〇〇海里排他的経済水域（ＥＥＺ）の問題が浮かび上がるが、それだけでは人類史を通じた包括的な議論はできない。藪内芳彦は漁撈技術の世界的な分布を扱ったが、文明との関係は考察されていない（藪内 1978）。船舶の歴史についても、技術論や分布論が中心であり、文明論への洞察はない（アティリオ・エンツォ 1985; Haddon and Hornell 1975）。わたしはベーリング海峡、択捉（エトロフ）海峡、津軽海峡、対馬海峡、台湾海峡、マラッカ・シンガポール海峡、マカッサル海峡を例示として、海域世界における交易と断絶に着目した論考をおこなった（秋道 2013b）。海の社会史を意識したものであったが、文明史を構築するには至らなかった。

本論では以上の諸点をふまえ、注目したのが海洋資源である。とりわけ、魚と人とのかかわりをめぐる諸問題を核として文明論を展開できないかと考えた。この点は、川勝やハンチントンともに考慮しなかった。唯一、ブローデルはアナール派の社会史研究を志向し、地中海を視野において海洋資源の交易が果たした役割に注目していた。本書では海洋文明の基盤となった海洋資源、とりわけ魚類に注目して、魚食文化と禁忌、道具・工芸品・娯楽としての利用、宗教的な教義や民俗社会における慣行、世界観に関する包括的な分析を進めたい。

魚類人類学と文明論

ここで、魚と人の文明論を展開するうえでの方法について確認しておきたい。文明論自体は歴史の解釈論であり、どのような方法を基盤とするのかについてはあまり正面切って論じられてこなかった。魚と人類、魚と文明について扱う分野も既存の学問領域にはなかった。文明論を歴史研究の一翼と考えれば、先述したブローデルらの社会史研究の方法が有効となるだろう。また、梅棹忠夫が主張するように、文明論を装置系の研究と位置づければ、自然物である魚を人間の文化・文明に取り込む技術・制度を明らかにすることが不可欠となる。

社会史と装置系の研究アプローチをさらに発展させるうえで、わたしが提案しておきたいのは「魚類人類学」の方法論である。この用語は耳慣れないことだろう。正直言えば、本邦のみならず世界で初めて提案する分野である。魚類人類学を日本語と近い中国語で「鱼的人类学」と表記しても問題ないということだ。英語に対訳すると、イクチオ・アンソロポロジー（Ichthyo-anthropology）となる。イクチオロジー（ichthyology）は「魚類学」の意味であり、ギリシャ語で「魚」を表すイクトゥス（ichthys）の学問、ロゴス（logos）を指す。

ただし、本書では生物学的分類上の魚類だけを対象とするのではない。じっさい、魚類以外の海生哺乳類や無脊椎動物をふくめて「魚」として位置づける社会が世界にいくつもある。とりあえずは、魚類（硬骨・軟骨）を中心に取り上げ、クジラやウミガメ、ナマコ、エビなども念頭において考えることとしたい。

魚類人類学と民族魚類学

魚類人類学は、魚類に関する人類学的研究を指す。魚類をあつかう研究はこれまでにもいくつもの領域でおこなわれてきた。その中心が魚類学であり、このほか魚類と人間や環境について考える水産学、漁業学、水産経済学、漁業地理学、海洋生態学などの分野がある。魚類人類学は魚類学の研究のみならずそれ以外の関連領域をふくめて考察する魚と人の総合の学と位置づけたい。

つぎに、魚類人類学と分野的にもちかい民族魚類学との関係について説明しておこう。民族魚類学は民族科学（エスノ・サイエンス）とよばれる分野の一翼を占め（寺嶋・篠原 2002）、民族植物学や民族動物学とおなじく、民族集団の知識や世界観を明らかにしようとする分野である。

では魚類人類学と民族魚類学はどこがどうちがうのか。これまでの民族魚類学は比較的小規模な社会において、魚類の民俗分類、魚にたいする民俗知、漁具・漁法の技術、流通・分配などの経済的側面、調理・食事に関する魚食文化、魚に関する観念と儀礼の研究などを個別におこなう傾向があった（秋道 1981; Anderson 1969; Morrill 1967）。しかし、これらの諸側面を統合して論じることや、魚と人間のかかわりの歴史、大文明圏や大宗教（キリスト教、仏教、イスラーム教）圏を研究対象とすることもなされなかった。

魚類人類学は人類と魚との多様なかかわりを文明論として解明することを大きな目標としている。研究の枠組みからすれば、共時的（シンクロニック）な観点とともに、先史・古代から現代にいたる歴史を踏まえた通時的

（ダイアクロニック）な研究を目指す。魚類人類学は、なかでも魚にたいする人類の認識や利用の体系、宗教・思想・哲学を総合的に文明論として解明することを目指している。本書のタイトルを『魚と人の文明論』と銘打ったのはこうした点を勘案したからである。

第2節　ヒメジ（山羊魚）と人

個に宿る全体論

ここからは、ヒメジの仲間に焦点をあて、魚と人の文明論への導入部としよう。個別のテーマに注目するのは、筆者らが以前より提唱してきた「個に宿る全体」論を提起したいからである。個別の問題に特化した思考は、それ以外の領域を無視ないし排除した狭い了見であると考えがちである。「木を見て森を見ない」のことわざにある通り、全体と部分を優位―劣位に序列化することは多くの識者が抱く発想だろう。

部分から全体を見ることは至難の技なのだろうか。「個に宿る全体」の考えは、個のなかにこそ全体があるとする主張に裏付けられている。誤解のないように言えば、この場合の個は一例報告という意味を指すのではない。個のテーマには地理学的・生態学的な変異、歴史が埋め込まれている。時間的・空間的な比較を踏まえた分析から、個別の問題の全体性（＝文明論）を明らかにするのが「個に宿る全体」のねらいである。以下、ヒメジの仲間を個にあたるテーマとして設定し、多面的に検討してみよう。

ヒメジ科の魚の分類

ヒメジの仲間は熱帯・亜熱帯から中緯度の海に生息する魚で、英語でゴートフィシュ（goatfish）とよばれ、そのまま訳すると「山羊魚」となる。日本ではヒメジの仲間にオジサン、オキナヒメジなど、ひげを連想させる和名がつけられている。これはヒメジが下あごに二本の特徴的な口ひげをもち、海底で甲殻類や多毛類などの動物性の餌を探す器官としていることに由来する。この点からして、ヒメジをゴートフィッシュとよぶことに違和感はない。

ヒメジ科（Mullidae）には、アカヒメジ属（*Mulloidichtys*）、ヒメジ属（*Upeneus*）、ウミヒゴイ属（*Parupeneus*）、メダマヒメジ属（*Mullus*）、ベニヒメジ属（*Pseudupeneus*）、ウペネイティクス属（*Upeneichthys*）があり、世界で六属約八三種が生息し、日本では三属二五種が知られている。なお、古期フランス語で mulet はボラ、ラテン語の mullus はヒメジ、古代ギリシャ語の múllos はヒメジを意味する。

中国ではヒメジの仲間はかつて羊魚科と記述されていた。羊というよりも山羊魚科とすべきだろうが、とにかく羊魚科であった。現在ではヒメジ科を鬚鯛（シュ・デュオー）科と記載する。これは「ヒゲのあるタイ」の意味でこちらのほうが納得しやすい。ただしヒメジの体型はタイのように平たくはなく、むしろコイにちかい。属名のひとつである緋鯉属は「赤いコイ」の意味であり、ヒメジ属にあたる。

全世界におけるヒメジ科（鬚鯛科）を記載した中国の「維基百科　自由的百科全書」では、擬羊魚属（アカヒメジ）、羊魚属（メダマヒメジ）、副緋鯉属（ウミヒゴイ）、擬緋鯉属（ベニヒメジ）、似緋鯉属（ウペネイティクス）、緋鯉属（ヒメジ）の合計七六種が記載されている。また台湾では、髭鯛科に擬鬚鯛属（アカヒメジ属）三種、海緋鯉属（ウミヒゴイ属）一一種、緋鯉属（ヒメジ属）八種の計二二種が報告されている。『台湾近海図鑑』では擬鬚鯛属はおなじ三種をふくむが、緋鯉属四種、海緋鯉属九種と記載数がやや少ない（沈 1984）。ここでも依然として擬羊魚属や羊魚属の名称が用いられている。

インドネシア語でもヒメジの仲間はイカン・ジェンゴット（ikan jenggot）、つまり「ひげ魚」と称される。イカンは「魚」、ジェンゴットは「ひげ」の意味である。もっとも、口ひげはコイ科の多くの魚種やナマズ目でもみられる。ナマズの一般名は英語でキャットフィッシュ（catfish）、「猫魚」である。なお、インドネシア語と言語的にちかいマレー語では、ヒメジの仲間はビジ・ナンカ（biji nangka）である（Mohsin and Ambak 1996）。ビジは「種子」、ナンカは「パラミツ（ジャック・フルーツ）」の意味である。どう考えてもヒメジのイメージと結びつかない。

ヒメジの命名法と形態の議論はこのあたりですませ、以下、世界の人びとがヒメジをどのように認識し、利用してきたのかについて歴史と地域を踏まえて考えてみよう。

ヒメジの歴史言語学

東南アジアからオセアニアに広がる言語は大きく南島語（オーストロネシアン）とパプア語（非オーストロネシアン）、オーストラリアの先住民によるアボリジニ諸語に分けることができる。南島語はマレー半島、ベトナムのチャム族、インドネシア、フィリピン、ミクロネシア、メラネシア、ポリネシア、マダガスカル島に、非南島語はニューギニアの大部分とソロモン諸島の一部にそれぞれ広がっている。このなかで南島語の起源について多くの研究がある。とくに台湾原住民の言語は南島語のホームランドとみなす考えが有力である（Blust 2013）。

歴史言語学では現在の諸言語を歴史的に遡っていったさいのひとつの言語を祖語 Proto-language と称する。祖語は（*）の記号で示す。**表序1**に示したように、台湾諸語のツォウ族、カナカナブ族、パイワン族で特定の魚ないし魚一般は *ciqaw と再構成されている。興味深いことに、フィリピン・パナイ島北部のアクラノン語

表序1　魚・ヒメジの祖語

民族	言語	意味
PAN　＊ciqaw：　魚の一種		
Tsou	czou	美味な淡水魚
Kanakanabu	ci?áu	美味な淡水魚
Paiwan	tsiqaw	魚（一般名）
PMP　＊tiqaw：ヒメジの仲間（Mullidae）		
Aklanon	tiáw	美味な骨のやわらかい魚
Cebuano	tiaw	ヒメジの一種
Chamorro	ti?ao	ヒメジ（*Upeneus vittatus*）
Rotinese	tio	小型で、儀礼に重要な魚
POC　＊tiqo：ヒメジの仲間（Mullidae）		
Loniu	tiw	ヒメジ（*Mulloidichthys samoensis*）
Seimat	tio-ti	口ひげのある魚で4～5フィートある
Motu	sio	魚の一種
Nehan	tio	ヒメジ（*Mulloidichthys flavolineatus*）
Mota	tio	口ひげのある魚

（Robert Blust and Stephen Trussel. web edition. *Austronesian Comparative Dictionary* による）

（Aklanon）、おなじくフィリピン中部に広く分布するセブ語またはビサヤ語（Cebuano）、グアム島のチャモロ語（Chamorro）、インドネシアの小スンダ列島にあるロティ島（Roti）でヒメジを表す語の祖語は＊tiqaw である。オセアニア諸語の祖語（POC）では、マヌス諸島にあるロニウ島（Loniu）、おなじくマヌス諸島のニニゴ諸島におけるセイマット語（Seimat）、ニューギニアの交易言語であるモトゥ語（Motu）、ブーゲンヴィル島北のニッサン諸島のネハン語（Nehan）、ヴァヌアツのバンクス諸島のモタ語（Mota）などにおけるヒメジの仲間の祖語は＊tiqo である。

台湾南部のツォウ族における＊ciqaw は淡水魚の魚一般を示す祖語である可能性がある（Tsuchida 1976）。この語とマラヨ・ポリネシア語の祖語（PMP）である＊tiqaw や原オセアニア語（POC）である＊tiqo とは基本的に同族の言語でないとされる。その理由は台湾では淡水魚で、台湾以外の地域では海水魚のヒメジであるからだ。なお、「魚」の原オーストロネシア語（PAN）は＊sikan である。

古代バビロニアの山羊魚

ティグリス・ユーフラティス川流域で発達した古代メソポタミア文明では、古くからさまざまな神話が語られ、形を変えて伝承されてきた。バビロニア時代から存在した占星術において、獣帯（zodiac）を黄経で一二等分した各領域（三〇度に相当）のなかの占いで使われる一二星座（黄道一二宮）が配置される。そのうちの磨羯宮は（♑）の記号で示され、太陽は二七〇度から三〇〇度の位置、つまり冬至点から大寒にとどまるとされる。この磨羯宮に位置するのが山羊座である。山羊座は頭部が山羊で胴体が魚の存在とされていた。星座の山羊座はカプリコーン（Capricorn）で、ラテン語のカプリコヌス（Capriconus）に由来する。カプリは「山羊」、コヌスは「角のある」の意味である。

メソポタミア文明のなかで、粘土板に刻まれた楔形文字や大理石、陶器に刻印された図像や象形文字などから、当時の神話や信仰・思想が明らかにされてきた。そのなかに、上半身がオスないし若いヤギで、下半身は魚の図像が残されている。この図像はシュメール語でスクル・マーシュ（suhur maš）と称された。スクルは「大きなコイ」、マーシュは「ヤギ」の意味である。すなわち、海のヒメジではなく、淡水域のコイが山羊魚ということになる（近藤 2010）。スクル・マーシュは地下水と地下の淡水世界であるアブズ（abzu）ないしアッカド語のアプスー（apsû）を象徴する存在である。シュメールの神であったエンキ（アッカド語ではエア）はこのアブズ（アプスー）に住んでいたと考えられている。

紀元前一二～一三世紀のものとされる大理石製のトレイ（水の容器）の側面には、聖なる樹の両側に奇妙な動物が二対、刻まれている（**図序1**）。頭部はヤギで、下半身は魚の形をしている。まさにヤギと魚を組み合わせた存在といえようが、これがただちにヒメジといえるわけではない。

エンキの寺院は、ユーフラティス川の湿地帯にある都市エリドゥに一八あった。なかでも中心的な寺院は「エ

図序 1　ゴートフィッシュと大理石の盆　上半身はヤギで、下半身は魚となっている。

エングラ」（é-engur-a：深き水の王の家）、もしくは「エアブズ」（é-abzu：水の家）とよばれた。地下には広大な水の領域アプス（アプスー）が存在していた。

前述したトレイに刻まれた図像のなかで、ヤギと魚の属性をもつ二対の山羊魚の真ん中にある聖樹はナツメヤシであり、メソポタミア文明における豊饒を象徴する。山羊魚の存在は、乾燥地帯における家畜と水を象徴する神話的な存在であることはまちがいない。シュメールの神話によると、水をもたらす神はエンキとされており、このエンキを表したのが山羊魚の表象である（第6章参照）。

いま一度、メソポタミアのスクル・マーシュ（大きなコイ）についてふれておきたい。というのは、ティグリス川には固有種の大きなコイ（*Luciobarbus esocinus*）が生息しているからだ。この魚はふつう、「ティグリスのサケ」（Tigris salmon）とよばれ、体長二・三メートル、体重一二〇キロに達する。メソポタミアではコイ科魚類の種数がもっとも多く、ティグリス川には三二種（内、四種は移入種）が生息している（Coad 2012）。ただし、このコイは現在、ＩＵＣＮ（国際自然保護連合）の「危急」（絶滅危惧Ⅱ類）種である。人間よりも大きくなるこのコイが地下の水世界を支配する神エンキの表象物であった可能性がある。

一方、ペルシャ湾・オマーン湾は高塩分で水温が高い海域であるが、沿岸域にはサンゴ礁域の底生魚や表層魚が生息し、ヒメジ科魚類はアイゴ、フエフキダイなどとともに刺し網などの漁獲対象とされている。ヒメジ科の分類と分布についての魚類学的研究が近年、飛躍的に進み、東アフリカから紅海、ペルシャ湾で新種の発見や分類の再検討が進んでいる（Uiblein and Gouws 2014）。数千年前、メソポタミア文明をになった人びとが湾内でヒメジを漁獲していた直接の証拠はないが、海のヒメジと陸域の山羊を結びつけるメタファーは当時、なかったのかもしれない。

古代インドのマカラ

メソポタミアの占星術で磨羯宮はのちにインドの神話におけるマカラ（Makara）とよばれる幻想獣となり、水神であるヴァルナが乗る象、あるいはワニのように長い口吻と長い尾をもつ怪魚とされている。マカラは水を治める力をもち、湖沼や海・川に棲むとされる。インドでは、磨羯宮の考えがオリエントから伝承されたさい、その姿を「上半身がヤギで、下半身が魚」とするイメージは、その後、ヤギとして表す流派とマカラとして表す流派に分かれた。インド占星術では、月の見かけ上の運行を白道とよび、二七に等分割（＝星宿）したもので、一宿あたり一三度三〇分に細分化された。インドの占星術や天文学ではナクシャトラ（nakshatra）と称される。ギリシャから西洋の占星術が伝来し、インド古来の二七星宿の考え方と融合した。のちに、インド占星術は密教に取り入れられて仏教化し、そのなかで一二宮の磨羯宮は山羊と魚からなるのではなく、マカラを指すようになった。この考えはインドから中国、日本へと伝承された。

古代ローマの饗宴とヒメジ

古代ローマにおいて、浪費と美食の饗宴がおこなわれたことはこれまで歴史書などで広く扱われてきた（アピキウス 1997; 上田 2001; Vehling 1977; Déry 1997）。このなかでさまざまな食材が提供されたこともわかっている。注目すべきは、魚類が肉よりも珍重されたことと、ヒメジが中心的な食材とされていたことである。

紀元前後の古代ローマでは、貴族階級出のアピキウスが代表的な美食家として知られていた。美食に関する逸話も多く、「アピキウスの生涯が語られるさいには、大きなヒメジも登場する。美食を愛する人々の伝記に必ずといってよいほど姿を現す、あの魚である」と評されている。また、同時代の風刺詩人であったユヴェナリスの

『風刺詩集』にも、ヒメジについてのグルメ評価がなされている。そのなかで、「彼（クリスピヌス）が一リブラにつき一〇〇〇セステルティウスのヒメジを、六〇〇〇セステルティウスも出して買い取った」とある。一リブラ（libra: リーブラ）は〇・三二七四キロであり、このヒメジは一・九六キロあったことになる。また、美食のための漁業がローマ近郊のラティウム地方でおこなわれ、美食家がラティウムの海を食い荒らしたのでコルシカかタオルミナ（シチリア島）の岩場で獲れたヒメジが運ばれたとしている。当時すでに美食の追及によってローマ周辺の海の魚は枯渇していた様子がみてとれる（リコッティ 2011; ペルシウス 2012）。

ヒメジ科の魚のうち、地中海や大西洋に生息するメダマヒメジ属のタテジマヒメジ（*M. surmuletus*）が古代ローマ時代にもっともよく利用されたようだ。このヒメジは死ぬと体色が赤く変化し、貴族らはその様子をみながら饗宴を楽しんだ。ちなみに、前述のアピキウスはこのヒメジをガルムと称される魚醤のなかに漬けてから食べたという。地中海ではタテジマヒメジ以外に、同属の *M. barbatus barbatus* が漁獲される。日本や太平洋産のヒメジは小型のものがおおいが、地中海産のものは四〇センチにも達する大型種で古代から重宝され、現在でも高級魚とされている。この二種は地中海から黒海に分布するが、このほかのムルス属二種は西・西南大西洋に生息する（Tserpes *et al.* 2002）。現代の地中海・大西洋沿岸のヨーロッパ諸国では、メダマヒメジ属のヒメジは焼き魚、フィレ、蒸し物、フライにして食される。タラやマグロなどとちがって、魚の身が柔らかく淡白な味が好まれる。

沖縄・糸満におけるヒメジ

日本でもヒメジ科の魚は西日本を中心に広く分布している。沖縄島南部にある糸満市では、海人（ウミンチュ）がサンゴ礁海域で多様な種類の漁法を営んできた。糸満の前浜に広がるイノー（礁池）では、追込み網漁（パンタタカー）、建干網漁（アンブシ）、小型定置網漁（マスアミ）、刺し網漁などがおこなわれてきた（秋道 2016）。

ヒメジはとくに建干網漁、小型定置網漁、刺し網漁の対象魚種である。魚市場（カミアチネー）で魚を売る女性（アンマー）にとっても魚の分類や販売価格が重要な関心事となっている。糸満のアンマー四名を対象としてヒメジの仲間とハタの仲間の魚名に関する民俗知識を調査した人類学の川端牧によると、ヒメジ科の魚は総称でカタカシとよばれ、ヒメジ属、ウミヒゴイ属、アカヒメジ属の個別名称をもつ一〇種がふくまれている。川端によると、四名の間で一致するのはカタカシ（ミナミヒメジ）だけである。三名が一致する例はウズラーカタカシ（ヨメヒメジ）、ユーアカーカタカシ（ホウライヒメジ）、カタカシ（リュウキュウヒメジ）である。全員で不一致の例は和名がオジサンの種であった（川端 1999）。

魚の実物や写真をもとにした分析とは異なり、会話のなかでたとえば「カタカシ」と発話した場合、コミュニケーションの相手がどのようなイメージをもつかが問題となる。言語分析のレベルでは、カタカシは（1）ヒメジ科の包括的な名称、（2）四人全員が一致して特定の種を指すミナミヒメジ、（3）個人により異なるものの、リュウキュウヒメジやオオスジヒメジに適用される場合、（4）ユーアカーカタカシやジンバーカタカシのようにいくつかの種をふくむ場合に分けることができる。したがって、カタカシという方名は複数の意味をもつ多義的な概念であることがわかる。

わたしが糸満でおこなったアンブシ漁の調査によると、ヒメジの仲間はアカムルー、フールヤー（以上、アカヒメジ属）、ユーアカジンバー、ジンバー、カタカシ（以上、ウミヒゴイ属）、トゥルバイジンバー（ヒメジ属）に区別されていた。ただしこれは、アンブシ漁の水揚げを価格と種類に応じて記録した日誌台帳に記載された魚名である（Akmichi 1984）。これを川端の調査例と比較すると、ウズラーカタカシ、アヤカタカシ、マーカタカシ、ヒノマルジンバーカタカシなどはない。ユーアカジンバーは川端の例ではユーアカーカタカシとなっているちがいがあり、認識や分類の枠組みが少しずつズレていることが判明する。川端は知識の差異が個人の生い立ちや情報の入手先によるちがいなど、複合的な要因が関与していると指摘しており（川端 1999）、民俗分類の個体差に関する今後の調査が期待される。

ヒメジの筌漁と魚醤

ミクロネシアのカロリン諸島にあるサタワル島では、裾礁内の浅瀬で筌（うけ）を使ったヒメジ漁がおこなわれる。対象はモンツキアカヒメジ（*Mulloidichthys flavolineatus*）であり、サタワル語ではウォリクとよばれる。用いられる筌（ウー）はウー・ニ・ウォリクと称され、浜にいる小さなカニをつぶして砂とまぜて団子状にしたものをエサとして筌のなかに入れる。ウォリクは浅瀬で群れをなして遊泳していることがあり、浅瀬で這うような姿勢で海中を水中眼鏡で観察しながら魚群を誘導する（秋道 1989a）（**図序2**）。

ウォリクは、星座のこと座が夜明け前に北東の空に水平線上に出現する時期に接岸するとされ、一九七九年八月一～二五日における調査では、一日に一ないし二組が筌漁をおこなった。筌の設置場所は一日に一～三ヶ所で、活動は一時間半から六時間程度であった。漁獲尾数は四七～三八〇尾で、単位時間当たりで二一～一九〇尾であった。このように、ウォリクは群れをなして接岸するさいに漁獲されたことがわかる。

ヒメジの仲間はサタワル島でおこなわれてきたカツオや流木をよぶ儀礼を執行する特殊な能力をもつ個人にとり、カツオ・マグロ、タカサゴ、イスズミなどとともに食べることを禁止されている。この点に関する詳細は第5章第3節で取り上げるが、ヒメジはカツオ・マグロなどの餌となる魚であり、カツオ・マグロを島によぶ儀礼をおこなう能力者の禁忌魚とされている。

モンツキアカヒメジは体長が一五センチ程度の小さな魚であり、葉に包んで蒸し焼きにするほか、鍋で水煮にして食される。地中海産の大型のヒメジとは食べ方もちがう。地中海一帯では、ヒメジや他の魚を塩漬けにして浸出する液は魚醤（ガルム）、つまり調味料となる。美食家のアピキウスがヒメジをガルムに漬けて食べたことは

図序2　サタワル島におけるモンツキアカヒメジ漁。左にある筌は、ウー・ニ・ウォリクとよばれる。

すでにふれた。

興味あることに、サタワル島ではウォリクが大量に獲れた場合、魚に塩をつけて上からココヤシの木の葉の付け根にあるフィルター状の樹皮をかぶせ、サンゴ石灰岩の重しをして保存する。魚からしみ出る汁、ラーン・アスームォン・アシックと称する。ラーンは「液体」、アシックは「塩」の意味である。この液体は魚醤にちかい製品となる。ただし、東南アジアや日本の魚醤のように米が用いられるわけではない。さらに、ヒメジをメナキニーとよばれる液体調味料に入れて保存する方法もある。メナキニーは、自然発酵が進んだココヤシの樹液で、苦みのあるアリムワァンにトウガラシと塩をくわえたもので、数日保存すると魚がやわらかくなる（秋道 1989b）。

これらの製法が古くから伝承されてきたかどうかはわからない。トウガラシは新大陸原産で、おそらく太平洋を横断してメキシコと東南アジア（とくにフィリピン）をつなぐガレオン交易によりもたらされたもので、一六世紀以降のことである。サタワル島は一六世紀以降、間接的にスペインの影響を受けたが、一九世紀中葉からはドイツの植民地となり、その後一九二二年から一九四五年までは日本の委任統治領で、戦後は米国の太平洋諸島信託統治領下にあった。その後、ミクロネシア連邦を構成する島として一九八六年に事実上、独立した。

西欧列強や日本の影響により魚醤の製法が伝播した可能性があるものの断定はできない。また、保存の容器として、東南アジアでは陶磁器が古くから広く使用されてきたが、カロリン諸島では鍋としてはトウカムリガイ製の貝鍋以外、金属製の鍋類は比較的新しく導入されたもので、陶磁器もほとんどみられない。ウォリクはヤシ酒を集めて入れておく一升瓶の口からなかに入れることができる細長い形をしている。こうした点から、魚醤を作るアイデアは日本の委任統治時代にもたらされた可能性がある。日本酒の一升瓶に小魚を入れて発酵させる食文化のイメージは、スペインやドイツにはないとおもうからだ。ヒメジの問題から、一六〜二〇世紀における太平洋地域と植民地勢力の動向がかかわっていることが分かる。

ハワイ王権とヒメジ

ハワイ王国では、ほかのポリネシアの島じまと同様に、神や超自然的な存在にたいする信仰がたいへん発達している。とくに、クー、カネ、ロノ、カナロアとよばれる四大神が信仰の中核をなしていた。四大神はハワイ諸島全体で崇拝され、王や首長、司祭などが儀礼を差配した。また、平民階級の漁師、鳥猟、タパ作り、羽毛製マントを製作する職業集団は、それぞれ漁師の神、鳥猟の神、タパ作りの神、羽毛製マント作りの神を崇拝した。さらに、家ごとに崇拝されるアウマクアとよばれる神がいた。漁師の神はクー・ウラとよばれる。ウラはハワイで神聖な「赤い色」を指す。クー・ウラはすべての海の魚を支配した。

ハワイでは魚が供犠として使われることが多く、カヌーの建造中と完成時、フラダンスのさいにおける寄進、贖罪の儀式など、多くの儀礼で魚が供犠として神にささげられた。もっとも重要な儀礼にはブタが生贄とされたが、貴重なブタがつねに用いられたのではなく、魚がブタの代用とされた。ブタのかわりに、「海のブタ」として使われたのは、アマアマ（ボラ）、アワ（ミルクフィッシュ）、アホレホレ（ユゴイ）、クームー（ヒメジ）などのほか、和名がタスキモンガラで「ブタのような鼻をもつ」という意味のフムフムヌクヌクアプア・アが用いられた。

ハワイ諸島では、アカヒメジ属三種、ウミヒゴイ属五種、ヒメジ属一種の九種のヒメジ科魚類が知られており、それぞれポリネシア語名がある。それらはウェケア・ア（*Mulloidichthys flavolineatus*）、モエ・ルア（*Mulloidichthys pfluegeri*）、ウェケ・ウラ（*Mulloidichthys vanicolensis*）、モアノ・ケア（*Parupeneus cyclostomus*）、ヌーヌー（*Parupeneus insularismunu*）、モアノ（*Parupeneus multifasciatus*）、マ・アル（*Parupeneus pleurostig*）、クームー（*Parupeneus porphyreus*）、ウェケ・プエオ（*Upeneus arge*）である。また、女性はクームーを食べることを禁じられていた。ヒメジの赤い色が女性の月経血を連想させるとみなされ、月経中の女性は日常空間から隔離された。

モアノ（moano）と総称されるヒメジの仲間は六つの下位概念に区分される（Titcomb 1972）。モアノは美味なヒメジであり、生食ないしティー・プラント（リュウゼツラン科コルディリネ属）の葉に包んで蒸し焼きにすると絶品との評価がある。また、モアナの仲間の体色が赤いのは、この魚が陸上のレフア、あるいはオヒアレフアの赤い色の花を食べるからだと考えられている。レフアはハワイフトモモのことで、真っ赤な色の花（おしべ）をもつ。

ハワイでもう一つのヒメジのグループがウェケ（weke）である。ウェケには九種類がふくまれる。『ハワイにおける魚の伝統的な利用』の著者であるマーガレット・ティトコムの記述から、ウェケはアカヒメジ属とヒメジ属をふくむ仲間を指すとおもわれるが、個々の名称が種と対応するかどうかは不明である。

ハワイでは、ヒメジの仲間にいくつもの成長段階名をもつ種類を区別している。クームー（*Parpeneus porphyreus*）は、（マ）コロコロパオ→アフルフル→クームー・アエ→クームーと変化し、モアノ（*Parupeneus multifascia-*

tus）はアファ（オファ）→モアノと名前が変わる。

ハワイでヒメジは賞味される魚であるだけでなく、周囲の海に多く生息することが最近、ハワイ州政府の土地・自然資源省、水生生物部によるモロカイ島での刺し網プロジェクトにより明らかになった。それによると、二〇〇八〜二〇〇九年度における五四回の刺し網漁（一二八五時間）によって、ヒメジの仲間が多く漁獲された。なかでもモンツキアカヒメジ（ウェケ・ア・ア）は、漁獲尾数で四四五尾（全体の三〇・七パーセント）、現存量（バイオマス）は二七・三パーセントであった。あとの三種は、アカヒメジ（ウェケ・ウラ）（一四三尾）、ウミヒゴイの仲間 *Parupeneus porphyreus*（クームー）（一三尾）、シロガネヒメジ（ウェケ・プエオ）（二四四尾）である。これらの四種だけで、全体漁獲尾数の五八・四パーセントを占め、現存量も全体の四七・八パーセントに達した。これほど多くのヒメジがモロカイ島に生息することはハワイにおける大きな特徴といえるだろう（Department of Land and Natural Resources Division of Aquatic Resources 2012）。

ただし二〇世紀前半、ハワイの民主党創設者の一人でホノルル市長を三期務めたウイルソンによると、モロカイ島で三〇〜四〇人の日本人労働者がウェケ・パフル（ないし、ウェケ・アフル）の頭部を食べて全身が麻痺する症状を呈したことや、日本人が夜中に徘徊することがあった。このことを受けて、調査を依頼されたハワイのクイーンズ病院長は、ネコにこのヒメジの頭部をあたえると錯乱状態に陥ったが、のちに回復したと報告している（Titcomb 1972）。

もともと、ウェケ・パフルは「死霊の頭領ヒメジ」、ウェケ・アフルは「悪夢ヒメジ」の意味であり、すでにハワイのポリネシア人はこのヒメジを食べると、悪夢にうなされる症状の出ることを知っていたと推定できる。ヒメジ科魚類の中毒は、幻覚誘因性の魚（Hallucinogenic fish）として知られている。ハワイでは、ヒメジ以外にもネヌエとハワイ語でよばれるイスズミ（*Kyphosus* spp.）の中毒例がある。幻覚誘因性の魚についてはは、あらためて第4章第1節で取り上げよう。

ヒメジと赤色

古代ローマ人は、ヒメジが死ぬと体色が赤く変色する様子をみながら食を楽しんだことについてふれた。ヒメジは環境や夜間の休眠時に体色を変化させる生理的な機能をもつことが知られている。死んで赤くなることは、人間にとり象徴的な意味づけを喚起したのではないか。

メラネシアのソロモン諸島マライタ島の人工島で暮らすラウ漁撈民の間では、ヒメジの仲間はマタシとよばれる。そのなかに、マタシ・アブーと称される種類があった。アブーには、「禁止された」、「赤い」の意味がある。「禁止された」の意味はポリネシア語や英語のタブーの起源となったが、マタシ・アブーは「赤いヒメジ」の意味である。

また、魚の赤い色は特別の意味をもつことがある。ミクロネシアのファイス島の調査をおこなった人類学者のルービンシュタインも赤色の魚が妊婦に禁忌魚とされていることを報告している（Rubinstein 1979）。

前述したラウの場合、広大なサンゴ礁のラグーン（礁湖）は人びとの重要な漁場とされている。ふだんは利用を禁じられている場所が社会的・儀礼上の必要に応じて開放される。こうした場所は魚が集まる場所として認識されており、調査の結果、一四七ケ所あることがわかった。それぞれの場所はゴウナ・アラータ、つまり「場所（漁場）の頭」とされており、魚を追込み網で追いつめて網を引き揚げる重要なサイトと見なされ、個々に名前がついている。その名称を調べた結果、マタシ（ヒメジ）の名前をもつゴウナ・アラータは五ケ所、グワァゴシ（タマガシラ）が三ケ所、ア・アマとアベ・アフ（海藻）が各三ケ所あることがわかった（Akimichi 1991）。

赤色のヒメジは現代日本でも地域おこしのブランド品として活用されている。山口県萩市の「道の駅　萩しーまーと」の山口泉さんによると、ヒメジ（*Upeneus japonicus*）は地域で金太郎の地方名があり、その由来は童話の「金太郎」の赤いまえかけによるのかもしれないという。ほほえましい名前である。ヒメジは特徴的な黄色のあ

図序3　ヒメジ（*Upeneus japonicuss*）
現地では「金太郎」とよばれる（山口県萩市の道の駅　萩しーまーと）

ごひげを二本もつ（**図序3**）。

萩商工会議所では、平成二一年度の地域資源全国展開プロジェクトとしてヒメジを活用している。ヒメジ漁は産卵期の六～七月の二ケ月は禁漁期であるが、あとの時期に底曳網漁により漁獲される。萩市漁業協同組合の小畑地区で七隻の底曳網船が操業している。食材としての金太郎は刺身や握り鮨、焼き魚、天ぷら、煮干しなどとしてのほか、イタリア料理やスペイン料理としても相性がよく、好評を得ている。

金太郎にはフランスで高級魚とされるヒメジ、「ルジュ」（Rouget）の近縁種という触れ込みがある。金太郎とルジュはともにヒメジ科の魚であるが、フランス語のルジュはヒメジの仲間の総称であり、ヒメジ属、ウミヒゴイ属、メダマヒメジ属、ベニヒメジ属を含む五二種を含む。このなかで、日本語の名前がついたベンサシ・ゴートフィッシュ（Bensasi goatfish）は金太郎そのものの古い学名であり、フランス語ではルジェ・スーリ・ベンサシ（Rouget-souris bensasi）とよばれる。種小名のベンサシは日本語であり、幕末期にオランダのシーボルトが滞在した長崎におけるヒメジの方言である（*Mullus bensasi*）。
またフランス語で Rouget à ligne jaune は「黄色の線をもつヒメジ」の意味で、これはモンツキアカヒメジである。ただし、本種は紅海、ペルシャ湾、インド洋、太平洋に分布するが地中海では知られていない。紅海産のヒメジがフランスまで運ばれたと考えるよりも、一八六九年に開通したスエズ運河を通って、紅海のヒメジが分布息を拡大したとみなすこともできる。たかがヒメジであるが、世界規模で検討すると、意外な面が浮かび上がる。

第3節　マリン・エクメーネと文明

以上、ヒメジの仲間と人類とのかかわりについて、歴史言語学、星座と世界観、饗宴における食、民俗分類、筌漁、神の魚、中毒魚、色の象徴性、地域おこしの食材、分布域の拡大などの話題を紹介した。歴史と地域についていえば、古代メソポタミア文明、古代ローマ、古代インド、古代中国、ハワイの王権、ミクロネシアやソロモン諸島の漁撈民、近世・現代の日本、地中海と紅海などにおける多様な事例を取り上げた。

もとより、ヒメジに関する問題だけで魚と人の文明論が完結するわけではさらさらないが、ここでなぜ文明論的な観点が重要であるのかについての展望を提示しておきたい。

一八～一九世紀のドイツの博物学者、探検家であり地理学者として著名なフンボルトは大著『コスモス』(Kosmos) 五巻を著した。このなかで、フンボルトは宇宙のなかで地球を位置づけ、地球上の生命現象を植生や地理的条件との関係で分析し、近代地理学の祖とされた。また、自然環境と人類との関係についても、人類が居住している領域を表すエクメーネ（Okumene）の概念を提唱した。エクメーネは高緯度における寒冷環境や乾燥地における水不足により限界のあること、垂直高度によっても高度地域における低温環境ゆえに居住条件の制約がある。これまで人類は、その歴史のなかで気候の温暖化に対応して居住地を拡大し、あるいは寒冷化と氷期に直面して撤退することもあった。さらに、技術の進歩や文明の発展はエクメーネの飛躍的な拡大に寄与してきた。また、戦争や飢餓、疫病の蔓延、人口増加などにより、移住を余儀なくされ、結果としてエクメーネを拡大することにつながった。

フンボルトは陸域の環境と植生についての分析から卓越した業績をあげたが、海洋については考察の外にあったといってよい。なぜなら、海洋は人間の居住地ではないうえ、植生の概念ともなじまない。船の発明により一時的にせよ海洋空間に滞在することができ、潜水器や潜水艇によって海中で活動し、深海に到達することができるようになった。しかし、酸素、水圧、水温、光、食などの条件を考えても、人類は海洋生物のように一生を海中で送るまでにいたっていない。その意味で、海洋はフンボルトの生きた一九世紀の時代を超え、現代に生きる人類にとり最後のフロンティアであり、マリン・エクメーネ（marine okumene）の意味が問われるべき時代になったといえるだろう。

海洋適応と文明論

本書では、とくに海洋における魚と人類とのかかわりを論じる。前述したように、海は人類にとり生産の場であり、居住の場ではない。しかし、海自体をフンボルト流に類型化する試みがないわけではない。最近のことであるが、二〇〇〇年から一〇年間に「海洋生物のセンサス」プロジェクトがおこなわれた。これには、世界中から二七〇〇名あまりの研究者が参画し、世界の海を二三二のエコリジョン（ecoregion）に区分し、数々の新種を発見する大きな成果をもたらした。

海上で一生を送る人類集団は知られていない。東南アジアに居住するかつて漂海民とか家船集団と称された人びとは一生を船上で暮らしてきたが、陸域とまったく没交渉であったわけではない。まず、（1）海洋資源だけでは生存できないので、エネルギー源となる植物食や水、食物を加工するための燃料源を陸地に依存しなければならない。(2)これと付随して、自ら入手した水産物を陸地の生産物と交換するための交易を通じた取引が発達することになった。つまり、海洋への適応は、漁撈技術や船の製造と操船技術や潜水・遊泳などの身体能力だけでなく、陸域との相互交渉を高度に発達させた点が大きな特徴となっている。

フンボルトの影響を受けた地理学者であり人類学者でもある岩田慶治は、自然には調和と秩序があること、自然と人類との全体像を探ることが肝要であるとの認識を心に秘めていた。しかし、その全体像を志向するはずの科学が細分化と個別化の道を突き進んできたことを憂慮した岩田は、その背景に人間を優位に考える人間中心主義が通底していることを看破した。この点からしても、魚と人の文明論に肉薄するためには、海とそこに棲む魚や生き物をみる新たな視点が不可欠となる。

この命題を探るうえで、わたしは、西洋の科学知にたいして、地域ごとに育まれてきた魚や海の生き物にたいする知識、価値観、技術、生活にメスをいれて総合的に分析するまなざしが核心になると考えている。もちろん、小規模な社会における人びとの知恵や認識の問題だけでなく、高度な文明や歴史に遡及して考える柔軟な発想をもとにした論述と分析が不可欠であろう。本書は、魚と人のかかわりを、無文字社会で育まれてきた民俗知と、歴史の知、文明の知から構築される膨大な総合知から解明するものと位置づけたい。

その知の解明には魚類人類学の方法を駆使して、分類から食、健康、宗教と儀礼、神話にいたる広い分野での考察を加えたい。以下の各章では、魚の分類と象徴(第1章)、魚の食文化(第2章)、魚食のタブー論(第3章)、有毒魚と有用魚(第4章)、魚の王と王の魚(第5章)、半魚人の世界(第6章)、魚と世界観(第7章)として構成する。各章では、民俗知と文明知の織りなす世界を活写する。そして、最終章では魚を地球のコモンズ(=共有資源)としてあつかうことで、未来における魚と人との総合的なかかわりを文明論として展望したい。

第1章　自然と象徴―魚類分類の多様性

第1節　分類の地平

まず、人間が魚と出会う三つの現場から、魚の分類について考えてみたい。ダイビングでサンゴ礁の海に潜るとしよう。すると、さまざまな種類の魚がサンゴの群落をぬって泳いでいる情景を見ることができる。魚の色や形もさまざまで、群れている魚や単独で遊泳するものがいる。まさに混とんとした自然のありさまを垣間見るおもいだが、じっさいは秩序に裏打ちされた自然の世界が展開している。

つぎに、定置網や底曳網、あるいは地曳網で漁獲された漁獲物を浜で見たとしよう。ここで見る大小さまざまな種類の魚類は、漁場の性質や網の種類により特異的である。しかも、魚は漁獲数の多少や商品価値の大小に応じて手際よく選別される。商品価値のほとんどない魚は自家用に持って帰られるか、「くず魚」として破棄される。

第三に、水族館の水槽展示を思い浮かべてみよう。日本では「沖縄美ら海水族館」におけるように、「黒潮の海」大型水槽（七五〇〇トンで世界第三位）でジンベエザメやエイ、マグロ、ヒラアジなどが遊泳する海中世界が展示されている（内田・荒井・西田 2014）（図1-1）。大水槽と実際の海とがどれだけちがうのかについて、観客はあまり意識することがない。水族館では、小さな水槽に一種類から数種類の魚が生体展示されていることもある。つまり水族館では、人間による魚の分類のあり方や生態に関する知識・情報を踏まえた疑似的な自然の展示がなされている。家庭でよくある熱帯魚や金魚の水槽も盆栽や箱庭と似ており、疑似的な自然を創作したものといえ

図1－1　沖縄の美ら海水族館の「黒潮の海」大水槽
ジンベエザメ、エイ、コバンザメ、スギなどがみえる（海洋博公園内）

る。

自然・文化・半自然

魚類と人間とのかかわりを（1）自然界の海中、（2）水揚げされた漁獲物のならぶ浜、（3）水族館の水槽展示を比較してみると、何がどうちがうといえるだろうか。海中における魚は自然そのものので、一見して秩序がないようにみえる。しかし、魚は索餌行動、外敵からの回避、繁殖行動、なわばり行動などに応じて泳いでいるのであり、混沌とした状態にあるわけではなく、きちんとした秩序がそこにある。

人間が漁獲した魚類は、自然界から選択的に切り取られた存在であり、商品価値や文化的な意味づけが付与される。この点で（1）の場面を自然とすれば、（2）は広義の文化の領域に属する場といえる。

水族館における魚には、和名や学名、生態や行動の特徴についての説明がある。つまり水族館の魚は自然科学的な分類に応じて整理され、展示されている。しかも、水族館では人間とのかかわり、つまり（2）の局面は極力排除されている。水槽内で遊泳する魚のいる世界は「半自然」と位置づけることができる。

リンネの分類学

（2）と（3）の世界では、魚の位置づけや整理のしかたが両者ともにきわめて恣意（しい）的である。「分類」は、類似したものと異質なものを類別する行為で、その基本となるのが対象の示唆的特徴である。ただし、似ている・似ていないといっても、絶対的な基準などはない。

自然界の魚類に学名をあたえて整理する分類体系は生物分類学として現在、世界中で通用している。一八世紀、スウェーデンの博物学者であり、「分類学の父」として著名なリンネは『自然の体系』（*Systema Naturae* 1735）により生物分類を体系化した。

リンネはあらゆる生物を属名と種名によりラテン語として示す二名法を確立した。Aというグループの魚をいくつかのサブグループに分けようとする場合の分類基準に普遍性はない。AをXとYに二区分する場合、鱗の数、背びれの軟条数、頭部の突起のある・なし、体表の斑点のある・なしなどが基準とされるとして、その基準は恣意的である。

いずれにせよ、人為分類は世界中の魚を分類する共通の尺度とされてきた。つけ加えれば、魚類の分類体系は他の動物と同様、上位から界、門、綱、目、科、属、種に階層化されている。たとえば、マダイの場合、動物界、脊索動物門、脊椎動物亜門、条鰭綱、新鰭亜綱、棘鰭上目、スズキ目、スズキ亜目、タイ科、マダイ亜科、マダイ属、種としてのマダイとなる。以上の分類単位ないし分類群はタクソン（taxon, 複数形は taxa）と称される。

DNA分類学

リンネの時代には目に見える形態学的特徴が基準となった。現代では、分子遺伝学の情報をもとに種の系統・類縁関係を調べる方法が発達している。たとえば、マダイは学名でパグルス・マヨル（*Pagrus major*）と記述される。属名のパグルスはギリシャ語のΠάγρος（パグロス）、「タイ」のラテン語であるPagrusに由来する。種名のマヨルは「大きい」ことを表す。なお、マダイは日本、東シナ海を中心とする北半球に分布するが、南半球のオーストラリア、ニュージーランドに分布する近縁種は英語名でオーストラリアン・スナッパー、つまりゴウシュウマダイ（*Pagrus auratus*）である。マダイとゴウシュウマダイは外見上、判別がつかないが、分子生物学的なミトコンドリアの塩基配列のちがいにより、両方のタイを別種あるいは系統上ちがう種とする考えが出されている（大原・村田・高嶋 2004）。最近では、分子進化系統学を専門とする宮正樹が、三万種にわたる魚種のミトコンドリアゲノムによる系統解析を達成し、大きな成果となった。宮正樹は海水のなかにあるDNAの解析からそこに棲む魚類を探る研究開発をおこなっており、魚類分類を環境のなかで位置づける新しい分類学のありかたに光をあてた（宮 2016）。

民俗分類

自然科学的な魚類分類にたいして、世界には周囲の環境にある生物を独自の論理と思考様式から分類し差異化するいとなみがある。自然界の魚類を文化によって独自の基準で分類する体系はふつう民俗分類（フォーク・タクソノミー：folk taxonomy）とよばれる。フォークは「民俗の」意味であり、本書では個別社会に限定してその社会の知識や価値を表わす場合に用いる。この線上でいえば、民俗分類は文化ごとの分類体系を指す。

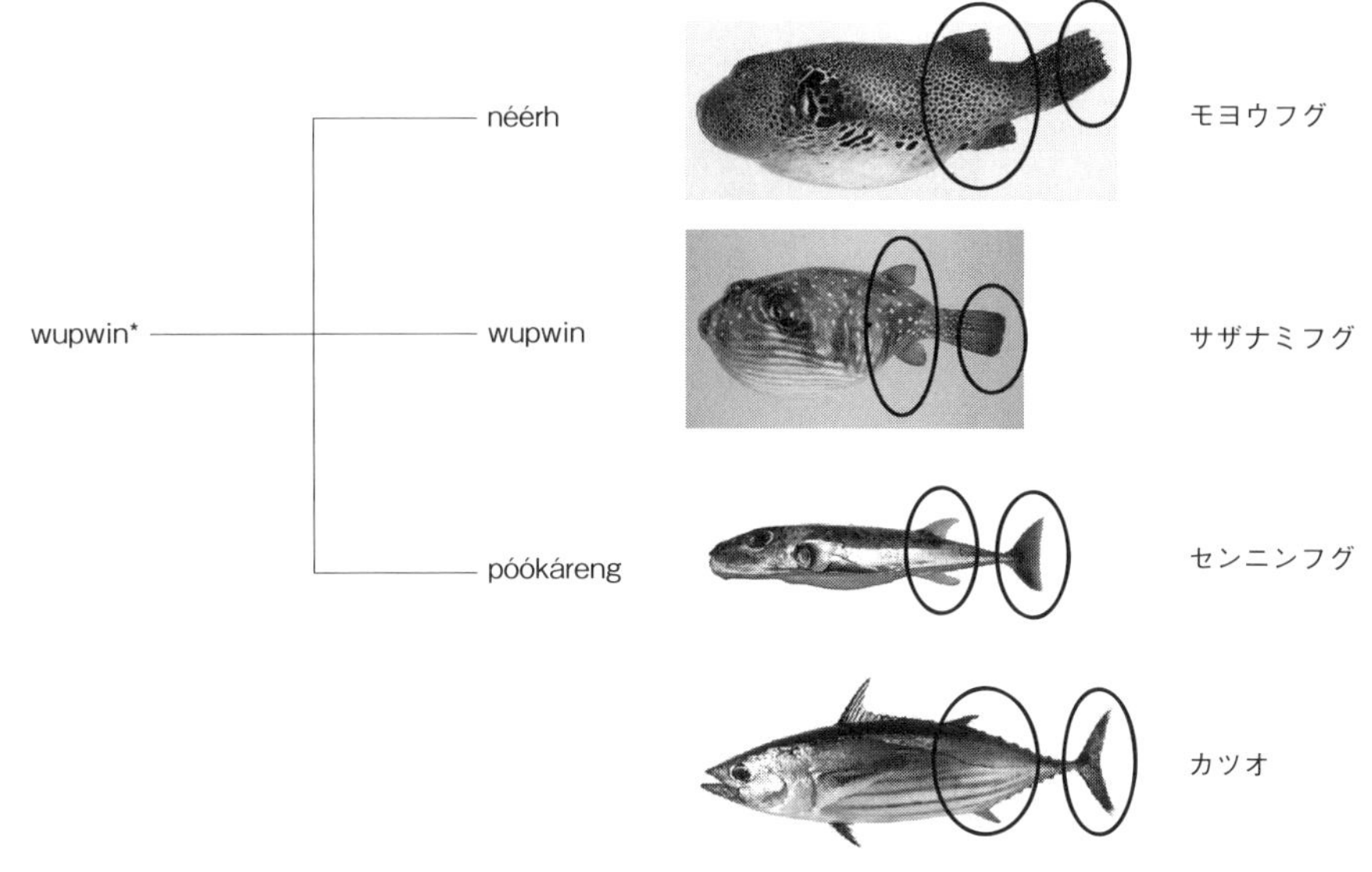

図1－2　サタワル島におけるフグの仲間の民俗分類と鰭の形態
円内左側の上部は背鰭、カツオの場合は第2背鰭。下部は臀鰭。円内右側は尾鰭。センニンフグとカツオの尾鰭も似ている。*は包括名であることを示す。

人為分類では学名をラテン語で記載するのが大原則であるが、民俗分類では文化に固有の言語で表記する。日本でいえば、各地域の民俗、つまり地域のことばでカタカナ表記する。日本以外の地域ではアルファベット表記、ないし音声文字で表記する。

民俗分類の具体例は無数にあるが、ここではカロリン諸島サタワル島のフグに関する例を挙げておこう。サタワル島でフグの仲間は包括してウプィンと称される。このなかに、ウプィン、ノール、ポーカレンの三つの下位名称がある。ウプィンとノールはフグ属とテトラオドン属に対応している。だが、ポーカレンはサバフグ属のなかのセンニンフグという単一種にたいする名称である。その基準は、ポーカレンがマグロやカツオと類似した背鰭と臀鰭をもっており、他のフグの仲間の背鰭や臀鰭の形態とを差異化して認識されている点にある。また、センニンフグとカツオの尾鰭も似ている（秋道 1981, 1995a）。以上の点から民俗分類上、ポーカレンに独自の位置があたえられていることになる。

サバフグ属の仲間は他のフグ科魚類とは人為分類上の位置づけにおいても独自の存在とされている（図1-2）。民俗分類は自然分類の体系とは異なり、文化に固有のもので非科学的とのみ評価すべきではない。なお、人為分類ではハリセンボン科の魚もフグの仲間（フグ目）にふくまれるが、サタワル島でハリセンボンはタユスと称され、前述のウプィンの仲間とは区別されている。

魚の鱗と民俗分類—コンゴ盆地のバクウェレ族

西アフリカ・カメルーンのコンゴ盆地に住む農耕民バクウェレ族を調査した大石高典によると、動物は民俗分類で人間（mɔtt）、哺乳類（titt）、鳥類（ɛ-nɛn）、魚類（sù）に区分される。さらに魚は鱗のある魚（sù ɛ pápá）と鱗のない魚（sù ɛ djɛɛ）に区分される。無鱗と有鱗の区別はイスラーム教やユダヤ教における魚の禁忌とも関係し、興味深い（Oishi 2016）。なお、調査対象の九七種のうち、無鱗魚は二九種、有鱗魚は六八種である。

民俗知と科学知—クマノミの場合

本節の最後に、人為分類と民俗分類の関係について整理しておこう。人為分類は自然科学に依拠した分野であり、科学的な生態学的知であり、英語で略してセック（SEK: Scientific Ecological Knowledge）と称される。一方、民俗的な生態学的知識はテック（TEK: Traditional Ecological Knowledge）ないし地域に土着の生態学的な知識としてイーレック（ILEK: Indigenous Local Ecological Knowledge）とよばれる。セックは普遍的であり、先述したように世界中の魚はミトコンドリアゲノムの比較により相互の関係を検討できる。これにたいして、テックは個別記述的である（大村 2002）。

ただし、テックが個別社会ごとに独自であっても、その内容を相互に比較すると一般性につながる面がないわけではない。そこで、イソギンチャクと共生関係をもつことで知られるクマノミの名称について取り上げてみよう。ミクロネシアのサタワル島でクマノミの仲間はナユイ・ルメルと称され、その意味は「イソギンチャクの子ども」である（Akimichi and Sauchomal 1982）。パプアニューギニア北部にあるマヌス島の漁撈民ティタンによると、クマノミの仲間はニニア・マッチとよばれ、その意味はやはり「イソギンチャクの子ども」である（Akimichi and Sakiyama 1991）。

インドネシアのスラウェシ島北部のトミニ湾沿岸に居住するティラムタ・バジョとマルク州のカヨア島に住むグルアピン・バジョの場合、クマノミの仲間は前者でダヤン・ケンチャン、後者でベベセ・キンサンと称される。バジャウの言語で魚一般はダヤ、ベベセはスズメダイの仲間の包括名である。また、ケンチャンとキンサンはともに「イソギンチャク」を意味する。つまり、ティラムタでは「イソギンチャクの魚」、グルアピンでは「イソギンチャクにいるスズメダイの仲間」という意味になる。後者は「イソギンチャクの子ども」とする命名ではないが、イソギンチャクに棲む魚であるとする認識では共通している。

日本の例をみると、琉球列島で六種の生息が知られるクマノミはムガニクー、ないしイヌビと称される（悦 2002; 屋比久 2004; 宮原 1983）。ところが、渡嘉敷諸島にある阿嘉島臨海研究所の岩尾研二によると、阿嘉島ではイヌビはカクレクマノミではなくイソギンチャクを指し、しかもタマイタダキイソギンチャクやハタゴイソギンチャク、シライトイソギンチャクなど大型種に相当するという。では、クマノミがイヌビではないとすればどのようによばれるか。岩尾が聞いたところ、イヌビノックヮ、つまり「イソギンチャクの子ども」ということである。クヮは「子ども」の意味である（岩尾 2012）。琉球列島とカロリン諸島やマヌス島との間で、クマノミの名前が類似の発想によって共通することはたいへん興味深い。

第2節　日本における魚の民俗分類

本節では、魚類そのものの民俗分類の諸相を紹介したい。まず、日本語の魚名から考えよう。日本の魚名については渋澤敬三による網羅的な研究がある。渋澤による研究は日本における魚名方言と標準和名を対照しながら全国にわたる資料を包括したものである（渋澤 1959）。魚類の図鑑や学名についても多くの検索図鑑や事典がある（日本魚類学会編 1981; 中坊編 2013）。このほか、沖縄に特化して琉球列島の魚類目録や南の魚名に関する地域固有のものもある（吉野・西島・篠原 1975; 吉野・益田・荒賀編 1975; 中松 1976; 横井 1990）。本節では、本州とともにアイヌと琉球列島の事例をふくめて取り上げよう。

日本魚名の研究―歴史と民俗

日本の魚名には地方色豊かなものがあり、全国的に知られた種類であっても、聞いてもなんの魚を指すのかわからないことがある。たとえば、淡水魚のメダカ（ニホンメダカ）には五〇〇〇種類もの方言がある（辛川・柴田 1980）。その一方、おなじ淡水魚のアユの場合、全国的にみても方言名がたいへん少なく、アイ、アユなどがあるにすぎない。このちがいはどのように説明することができるだろうか。

メダカは小川や水路などに広く生息する小さな魚である。大きな目が特徴であり、「メダカの学校」の童謡にあるように子どもから親しめる存在であり、遊びの対象であった。メダカの分析により日本には一五もの系統のあることがわかった。しかし、生活排水や農薬の影響、圃場整備などを通じてメダカの分布は減少し、二〇〇三年五月には絶滅危惧Ⅱ類（ＶＵ）に指定されるまでとなった。メダカは遊びの対象だけではなく、新潟県中越地方のようにメダカはウルメとよばれ、食用とされる地域もある（日本の食生活全集「新潟」編集委員会編 1985）。

アユも北海道南部から九州まで全国規模で生息する魚である。しかも古代から朝廷への貢納品であり、のちにも藩主や幕府への献上品、貢納品となった。天皇家による御料場での御料鵜飼の保護などの政策もあり、アユは価値の高い魚として流通した。その結果、アユ、アイの名称が全国で広く知られるようになった（秋道 1992）。

魚の方言名には興味ある事例が数多くある。タイ（マダイ）は日本を代表する魚である。そこで○○タイという標準和名をもつ魚種は二三六種に達する（渋澤 1992b）。それらはタイ科の魚類だけでないことが多い。たとえば、マトウダイ（マトウダイ科）はタイ科の魚ではなく、しかも国内では方言でクルマダイ（北陸）、モンダイ（能登）、カガミダイ（福島・千葉）とよばれることもある。また、ヨーロッパでマトウダイは、セイント・ピエール（フランス語）、ペーターズフィッシュ（ドイツ語）、ペズ・デ・サンペドロ（スペイン語）、つまり、キリスト教の一二使徒の一人である聖ペトロの名でよばれる。これは聖ペトロがお金をこの魚の口から取り出し、そのさいに聖ペトロの指紋が魚について黒い斑点になったとする奇妙な伝承にもとづいている。タイの名称とその文化についての由来を精査すればいくらでも興味ある話が出てくるだろう。

カジカの仲間にヤマノカミという和名をもつ種類がある。ヤマノカミ（*Trachidermus fasciatus*）は、カサゴ目カジカ科の降河型の魚である。日本での分布は九州の有明海に流入する河川に限定される。ヤマノカミは筑後地方の方言に由来するが、海から河川をさかのぼる習性や醜悪ともされる形態から、山の神信仰との関連が古くから指摘されている。とくに東北地方のマタギ集団は干物のオコゼを携帯する（渋澤 1992c）。オコゼはヤマノカミの近縁種である。また、山の神は女性であり、醜い姿・形をしているとする伝承があり、自分よりも醜いものがあれば喜ぶとして、マタギは醜い顔のオコゼの仲間を持参して猟に出て、それを山の神に供えることもある。なお、山岳神がなぜ海産魚のオコゼとむすびつくのかは不明である。標準和名「ヤマノカミ」は福岡県筑紫地方での呼び名にちなみ、他の地方名としてヤマンカミ（福岡）、カワンカミ・タチャ（福岡・佐賀）、カンカンジョ（佐賀）などがある。「山の神」「川の神」「神勧請」など、この魚の独特の外見や生活史から山の神信仰との関連付けがうかがえる。魚名の研究が人間のいとなみや思考と深くかかわっていることが以上の例からもうかがい知ることができる。

琉球語の魚名と歴史言語学

琉球列島は日本の魚名を考えるうえで独自の位置を占めている。奄美以南の琉球列島における方言と本土方言は、共通の祖語から弥生時代～古墳時代ころまでに分化したとされている。当時の古語とともに歴史的に独自に発達した方言名のみられる可能性がある。たとえば、琉球王国時代の『おもろさうし』には「あもんとぎやわ、いよ、つく」とあり、魚が「いよ」と記されている（仲原・外間 1978）。

現代でも、沖縄の魚名にはアカイユ、イマイユ、コチヌイユ、ザンヌイユなどの例がある。これらの魚名の語尾はいずれも「―イユ」であり、イユは「魚」一般を指す。つまり、先に挙げた方言はイットウダイ科の仲間、新鮮な魚、コチ、ジュゴン、シイラを指す。ザンヌイユのザン（儒艮）は「ジュゴン」のことである。

奈良・平安時代、琵琶湖産の稚アユはヒウオ（氷魚）とよばれていた。ウオと琉球方言のイユは同根の語彙である。もっとも、琉球方言のシルイユと本土方言におけるシロウオないしシラウオはおなじ魚種を指すのではない。琉球でのシルイユはシロダイ（ないしサザナミダイ）の仲間であるが、シロウオ（素魚、鱊）はハゼ科シロウオ属の魚、シラウオ（白魚）はシラウオ科の魚である。シロウオには地方名があり、北陸でイサザ、徳島や茨城でヒウオ（氷魚）、関西でシラウオと称される。混同しがちであるが、イサザは琵琶湖におけるハゼ科の魚の標準和名でもある。おなじ琵琶湖産の稚アユもヒウオとよばれることは前述した。また、関西でいうシラウオは、シロウオとシラウオの混称である（日本魚類学会編 1981）。

日本語で語尾が「ナ」の魚名について、琉球ではアカナー、ウムナー、クワガナー、ナンバナー、ピザナ、ハシィナー、ミンダナー、ミジイナ、ピザナなどの例がある（横井 1990）。本州でも「ナ」の語尾をもつ魚として、イワナ（岩魚）、イサナ（勇魚、伊佐奈）、アカナ（赤魚）、マナ（真魚）、メジナ（眼仁奈、目仁奈）などの例がある。この場合、ナは真菜（マナ）、肴（サカナ）にも通じる。後述する石干見も魚垣（ナガチ）とよぶことがある。「ナ」が魚を表すとすれば、前述の「イユ」「ウオ」とはどのような関係にあると考えればよいだろうか。

琉球方言研究で知られる平良恵貴は琉球の地名に関する考察のなかで、勢理客（ジッチャク、古音でジリカク）（沖縄県浦添市）の由来に注目し、勢理客が海岸部にある魚群の通路にあたる地名であるとし、かつて魚垣（石干見）のあった場であるとの説を提示した。島袋源七や伊波普猷は、魚＝ナとする「魚場（ナバ）説」を提示したが（島袋 2008）、平良はこれには否定的である。多和田真淳が指摘するように魚垣はナガチではなく、「イジュ・ガキ」であるとした。久手堅憲夫も伊波普猷の魚場（ナバ）説に反論をくわえている（平良 2010; 久手堅 2005）。

谷川健一は沖縄の地名に関する論考で、沖永良部島にある伊延（イノビ）の「イノ」はサンゴ礁の礁池を意味するイノーであり、「ビ」は魚を意味するとした（谷川 2012）。そして、ビが魚を表す例として、ムツルビ（ムツゴロウ）、フツクルビ（カワハギ）、ハマタビ（エイ）、クサビないしフサビ（クギベラ：筆者注）、シビないしシュビ（キハダマグロ：筆者注）、イビ（エビ）や、キースビ（タテフエダイ、ナミフエダイ、イッテンフエダイなど）をくわえることもできる。第1節で述べた沖縄のイヌビをクマノミないしクマノミと共生する大型のイソギンチャクを指す可能性もある。以上みたように、琉球方言は日本語の「魚」の歴史を紐解く重要な意味をもっており、今後のさらなる研究が期待される。

漢字の魚―アユと日本語

周知のとおり、世界には表語文字と表音文字がある。ここでは、われわれ日本人にも親しい表語文字である漢字を元に魚の命名について考えてみよう。漢字で魚を表す場合、いくつもの表記方法がある。たとえば、アユは中国語・日本語をふくめて「鮎」のほか、年魚、香魚、銀口魚、細鱗魚、国栖魚などの表記がある。漢字一語の鮎は、偏（へん）の部首である魚に旁（つくり）の部首である「占」を組み合わせた漢字でアユをあらわす。ただし、鮎の旁の部分である「占」は、もともと「ヌルヌル」の意味で、古代に鮎はナマズを指した。これにたいして、香魚は中国語でアユの標準名であり、アユが珪藻類を食べることで「香りのよい」魚であることを示すものである。しかも、中国でアユは山東省で「秋生魚」ないし「海胎魚」、溪鰛（福建省南部）、魚桀魚（台湾）と称された。渓鰛は「渓流のイワシ」の意味で、淡水域のイワシに相当するとみなされた。

一方、日本でアユは年魚と称され、アユが一年更新（＝年）の魚であることを表している。また、銀口魚は遊泳中のアユの口部が銀色に光ることに由来しており、細鱗魚はアユの鱗が小さいことによる。このほか、国栖（くず）魚は現在の奈良県の土着の国栖人が吉野川産のアユを朝廷に献上したことに由来している。以上のように、標準和名のアユを漢字で表記すると、中国との関連を含め歴史上、多様な表記のなされていたことが明らかとなる。

トビウオは飛魚と書くが、明治時代の専用漁業権原簿の記載をみると、𩹉とある。まさに、「飛ぶ魚」を表す漢字表記となっている。さらに、琉球王国時代の歌謡集『おもろさうし』には「かくのいよ」とあり、トビウオの頭部が角ばっていることからそうよばれていた。「いよ」は魚を表す。トビウオの方言であるアゴは西日本に色濃く分布しているが、沖縄ではトブー以下、アゴとは異なる方言があり、アゴの由来について諸説がある（秋道 2016a）。

ハタハタは日本海を中心に分布する深海性の魚で、鰰ないし鱩と漢字で表現される。「魚偏に旁が雷」と書く鱩は、この魚が産卵期に深海から沿岸の藻場に移動する冬季は雷が多く発生する時期に相当することに由来する。その一方、「魚偏に旁が神」と書く鰰は、ハタハタの側鱗板がちょうど富士山の形をしており、神のすむ神聖な山であることに由来している（秋道 2016b）。

このように、漢語の魚名を取り上げるだけでもさまざまな意味づけが歴史的になされてきたことが判明する。

アイヌ語とシロザケ

北半球の中緯度から高緯度にかけてサケ科の魚類が広く分布している。サケ科には一〇前後の属があり、イトウ属、イワナ属、タイヘイヨウサケ属、タイセイヨウサケ属のなかでも、ふつう日本でもよく食べられるサケ（シロザケ）、ベニザケ、マスノスケ（キングサーモン）などがなじみ深い種類である。海水中に生息する回遊魚とともに、陸封されて一生を淡水域で過ごす種類もふくまれる。イトウ、イワナ、アマゴ、ヤマメなどがそうである。日本ではいずれも釣りの対象として人気の高い魚である。

魚類図鑑には、学名や標準和名以外に各国のことばでその魚をどのようによぶのかについて記述されていることがある。たとえば、北海道・東北で獲れるシロザケの学名はオンコリンカス・ケタ（*Onchorinchus keta*）である。シロザケは英語でドッグ・サーモン（dog salmon）ないしチュム・サーモン（chum salmon）、ロシア語ではケタ、中国語では大麻哈魚（ダーマーハーユィ）と称される。

チュム・サーモンのチュムは、北西海岸のコロンビア川周辺に住むチノーク（Chinook）族の言語をもとにした一九世紀の交易言語であるチノーク・ジャーゴン（Chinook Jargon）で、シロザケのことをツム（tzum）とよぶことに由来する。また種小名にあるロシア語のケタも、東シベリアに居住するエヴェンキ族がシロザケを指す用語に由来する。

ドッグ・サーモンの名は誤解を招いてきた。まずくて人間の食べるものではなく、イヌが食べるとする考えがそうだ。産卵期になると、シロザケのオスの犬歯が大きくみえることに由来するのが本当の話である。しかも、産卵期には婚姻色になり、オスの鼻の部分が大きく曲がってくることから、岩手県中部の大槌町には「南部鼻曲がり鮭」の名があるがその由来はわかっていない(秋道 2016e; 岩本 1979)。

つまり、シロザケの英語名や学名でも、サケと長く深いかかわりをもってきた少数民族の情報が不可欠となっている。シロザケは北半球の中緯度から高緯度にかけて広く分布しており、それだけにもともと住んでいた少数民族とのかかわりは重要である。カナダ北西海岸のハイダ族(スキディギット:Skidegate)がシロザケをスカーギ(Ská-gi)とよぶとかについて知っている人はまずいない。シロザケに関する少数民族ごとの名称を完璧に記述した論文や書籍も皆無であろう。

しかし、いかに集団の数が小さい民族であってもシロザケを利用していれば、それぞれ異なった名称をもっているのがふつうである。その名称をきちんとおさえていくのが民族魚類学の基本的な仕事である。サケの例を挙げたが、民族魚類学はサケの分類や形態、生態を自然科学的な方法で研究する立場とはずいぶんとちがう。

身じかな北海道アイヌの例を挙げよう。北海道アイヌの人びとは、魚のことをイペ(ipe)と称する。イペは「食物」のことでもある。魚のなかでも、サケはシペ(shipe)とよばれ、その意味はシ・イペ(shi ipe)、つまり「真の魚」である。また、魚をチェップ(chep)ともよぶが、これもチエプ(chi-e-p)つまり「われわれが食べるもの」の意味で、魚が食物として重要であることと、魚のなかでもサケが卓越した価値をもつことが如実に示されている。また、サケはチュク・イペ(chuk ipe)、つまり「秋の魚」とよばれ、日本語のアキアジ「秋味」の用法と対応する。

かつて東北地方にもアイヌの人びとがいた。岩手県にはサケをしめすアイヌ語が記録されている。北部の宮古にそそぐ閉伊川、津軽石川から大槌川、小鎚川、気仙川、北上川まで、チュクナイ(chuk-nai)、チュク・オ・ペ(chuk-o-pe)、シベ・ヌ・ウシ(shibe-nu-ushi)、シベ・アン(shibe-an)など、サケを表す名称が広く分布している。チュクは「秋」、シベはシペ(=サケ)を指す。シベ・ヌ・ウシは大槌川の中流部にある渋梨(しぶなし)での名称である。残念ながら、現在、サケに関連したアイヌ語の地名についての情報は忘れられようとしており、絶滅に瀕している（木村 1996）。

シロザケはアイヌの世界で、シ・イペ、チュク・イペという名称だけでよばれるだけではない。その象徴がカムイ・チェップ（kamuy chep）であり、サケは「カミの魚」とも称される。

なぜ、アイヌの人びとがサケをカムイ・チェップとよぶのか。民族魚類学は、その問題をアイヌの人びとの文化や世界観のなかで位置づけようとする。すると、カムイ・チェップはカミの国から人間世界に遣わされた生き物であり、いわばカミの国から人間世界への贈り物とみなす観念がアイヌの文化で発達していることがわかる。アイヌの人びとが河川を遡上してきたカムイ・チェップを捕獲すると、カムイに感謝する儀礼をおこなう。だから、カムイという名前のついている意味がおぼろげながらでも理解できるようになる。

サケを媒介としたアイヌと超自然的な世界との関係の背景には、サケが食料としてたいへん重要であることが暗示されている。アイヌの人びとは、サケの生態や捕獲、調理、魚の部分名称、成長段階名などについてたいへん深い知識をもっている。じっさい、北海道の地域によっても異なるが、サケは遡上から産卵にいたるそれぞれの時期に応じていくつもの異なった名称でよばれる。たとえば、サケが河川を遡上する前の、海にいる銀鱗の白いサケ（アトゥイオルン・チェップ）、ブナ毛（婚姻色で、ブナの木の色）になって川を遡上するサケ（チュク・チェップ）、川に入ったばかりのサケ（イット・チェップあるいはウペン・チェップ）、一―二月に遡上する銀鱗のサケ（メオルン・チェップ、あるいはチカップ・イペ）、産卵場で河床に着きかけたサケ（メッカ・ウス・チェップ）、産卵中のサケ（イチャン・チェップ）、産卵後、尻のすり切れたサケ（オイシル・チェップ）などがその例である（知里 1984）。これらは、アイヌの人びとがいかにサケの遡上から産卵にいたる行動に注意を払ってきたかを示すものであろう。

さらに、アイヌの人びとは重要な食料資源であるサケの漁獲のために、集団内でサケ漁のなわばりや禁漁区、禁止漁具を決め、産卵場の保護など、さまざまな慣行とサケをめぐる文化的な営みをはぐくんできたことがわかっている（渡辺 1963）。サケの分類についても、アイヌの人びとは、シロザケ以外に、マスノスケ、サクラマス、カラフトマス、ベニマス、ヒメマスなど、サケの仲間を分類しているが、シロザケほど詳細な分類名称群をもっているわけではない。

第3節　アジア・オセアニアにおける魚の民俗分類

本節では、台湾、ベトナム、マヌス島（パプアニューギニア）における魚の民俗分類を取り上げ、文化ごとの多様な様相を紹介する。つぎに、なじみのある英語の魚名表現を概観する。さらに、民俗分類を横断するさまざまなカテゴリーについて取り上げ、魚の民俗分類の重層性を明らかにしたい。

ヤミ族の民俗分類

台湾の蘭嶼に居住するタオ族はかつてヤミ（雅美）族とよばれた半農半漁民である。ここではヤミ族と称する。人びとは釣り漁、網漁、突き漁、魚毒漁、採集などをおこなう。ヤミ族は魚を一般にアモン（among）と称する。ヤミ族の考古学・民族学的研究は鹿野忠雄によってなされている。また魚名については言語学者の土田滋による詳細な報告がある（鹿野 1996; Tsuchida 1984）。ヤミ語はオーストロネシア語族に属する。

台湾研究者の野林厚志は、従来、ヤミ族の魚類に関する民俗分類について、「男の魚」と「女の魚」に区分して議論されてきたが、正確ではないことを指摘している。つまり、オヨド・アモン（oyod among）は「悪い魚」であり、「男の魚」ではない。また、ラエット・アモン（raet among）は「真の魚」であり、「女の魚」ではない。そのうえで、「悪い魚」は男性のみが食べることのできるのにたいして、「真の魚」は男女ともに食べることのできる魚である。「悪い魚」を女性が食べても何らかの病気や災禍が発生するわけではない。男女間で魚を社会的に配分するうえで、女性に優先される魚が「真の魚」であり、男性は女性が「臭い」として敬遠し、見ただけで吐き気を催し、食べても吐いてしまう魚が「悪い魚」とされている（野林 2000）。台湾人研究者の余光弘も、オヨド・アモンは中国語で「壊魚」、ラエット・アモンは「好魚」とし、さらに六〇歳以上の老人のみが食べることのできるカカネン・ノ・ララケル（kakanen no raraker）に区分している。カネンは「食物」、ララケルは「老人」を指す（余 1994）。なお、食べることのできない魚はアニト（anito）つまり「精霊」の食べ物とされている。

おなじくヤミ族社会で研究をおこなった徐韶韺によると、ヤミ族の社会で食用とされる魚は、大きく「天の魚」一五種と「地上の魚」一六三種に区分され、前者は天界の海にいて、地上の海に回遊する。ただし、まれにしか天界から回遊してこない魚や、天界と地上の両方の海にいる魚に細分される。前者にはマルクチヒメジとミナミイスズミが、後者にオアカムロ、ムロアジが相当する。また、「天の魚」はすべて食用とされるが、「地上の魚」は一部食べることができない。「地上の魚」のうち、七一種類は「良い魚」、二二種類は「悪い魚」とされ、そのほかの二四種類はそのいずれでもない。「良い魚」と「悪い魚」の事例についての詳細は報告にないが、体色が黄色で縁起がよいとする例や、逆に魚名自体が「腹のへっこむ＝餓死する」意味をもつとか、番刀を意味するので縁起が悪いとする例がある。また、シマハギのように棘にさされると発熱を起こす危険性があるとみなされるものもある。

このように、「悪い魚」は人間にとり縁起が悪く、危険であるとみなされている。さらに「地上の魚」のうち四六種類は「死霊の魚」とされており、九種類の魚を人間が食べることができるが、のこりの三七種類は食べることができない。なぜなら、後者の魚は「死霊にささげる魚」であり、たとえ獲れても即刻、海に戻す必要があった。たとえば、オコゼの仲間は体表面にある棘に触ると体が腫れることになり、オナガザメは異臭がして嘔吐をもよおすから食べられることはない。これらの魚には悪い死霊が憑いているとみなされる（徐 2003）。

「悪い魚」、「真の魚」と性別の可食性の是非、超自然的存在とのかかわりなどは興味深いが、第5章で詳述するサタワル島の「悪い魚」の場合にくらべて個別の魚についての論証が全体としてなされていないのが残念である。いずれにせよ、魚の民俗分類についてヤミ族は貴重な資料を提供してくれることがわかった。

ベトナムにおける魚の民俗分類

オーストロアジア語族であるベトナム語で、魚はカー（cá）と総称され、このなかには軟骨魚類や硬骨魚類だけでなく、海生哺乳類のクジラもカーの仲間であり、カー・ヴォイ（cá voi：ゾウの魚、つまり巨大魚の意味）と称される。またクジラは「翁の魚」（カー・オン：cá ông）ともよばれ、尊敬の対象となっている。ベトナムの中部から南部では、漂着したクジラの骨を廟に祀る慣習があり、この廟を中心とした漁民組織はふつうヴァンチャイ（Van Chai）とよばれ、海洋資源の管理上、重要な組織となっている（Nguen and Ruddle 2010）。クジラが沖合でイワシなどの小魚を追跡することがあり、その魚を漁獲することができるため、漁民はクジラに畏敬の念をいだいている。

興味あることにワニはカー・サウ（cá sấu）と称され、魚（カー）の仲間である。ワニと似た体表面の特徴をもつタツノオトシゴもカー・グア（cá ngựa）である。しかし、淡水域に生息するタウナギの仲間は人為分類上、魚であるにもかかわらずベトナムではカーの仲間にはふくまれず、ヘビとおなじ仲間 con rắn とされている。魚として典型的な生活形（ライフ・フォーム）をもつもののほとんどはクジラをふくめてカーとされるが、ワニのように四肢をもち、形態的に魚とは異なる動物もカーにふくまれる。そして、生活形からすればヘビに近いタウナギはカーにはふくまれない。また、ウナギ、ウツボなどはカーの仲間とされている。

さらに、水生の動物で四足をもつカエルやカメはカーにはふくまれない。カメの場合、ベトナムではルア（rùa）はカメの総称であるとともに、とくに淡水産のカメを指す。これにたいして、海産のカメには個別の名称がついている。このように、ベトナムにおける魚の民俗分類の例からは、水界に生息する動物のなかでも周辺的な存在にたいする認識のしかたから、その文化の固有性を理解することができる（秋道 2013a）。

マヌスの魚類分類

パプアニューギニアの北部にあるアドミラルティー諸島の主島であるマヌス島とその周辺にはティタンないしマヌスとよばれる漁撈民、マタンコールと称される半農半漁民、ウシアイと総称される農耕民が居住している。ウシアイは蔑称でもあり、それぞれの地域集団ごとに名前がある（秋道 2002）。

漁撈民と半農半漁民について、魚類の民俗分類を調べた。その結果、漁撈民と半農半漁民との間で、海の生物のなかで魚やタコ、イカ、貝類、クジラ・イルカなどの海生哺乳類の民俗分類にはすこしずつ異なった位置づけがなされていることがわかった。半農半漁民についてはは比較上、レンカウとパンチャルの二集団を参照した（Akimichi and Sakiyama 1991）。

まず、漁撈民は海産動植物をいくつものカテゴリーに区分している。魚（ニー）、クジラ、イルカ、ジュゴン、ウミガメ、ワニをふくむ包括名は魚とおなじニーである。このニーには、貝類やタコをふくむブケイ、イカ、ウニ、ナマコなどはふくまれない。なお、ブケイの概念には貝類のほか、オウムガイやタコがふくまれる。

半農半漁民のレンカウでは、海洋生物は全体でドロメイと称され、このなかに、魚（ニーク）のほか、ウミガメ、イルカ、クジラ、ワニ、海藻、ムェに区分される。ムェは、タコ、貝類、ナマコ、ウニ、ヒトデ、コウイカなどをふくむ。これにたいしてパンチャルの場合、海洋生物は総称で動物全体を表すテテワインとおなじくテテワインと称され、魚（ニー）、ムエル、テウンに区分される。ニーのなかには、魚以外にイルカ、クジラ、タコ、ウミガメをふくみ、ムエルには貝類、ウニ、ナマコがふくまれる。テウンはエビやカニの仲間を指す。

以上のように、魚を表す民俗概念が魚類だけを指す場合と、クジラ・イルカ、ワニ、ウミガメなどをふくむ場合がある。さらに、貝類の仲間も、ブケイ、ムェ、ムエルという類似の概念に相当するが、貝類以外にふくまれる海洋生物の種類は集団によって大きく異なっている。

第4節　民俗分類を横断する

英語のフィッシュ（fish）

魚は英語でフィッシュ（fish）とよばれる。しかし、魚類以外の海洋生物に○○フィッシュと称されるものがいくつもふくまれる。たとえば、シェルフィッシュ（貝類）、クレイフィッシュ（エビ）ないしクロウフィッシュ（ザリガニ）、スターフィッシュ（ヒトデ）、カトルフィッシュ（コウイカ）、スリーヴフィッシュ（sleevefish：イカ）、ジェリーフィッシュ（クラゲ）、ローリーフィッシュ（lollyfish：ナマコの仲間）、バスケットフィッシュ（クモヒトデの仲間のオキテヅルモヅル）、デヴィルフィッシュ（タコ）などの例がある。最後の例にあるタコは、キリスト教世界では、スペイン、イタリア、フランス、それにギリシャなどでは食されるが、ドイツや北欧では忌避される。なお、英語のデヴィルフィッシュはかつてタコがクラッケンとよばれる怪物であるという逸話に依っているが、タコ以外にもイトマキエイ、オニイトマキエイ、ヒメオニオコゼなどを指すことがある。また、アネモネフィッシュ（クマノミ）はイソギンチャク（＝アネモネ）ではなく、アネモネと共生するクマノミの仲間の魚を指している。これとは別にクマノミをクラウンフィッシュ（道化役者の魚）とよぶこともある。

当然かもしれないが、○○フィッシュとよばれる魚類はたいへんに多い。英語で色、動物、昆虫、楽器などの名前を冠した魚がその例である。動物名では、ライオンフィッシュ（ミノカサゴ）、タイガーフィッシュ（ゴリアテ）、ラビットフィッシュ（アイゴ）、カウフィッシュ（ハコフグ）、ホースフィッシュ（コンギオボドゥス科）、ドラゴンフィッシュ（タツノオトシゴ）、ドルフィンフィッシュ（シイラ）、スクワーレルフィッシュ（イットウダイ）、リザードフィッシュ（アカエソ）、エレファントノーズフィッシュ（グナソネムス属）などがある。

天体名でいえば、先述したスターフィッシュ（星の魚）はヒトデであるが、サンフィッシュ（太陽の魚）はマンボウ、ムーンフィッシュ（月の魚）はアカマンボウである。なお、アカマンボウはマンボウの仲間ではなく、リュウグウノツカイに近縁の魚である。

つぎに楽器の名前がついている魚の例を示そう。このうち、ギターやヴァイオリンなどの弦楽器、フルートやパイプ、ホルンなどの管楽器、太鼓やドラムなどの打楽器が魚名となる。ギターフィッシュ、ヴァイオリンフィッシュはともにサカタザメを指す。トランペットフィッシュはヘラヤガラ、フルートフィッシュやコルネトフィッシュはヤガラ、パイプフィッシュはヨウジウオで、いずれも細長い魚を指している。またイエローホーンフィッシュはハコフグを指す。

図1－3　ギターフィッシュ。ソロモン諸島マライタ島ラウ漁撈民が漁獲したサカタザメ。

トライアングル・バタフライフィッシュは魚の模様が三角形である点から名づけられ、ミカドチョウチョウウオと近縁種である（ミカドは「帝」ではなく、三つ角に由来する)。形態ではなく、音を発することからドラムフィッシュとよばれるのがニベである。ちなみにギターフィッシュ、ヴァイオリンフィッシュの名をもつサカタザメはソロモン諸島の漁撈民であるラウがもっとも価値のある魚と位置づけており、現地ではタイファソロと称される。図にあるように大型種で、ギターというよりもコントラバスに似ている(図1-3)。

陸上動物と海の対応種

人類の歴史のなかで、まずは陸上の動物が認知され、のちに海の動物が発見、命名された場合の多いことは大方予想できる。そのことが海の動物の命名にも反映していることがある。英語の場合にかぎって、陸上の動物名をもつ海生動物の例を挙げてみよう。いずれも、海を表すシー(sea)がそれぞれの用語の修飾詞としてついている。

(1) 海生哺乳類

海のライオン(sea lion):アシカ類、海のウシ(sea cow):ジュゴンないしセイウチ、海のブタ(sea pig):ジュゴンないしイルカ、海の去勢ブタ(sea hog):ネズミイルカ、海のクマ(sea bear):オットセイないしホッキョクグマ、海の子牛(sea calf):ゴマフアザラシ、海のカナリア(sea canary):シロイルカ、海のイヌ(sea dog):ゼニガタアザラシ、海のヒョウ(sea leopard):ヒョウアザラシ、ウッェデルアザラシ、ゼニガタアザラシ、海のトカゲ(sea lizard):イグアナ、海のウマ(sea horse):セイウチ

（2）魚類

海のウマ（sea horse）：タツノオトシゴ、海のワタリガラス（sea raven）：ケムシカジカ、海のコマドリ（sea robin）：ホウボウ、海のオオカミ（sea wolf）：オオカミウオ、海のキツネ（sea fox）：オナガザメ、海のヘビ（sea snake）：ウミヘビ、海のコウモリ（sea bat）：イトマキエイ、海の龍（sea dragon）：ネズッポ、ヨウジウオ、ウミテングなど、海のガ（sea moth）：ウミテング、海の大蛇（sea serpent）：リュウグウノツカイ

（3）無脊椎動物

海の野ウサギ（sea hare）：アメフラシ、海のネズミ（sea mouse）：多毛類の一種、海のクモ（sea spider）：クモガニ、タコ、海のクルミ（sea walnut）：クシクラゲ、海のトカゲ（sea lizard）：アオミノウミウシ、海のサル（sea monkey）：小型甲殻類（ブラインシュリンプ）などの例がある。

動物以外のイメージのもととなったものとして、海のレモン（sea lemon）：ウミウシ、海のドングリ（sea acron）：フジツボ、海のカボチャ（sea pumpkin）：クロナマコなどがある。なお、フランスのR・ドロールはその著で、ボラが陸上のラバに類似したものであると記載しているがその具体例は不明であった（ドロール 1998）。

前項でふれた、○○フィッシュ（＊＊fish）の例と比較すると、興味ある対応に気づく。海のライオン（sea lion）は海生哺乳類のセイウチであるが、ライオンフィッシュ（lionfish）はミノカサゴを指す。同様に「海のウシ」はジュゴンだが、カウフィッシュ（cowfish）はジュゴンを指す場合もあるが、ふつうはコンゴウフグかイルカ・クジラを指す。「海のコウモリ」（sea bat）はイトマキエイであるが、バットフィッシュ（batfish）はイトマキエイの仲間を指す場合もあるし、ツバメウオ属（*Platax* spp.）の魚を意味することもある。学名以外の標準名や慣用的な表現としての魚名にはさまざまな用法があるので注意が肝要である。

英語による命名の事例とは異なるが、メラネシアのバンクス諸島では、海のものと陸のものとが対応関係にあるとする報告を人類学者のR・H・コドリントンがおこなっているがその詳細は記述されていない。この場合、海と陸の動物同士の類似性ではなく、陸の植物と海の動物との対応に言及したものであり、その実態についてはが機会があればぜひとも調査したいと考えている。

海の魚と陸の植物を一対のものと考える発想がほかにないわけではない。たとえば、カロリン諸島のサタワル島では、特別な能力と技量をかねそなえた航海者が航海中に禁忌とする食物は植物性と海の動物を対として全部で二七組、五四種類ある。残念ながら、それぞれの組における魚と植物性食物の連関の意味について聞くことができなかった（秋道 1981）。いずれにせよ、英語の「海のライオン」にあったような事例は、海の動物を命名するさいに、それと類似した性質や形態的特徴をもつ陸上動物になぞらえたものが多い。

魚の成長段階名

魚のなかには成長に応じて名前がつぎつぎと変化する事例が知られている。たとえば、日本では渋澤敬三の「日本魚名の研究」に成長段階名の項目があり、詳細な事例の報告とともに、海外の事例も紹介している（渋澤 1959, 1992b）。スズキ、ボラ、ブリなどが端的な例であり、地域によって成長段階ごとに名称がいくつもに変化する魚を総じて「出世魚」とよんで縁起が良いとする地域が多い。

ブリ漁のさかんな富山湾の氷見でブリは六段階に名称が区分されている。つまり、アオコ→コズクラ→フクラギ→ガンド→サンカ→ブリと変化する。同様に、香川県大内町や愛媛県三崎町でも六段階に変化する。わたしの調査した青森県下北半島の大間でも、フクラゲ→ワラサ→ボッコアオ→アオ→ブリ→ドタブリと六段階に変化する。地域にもよるが、ブリの成長名は西日本の方が東日本より段階数の多いこと、先述の氷見では六段階であるが、富山県東部や神通川、常願寺川をさかのぼった流域や山間部ではふつう二から四段階となっている。氷見で漁獲されたブリは飛騨ブリとして神通川をさかのぼり、信州へと運ばれるルート上で成長段階名の数が減少することを富山大学の方言学者である中井精一が詳細な方言研究から明らかにしている（中井 2005, 2016a, 2016b; 安室 2015）。

ミクロネシアのサタワル島では、マグロの包括名はタクー（tókuw）である。タクーのなかで小型のものはタクー、中型のものはタクー・サギル（tókuw sangir）、大型のものはサギル（sangir）とよばれる（Akimichi and Sachomal 1982）。タクー、タクー・サギル、サギルが大きさを指標として弁別されていることから三つの名称は成長段階名であろう。しかし同時に、相異なる種にたいして二つないし三つの方名があたえられている可能性ものこされている。

ハワイにおいても、何種類もの魚について成長段階名が知られている。ボラの場合、六段階に区別されており、小さい順からプア→ポ・オラー→オ・オ・ラー→カハハ→アマアマ→アナエと変化する（Titcomb 1972）。このうち、カハハは「手の長さ」、アマアマは約八インチ、アナエは一二インチ以上の大きさになるとされている。

成長段階名は、日本のブリにおけるように、まったく異なったワラサ、イナダ、ハマチ、ブリのように名称が変化する場合から、たがいに関連していることもある。後者の例を示せば、インドネシアのバジャウ族におけるスズメダイの仲間（ティティポ→ティポ）やギマ（ポポゴ→ポゴ）、ハワイ諸島のユゴイ（プア・ホレ、あるいはプア・アホレホレ→アポアポ→アホレホレ）、サタワル島におけるボラ（アユ→アユウォトル→アユエタム）の例がある。また、同一種が異なった社会でどのように成長段階名をもつかについてはあまり好例がない。ギンガメアジの例では、ミクロネシアのサタワル島でチェップ→アユクマウ→レポォプ→レペエタム→エタムと変化し、ソロモン諸島マライタ島のラウ漁撈民では、アリ→ウグ→エダエダ→ラクワァロ→ゴウトリ→モドムと五～六段階の成長段階名をもつことがわかった（Akimichi and Sachomal 1982; 秋道 1975）。

性的二型と魚名

サンゴ礁魚類のなかで、ベラやブダイの仲間には性的二型の特徴をもつ種類がふくまれている。多くの種類は体の色彩が鮮やかで、性別や成長段階によって変化する。また、メスからオスに性転換する特徴をもつ。しかし、現地ではおなじような体型であってもそれが性差によると見なされず、別の種類として命名されていることがある。

たとえば、前述のサタワル島では、ベラ科のクギベラ属（*Gomphosus*：アサープ）とホンベラ属（*Halichoeres*：ウォラール）の仲間や、アオブダイ属（*Scarus*）四種とイロブダイ属（*Cetoscarus*）一種についても雌雄で名称が異なっている。クギベラ属のうち、アサーピン・アリノはクギベラの♂を、アサーピン・プェレプェルはクギベラの♀を指す。ホンベラ属のうち、ウォラールはミツボシキュウセンの♂、ウォラニプェルはミツボシキュウセンの♀を指す。アオブダイ属のうち、ナガブダイ（*S. rubroviolaceus*）の♂はアモスキン、♀はファスヌマットとよばれる。ハゲブダイ（*S. sordidus*）の♂はモクウェイム、♀はギッチャである。オビブダイ（*S. schlegelli*）の♂はタプヌポル、♀はウーマルとよばれる。アミメブダイ（*S. frenatus*）の♂はアシヨーロ、♀はカープである。ただし、ベラの場合、それぞれアサープとウォラールという上位概念を想定して考えるべきであろう（Akimichi and Sauchomal 1982）。

沖縄でもイロブダイについての性的二型を海人（ウミンチュ）はよく認知しており、八重山諸島ではオスもメスもアーガチャーとよばれる。ただし、宮古諸島伊良部島の佐良浜では、イロブダイのオスはクワガニバツー、メスはその色からブフ・ヌイ（黒い）とよばれている。

海洋動物の器官名称

日高敏隆は、動物にも文化があるという主張を提起した。その話の骨子は、文化は人間だけがもつのではなく、それぞれの動物には「生きざま」があるとして提起された典型例がイソギンチャクの生活様式であった。イソギンチャクには口と肛門の区別がない。口から食物を取り入れて体内で消化し、老廃物をおなじ口から排泄する（日高 1988）。イソギンチャク以外の無脊椎動物であるナマコ、ウニ、フジツボ、ヒトデなどについて考えると、いずれも口と肛門、ないし入水口と出水口をもっている。では、口しかもたないイソギンチャクが汚くて、ほかの生物が清潔と考えるのか。ここが発想の分かれ目となる。つまり、イソギンチャクやそのほかの動物はそれぞれの生きざまにしたがっており、口と肛門をもつ方が高等な立場にあると考える根拠はじつのところなにもない。ここでも人間中心に考えることの陥穽に気付くべきであろう。

無脊椎動物のタコについて考えてみよう。タコは軟体動物の仲間で、ふつう漫画やイラストで表現されるタコの頭の部分は形態学的には胴であり、口の部分は海水、墨、排せつ物などを吐き出す漏斗である。外界から栄養分を取り入れる口は脚の基部にあたる裏側中央部にある。排泄孔は別にある。だが、そのことでタコとイソギンチャクを差別して食べる・食べない、の区別を決めているわけではない。動物の器官のもつ意味や役割は生物学とは異なった観点から考えるべきであろう。それが現地の人びとのもつ生物観であり、民俗的な発想へのまなざしである。

タコの脚をめぐって

ここでミクロネシアのサタワル島の例から、魚やほかの水生動物の器官名称をタコやそれ以外の生物の例を参照しながら検討しよう。タコはサタワル語でクースと称される。クースにはわれわれの知るタコ以外に二種類のものがある。一つはロガフで、脚が六本しかない。ロガフは夜、浜辺に上陸してココヤシの木に登る。そしてココヤシの木に仕掛けられたココヤシ殻の容器にたまったココヤシの樹液を飲む。ロガフは架空の存在と考えられるが、脚が六本であることや、ココヤシの木に登ることなどから、ヤシガニの可能性がある。もう一種類はクー・サイナン、つまり「天空のタコ」とよばれるもので、その実態はクモヒトデである。ナンは「天空」をあらわす。クモヒトデには触手が五本しかない。クモヒトデはふだん石の下などに隠れているが、太陽が照ると姿を現すという観察からそうよばれる。ちなみに、クモヒトデの盤はパルンと称される。ウミガメの甲羅もおなじくパルンとよばれる。

以上、三種類のクースの脚はいずれもコワンと称される。ちなみに、タコの胴部はリムォン、すなわち「頭」とされている。また、タコの漏斗はサニガン、つまり「耳」、体の下部中央にある口はエワン（口）、歯舌はギー（歯）と称される。日本ではタコの胴部を頭、漏斗を口として描くイラストがあり、漏斗を耳とみなすサタワル島の例とちがっている点がおもしろい。

ではなぜクースの脚がコワンと称されるのか。クモヒトデ以外の海星綱に属するヒトデの仲間はニキトーロであり、その腕はアユトゥン、オニヒトデ（エラとよばれる）の鋭い棘はファヌンと称される。イヌやブタなどの哺乳類やは虫類のオオトカゲの前肢はパイ、もしくはパユンである。パイは鳥類の翼、昆虫の羽、魚類の胸鰭にも適用される。哺乳類、は虫類の後肢、ニワトリやアジサシなどの鳥類の脚、昆虫にある三脚はピレとよばれる。これらのことから、コワンは柔らかい器官に相当することが分かる。

つぎに問題となるのはタコとイカの区別である。イカもタコと同様に軟らかい脚を一〇本もつ。クースの脚の数は五本、六本、八本であるが、イカはタコの仲間ではない。興味があるのはイカの鰭とタコの漏斗にたいするサタワル島民の考え方である。イカの鰭はパニンで、タコの漏斗は先述したようにサニガン、つまり耳である。

表1－1　サタワル島における水産動物の器官名称

	kowan（脚）	rimwon（頭部）	pay（前肢）	panin（鰭）	saningan（耳）	parun（盤）	pire（後肢）
タコ	○（8）	○	×	×	○（漏斗）	×	×
イカ	○（10）	○	×	○	×	×	×
クモヒトデ	○（5）	×	×	×	×	○	×
ウミガメ	×	○	○	×	×	○	○
魚	×	○	×	△[1]	△[2]	×	×

1）エイの仲間、2）サメとボラの仲間はあり。（　　）内は脚の本数

パニンはイカのほか、エイ類の胸鰭や島に生えているパンノキの根元にみられる三角形状をした板根を指す。

以上のことをまとめたのが**表1－1**である（秋道 1995a）。これを参照してわかるように、コワン、サニガン、パニンなどの民俗名称とその有無から、タコ、クモヒトデ、イカなどをはじめとして、人びとが生物自体だけでなく、その器官をどのように認識しているかを知ることができる。

魚卵の分類とグルメ

器官名称の議論の最後に、魚卵の民俗分類の例についてふれておこう。魚類が多産性の特徴をもつことはすでにふれたが、サタワル島でさまざまな種類の動物の卵にどのような類別的な名称がつけられているかを検討した。サタワル島で卵はふつうサクンとよばれる。

しかし、その下位名称は動物種によりさまざまである。たとえば、鳥類の卵やウミガメの固い殻のある卵はレマウ、ウミガメの卵で卵黄だけのものはレマグル、ウニの卵巣はヤカン、魚卵はヌコン、イセエビやカニの卵巣はローンである。しかし、タコの卵は、レマグル、ヌコン、ローンでもなくフランと称する。フランは完熟したココヤシの胚乳をも指す。

地域は異なるが、淡水魚の魚卵であっても、区別される例を挙げておこう。パプアニューギニア国西部州のレークマレーでは、ナマズの卵はガヴァとよばれる。ガヴァは、サラトガ（*Scleropages leichardti*）、ニワトリ、ツカツクリ、カメ、ワニなどの卵にたいしても適用される。これにたいして、バラマンディやタウワなどのナマズの卵はミーとよばれる。これはガヴァのほうが同属の魚にくらべて魚卵が大きいことにより差異化されたとおもわれる。

付言すれば、魚卵は英語でフィッシュ・エッグとは言わない。魚卵はロー（roe）である。ロシアのイクラはサケの卵だけでなく、魚卵を一般に指す。チョウザメの卵であるキャビアも、ロシアではチョールナヤ・イクラー（чёрная икра）つまり「黒い魚卵」と称される。キャビア（caviar）は何種類ものチョウザメから採取されるが、ベルーガ（Beluga、オオチョウザメ）、オシェトラ（Oscietra、ロシアチョウザメとシップチョウザメ）、セヴルーガ（ホシチョウザメ）に区別される。チョウザメのキャビアもどきの製品もある。ダンゴウオ科のランプフィッシュ（lumpfish）やニシンの卵を使ったアブルーガ（avruga）は、燻製したスカンジナビア産のニシンをレモン果汁などで調味加工した食品である。ランプフィッシュは黒く色づけされて提供される。

生物の器官にたいして、現地の人びとがいだく観念は生物学的な知識にかならずしも合致するものではないが、それなりの妥当性と創造性をもっており、非科学的として排除することはなじまない。その発想のなかに自然科学的な知識とは異なった、豊かで意外な発想から自然をとらえる考え方や観念が息づいている。これらの点にメスを入れて人類が育んできた自然とのかかわりの総体を明らかにすることが魚類人類学の大きな目標である。自然科学とは無縁の世界は広大な知の海といってよく、手作業であってもひとつずつ丁寧に解きほぐす作業はやりがいのある挑戦となる。本章の最後に魚の分類と象徴性の問題を大宗教圏における事例から検討してみたい。

第5節　魚の象徴性と宗教

魚類の分類と認識論

魚そのものへの分類や認知のしかたについて、世界各地で興味ある事例がいくつもみられた。日本や中国では鱗のある、なしを目安とした区分が基本的であるし、鱗のない貝類や甲殻類は昆虫とおなじ「蟲」の仲間とされている。ユダヤ教の世界で、鱗の有無は食用可能かどうかの弁別的な指標とされる。この問題は第2章でふれよう。

一方、ポリネシアのハワイではあらゆる海の生き物を「魚」とみなす考えがあるし、ミクロネシアでも魚類とともにクジラ・イルカなどの海生哺乳類も魚とみなされている。この点は日本でもクジラを勇魚（いさな）として魚の仲間と考える視点がある。パプアニューギニア北部にあるマヌス島では、魚と貝類やイカ・タコなどの民俗分類的位置づけは漁撈民、半農半漁民の間ですこしずつ異なっていた（Akimichi and Sakiyama 1991）。イカ・タコに鱗がないことが弁別要素とされているのではない証拠に、魚とタコは同類だが、イカやコウイカはそれとはちがうとされている例があった。

香港の水上生活者はサン・ユー（san yu）、つまり「神聖な魚」とよばれる一群の魚類および水生動物を区別している。サン・ユーのなかには、鋸魚（ノコギリエイ）、鯨魚（クジラ）、沈龍（チョウザメ）、白忌魚（シロイルカ）、海豚（暗色のイルカ）、水魚亀（ウミガメ）、亀（カメ）がふくまれる。香港の水上生活者にとってのユー（魚）には、硬骨魚類やサメ、エイなどの軟骨魚類だけでなく、イルカ、クジラなどの海生哺乳類、ウミガメや淡水産カメなどの両生類がふくまれる（Anderson 1969）。総じて生き物の生活形（ライフ・フォーム）からすると、水界の生き物は陸域の生物と、天空を飛ぶ生き物とは顕著にちがうことが多くの社会で認められている（Brown 1979）。

魚のシンボリズム

魚自体がもつ象徴的な意味については、文明や文化を超えていくつかの特徴を指摘することができる。第6章でふれるように、古代バビロニアの神話のなかで、数知れないほど多くの卵を産む魚の多産性に象徴的な意味が付与されている。多産性の観念はキリスト教にも継承され、キリスト自体の復活、すなわち生命の更新をあらわすものとみなされた。

魚のもつ象徴性はこれにとどまらない。魚の生息する水界は、古くから人類にとり未知の宇宙として捉えられてきた。水は洪水をもたらし、災害とともに恩恵を人間にあたえ続けてきた。地下から湧き出る湧水は、生命の起源や再生につながる力をもつものとされ、古代バビロニアにおける地下を支配する神エンキへの信仰の基盤となった。地下水にたいする象徴的な意味づけは、水界に棲む魚にたいしても向けられた。

魚にたいする象徴的な意味づけはギリシャ・ローマ時代の神話にも顕著にみられる。愛の女神であるアフロディーテー（ヴィーナス）とその子のエロスが神々の宴の場にいた時、半人半蛇の姿をした恐ろしい化けものに出くわした。危険を察したアフロディーテーはエロスと川に飛び込み、二尾の魚となった。魚になったアフロディーテーはエロスと尾の部分をひもで結びつけて離れないようにして災禍から逃れることができた。全知全能の神ゼウスがアフロディーテーとエロスの親子愛を知り、尾で結ばれた二尾の魚の像を天に召し上げた。これが魚座（Pisces）のいわれに関する神話であり、神が魚に変身する内容が示されていることがわかる。キリスト教では魚は豊饒と誠実さのシンボルであり、聖書にもそのことが繰り返し記述されている。キリストと一二使徒は漁民として登場し、魚に変身する存在ともみなされていた。海洋は人間の原罪を秘めた淵であるとの象徴的な意味があたえられた。

世界の諸民族のなかには、魚を女性の豊饒性を象徴するものと見なす社会があり、魚をふくむ水界の生き物は母性の豊饒と力を示すものであり、水は聖なる母性の流れを表象する自然の証しとされた。古代のケルト民族の間では、サケはあらゆる知恵を人間に授けるとする神話がある。それによると、ディムナという美しい青年は金髪で白い肌をもつことからフィンともよばれた。成長したディムナはケルト社会の祭司であるフィネガスの弟子となった。フィネガスは、食べるとあらゆる知恵を授かるとして長年追い求めてきた「知恵のサケ」を獲り、ディムナに調理するよううながした。ディムナが調理したさい、サケの身で指をやけどしたので、その指をなめた。調理したサケをフィネガスに差し出したとき、ディムナの顔つきが聡明にみえた。そのことにフィガネスが気づき、ディムナにそのサケを食べるようにいった。賢明なサケについてのケルトの神話は今も伝承されている。

古代のインド東部の神話でも、魚は変身と創造のシンボルとされている。洪水神話のなかで、ヴィシュヌ神はマチャ（matsya）とよばれる魚に変身し、洪水から世界を救う。魚となったヴィシュヌ神は、洪水ののちに世界を再構築する使命をもった幾人かの生存者と生命の種子を携えたマヌ王の乗る船を安全に導いた。

古代のアフリカにおける創世神話でも、創造主であるマンガラ（Mangala）は宇宙の胎内に種を植えた。その種から二尾の魚が生まれ、創造の海に放たれた。ここでも魚は豊饒性と創造性と関連しており、あらたな生命をはぐくむ存在とされたことがわかる。

中国では、魚のなかでもコイは統一と和合の象徴とされる。コイが対で泳いでいることがよくあり、結婚式のさいなどに二尾のコイを表す引き出物が和合と永遠の絆の御しるしとして贈られる。魚を表す中国語はユー（yu）であり、これがおなじ発音のユー（裕）に通じることから、幸運と吉兆のシンボルとされている。双魚の文様を施した張り紙や装飾品は広く用いられている。

仏教世界でも、魚は自由に水のなかを動き回る幸福と自由を象徴する存在であるとされていた。それとともに、仏陀の八つの象徴物（吉祥八宝）にはホラガイ、蓮の花、傘、舎利塔、法輪、宝物瓶、吉祥結び、二尾の金魚がふくまれており、雌雄の双魚は直立姿勢でたがいに頭部を内側に向けた姿で示されている。この双魚は原始仏教以前の時代にも、インドの聖なるガンジス川とヤムナ川の象徴とされている（Stietencron 2010）。

北ヨーロッパでは、魚は適応力があり、しかも生命の流れを象徴する観念がある。魚が自然界で示す適応力は目を見張るものがあり、とくに回遊魚が数年かけて外洋空間を回遊したのちに母川回帰する卓越した能力をもつことにも示されている。

魚にたいする象徴主義は大宗教圏のみならず、世界各地の諸民族においても数えきれないほど多くの事例がある。とくに、神話や儀礼をつぶさにみると、魚にたいする人びとの超自然観や象徴的な思考が介在している。この問題については、さらにくわしく本書の第7章で取り上げることにしたいが、魚の分類における多様な位相は本章で十分明らかになったといえるだろう。魚にたいする分類や認識の問題を踏まえ、次章ではより直接的な魚の消費について考えてみよう。本章の帰結をふまえてつぎの第2章と第3章では、魚を食べることと、魚を食べることを禁忌とする事例について検討したい。

第2章　うま味と料理—魚食の文明論

第1節　食通と珍味

食通とミシュラン

「食通」は食の味に詳しく、食に関する情報（食材の産地、調理法、歴史と文化、食の評価）に精通している人のことで、フランス語のグルメ（gourmet）をそのまま日本語としても使う。ただし、食べることに執着する「食道楽」や「食い意地の張っている人」のことはグルマン（gourmand）と称され、グルメとはいささか意味がちがう。これと関連して、食に快楽を求める人をエピキュリアン、その考えや思想をエピキュリアニズム（epicureanism）と称する。また、グルメと類似の、食通にあたる用語としてガストロノム（gastronome）があり、ガストロノミー（gastronomy）（仏：gastronomie）には、「文化と料理の関係を考察すること」の定義があり、日本語の食い道楽やフランス語のグルマンとは意味合いが鮮明に異なる。

なお、「食通」を意味する用語を調べると、スペイン語でガストローノモ（gastrnóomo）、オランダ語でグルメッ（gourmet）、ロシア語でガストロノーム（гастроном）、ギリシャ語でガストロノモス（γαστρονομος）である。ただし、イタリア語のボングスタイオ（buongustaio）は英語のガストロノミーに相当し、大食漢を意味するギオットーネ（ghiottone）と区別される。ドイツ語ではファインシュメッカー（Feinschmecker）である。ファインは「上品な」、シュメッケンは「味」の意味である。

日本の主要都市圏版のミシュランガイドが、二〇〇七年一一月の東京版を皮切りにここ一〇年ほどの間に相次いで発刊されている。レストランや料理屋の評価は、三つ星、二つ星、一つ星、五〇〇〇円（米ドルで四〇ドル未満、ユーロで三五ユーロ未満）以下の廉価で楽しめるビブグルマンからなっている。ビブグルマンは、ビブ（Bidendum）とグルマン（Gourmand）をあわせた造語である。二〇一六年の世界の実績をみると、日本は三つ星レストラン・料亭で世界一の二八、ついでフランス（二七）、ドイツ（一一）、米国（一〇）、スペインとイタリア（八）、中国（七）、英国・アイルランド（四）と続く。都市別では、東京（一三）、パリ（一〇）、ニューヨーク・京都（七）、香港（五）、大阪（四）、サンフランシスコ・ロンドン・マカオ・神戸（三）となっている。食の世界ではアジアの日本と中国、欧米諸国が食通評価を独占しているといってよい。

ミシュランによる評価は国際化した現代世界の食の一つの目安になるだろう。ただし、国別、都市別だけでは、じっさいに提供される料理や味のイメージはでてこない。日本では和食が中心であるが、料理全体を評価することができても、個別の料理やその味については異なった観点からの評価法が必要だろう。以下では、個別の食材に着目した議論を進めてみたい。

日本の三大珍味

水産食品発酵学を専門とする藤井健夫は、魚を入れた水産生物が「珍味」を多くふくんでいることに着目した（藤井 2005）。日本の三大珍味は「このわた」、「からすみ」、「うに」であり、いずれも海産物である。ナマコの卵巣を加工した「くちこ」も珍味にちがいないが農林水産省のホームページでは、「くちこ」ではなく「塩ウニ」を挙げている。追記すれば、以上の三品は全国どこにでも産する珍味というわけではなく、産地が特定されている。たとえば、塩ウニは現在の福井県越前地方におけるバフンウニの塩蔵品を指し、江戸時代後期の『日本山海名産図会』にも「塩辛中の第一」とされている（蔀 2005）。このわた（海鼠腸）は、ナマコの腸（はらわた）の塩辛であり、江戸時代、尾張の徳川家が知多半島先端部にある師崎（もろさき）産のこのわたを将軍家に献上している。からすみはボラの卵を塩蔵後に天日乾燥したもので（中国語の烏魚子）、唐の墨に形が似ていることで名づけられた。江戸時代、長崎の野母（のも）半島産のものが最上とされていた。

世界のからすみ

東アジアでは、台湾と日本、韓国でボラのからすみが製造される。からすみの歴史は、台湾海峡における漁民の話にさかのぼる（秋道 2013b）。中国大陸から台湾への移住は一七世紀後半以降に始まり、福建省からは台湾中部西海岸の彰化県鹿港（ルーガン）が当初の入植地であった。鹿港は一七八四（乾隆四九）年に清朝により公認された。鹿港はその後、泉州晋江県の蚶江（ハンジャン）との貿易により栄えた。民族学者の国分直一が紹介しているとおり（国分 1976）、中国大陸の沿岸河口域に生息するボラ（烏魚）は水温の低下する冬季に暖かい南の海へと群れをなして回遊し、台湾海峡域で産卵する。そして産卵後ふたたび北へ戻る。毎冬、かならずボラが来遊することから、台湾ではボラを律儀で信用のおける「信魚」とよんでいる。

台湾ではオランダ統治時代（一六二四～一六六二年）と引き続く鄭成功政権時代、ボラ漁民にたいして課税された。漁民は漁業許可証となる烏魚旗をもつ必要があり、ボラ漁の時期に藏仔寮に入居し、さまざまな規律を遵守する生活をおくった。漁民は獲れたボラのからすみを媽祖（まそ）にささげる儀礼をおこないボラ漁の継続を祈った。一七一七年の史料では、福建省の厦門や台湾中西部沖にある澎湖諸島の漁民がボラ漁のために台湾に到来したとある。一八世紀中葉の史料でも福建・広東方面から多くの移民が無許可で台湾に来島している。このように明末から一七世紀以降に大陸から大量に移住した漢人によりボラ漁が発展し、台湾海峡に面する各漁港を基地として漁が盛況におこなわれた。からすみは高価な珍味食品であり、現在では台湾南部の高雄市茄萣区（かていく）が一大生産地となっている。日本の九州でからすみが製造された年代は定かでないが、製造技術は台湾・中国を経由したものであることはまちがいない。

なお、鳥取県境港に水揚げされるクロマグロの卵巣を使ったからすみが売り出され、「海の黒いダイヤ」との名があるが、台湾でもボラのからすみを「海の黒い金」とよぶ。ボラでなくアブラソコムツを使った油魚子はボラのからすみより高価とされる。ボラやマグロ以外にも、近世にからすみが日本に導入された当初はサワラを使った。

からすみは地中海世界でも知られている。地中海一帯では、ボラ（*Mugil cephalus*）のほかタイセイヨウクロマグロを使うこともある。ギリシャ、トルコ（黒海と地中海産）、フランス（シシリー島、サルジニア島）、イタリア、クロアチア（アドリア海）などでは英語・イタリア語でボッタルガ（bottarga）とよばれるからすみが製造されている。ボッタルガ以外に、boutargue（フランス）、butarga（ポルトガル）、butàriga（サルジニア島）、avgotaraho（ギリシャ）、abudaraho（トルコ）などの名がある。

古代エジプトでも乾燥、塩漬け、発酵品として地中海・紅海産のボラを加工したフェシーク（Feseekh）が利用された。保存技術も洗練されており、その技術を専門とする人びとはファサカーニ（fasakhani）とよばれた。ボラを発酵したフェシークは、春に季節風が吹くころの祝日シャンム・エンネシーム（Sham el-Nessim）の日に食される。シェム（shemu）は「収穫」を表す。フェシークと同様な加工を施されたメロウハ（melouha）は淡水産のシーア（seer）（種類不明）を用いたもので、上ナイルで賞味された。

このほか、アフリカのセネガルやモーリタニアでもボラのからすみが作られる。モーリタニアのボラ漁は一〇〜一月におこなわれる七〇〇年以上の歴史をもつ伝統漁で、アフリカウスイロイルカがボラの追い込みに参加することでよく知られている。イムラグエン（Imraguen）とよばれる漁民はボラやニベを追って移動生活をおこなう。漁獲されたボラから、からすみ以外にも乾燥したボラの身を砕いて作ったティシタル（tishtar）やボラ油を製造するのはボラの魚食文化を伝承してきた女性たちである。

珍味と地域性

日本では三大珍味以外にも、海の珍味が数多く知られている。珍味は卵巣や魚卵、内臓、鰭などさまざまである（藤井 2005）。鰭以外は脂肪分に富み、加工法や添加される調味料にもよるがうま味があり、食感もよい。卵巣の珍味には、チョウザメの卵であるキャビアやサケ卵のイクラ、ウニの卵巣、フグ卵巣の粕漬け・麹漬け、ニシンの数の子、タラ子（スケトウダラ、明太）、タイの子（煮付け用）などがある。

肝臓ではアンコウ（アン肝）、カワハギ（肝）、ウナギ（肝吸い）やタラ・フグの白子がある。鰭ではフカひれを筆頭に、ヒラメやマツカワガレイ（縁側）、エイ（アカエイ）、フグ（ひれ酒用）などがある。アユの塩辛であるウルカには、内臓だけの苦ウルカ、内臓とほぐした身を混ぜた身ウルカ、内臓に細切りした身を混ぜた切りウルカ、卵巣だけの塩辛である子ウルカ、精巣のみを用いた白ウルカがある。アユキョウは子持ちアユの粕漬けを指す。

前記以外の事例について、北の北海道から沖縄まで順に並べて説明を加えよう。

1．北海道・東北

北海道では、サケ、ウニ、イカなどの珍味がよく知られている。たとえば、サケのイクラや筋子、メフン（オスの腎臓の塩辛）、鼻先の軟骨をナマス（鱠）とした氷頭（ひず）（図2-1）、サケのトバ（細切りの身に塩をして乾燥したもの）、生魚に塩と米麹で発酵した「切り込み」、コマイの干物（かんかい：寒海）、タラの精巣（たつ）のカマボコ、タコやイカの口の部分を乾燥したトンビ、ルッツ（ユムシ）の刺身・酢味噌和え・煮物・干物などがある。

1．　2．

3．　4．

図２－１　日本の珍味。１．氷頭ナマス、２．コノコ、３．フナズシ、４．スクガラス（豆腐と海ブドウ）

メフン、トバ、ルッツはいずれもアイヌ語である。

東北地方では、北海道と同様にサケが重要な珍味となる。サケでは、氷頭、メフン、トバのほか、心臓はドンビコとして利用されるほか、生サケの細切りをイクラと漬け込む「紅葉漬け」がある。ホヤは東北地方で広く酢の物として利用される。エゾアワビの肝はそのまま醤油で食べるか、裏ごしにする。モウカザメの心臓は「モウカの星」とよばれ、生で食される。キタムラサキウニ（エゾバフンウニも少し）をアワビの貝に大量に入れて焼いた「焼きガゼ」は岩手や福島で知られている。カズノコ、イクラ、コンブ、イカなどを漬け込んだものは北海道で松前漬け、津軽漬け、岩手の海宝漬けとして高級な土産となる。北海道、秋田、新潟などではトゲウオ科のトゲウオ（降海型）を佃煮や天ぷらにするが、岩手では食することはない。

2．関東・東海・中部・北陸

関東地方では、伊豆諸島のくさやが著名な珍味である。ムロアジをくさや汁に漬けて乾燥したもので独特の匂いと風味がある。筋かまぼこは、サメの軟骨や白身魚の練り物から作ったかまぼこで、おでんに使われる。サケの頭部と野菜、大根おろしを混ぜたものは「しもつかれ」、「しみつかり」、「すみつかり」などとよばれ、稲荷神社の初午の日に赤飯とともに供える北関東の儀礼食である。新潟県中越地方ではヒメダカを佃煮にする。常磐地方を中心にメスのアンコウを使ったアンコウ鍋は味噌・醤油・アンコウの肝（ドブ汁）味で魚体をあますことなく食することのできる豪快な料理である。

北陸地方の能登半島では、冬季に産卵期をひかえたナマコの卵巣を薄く延ばして乾燥したコノコ（口子ともよぶ）がある。一枚のコノコをつくるのに十数キロのナマコが必要であり、たいへん高価である（図２-１）。富山ではイカの切り身にイカ墨を混ぜた塩辛はクロヅクリと称される。金沢、能登、佐渡島ではサバフグ、ゴマフグなどの卵巣を塩漬け・糟漬け・粕漬けにして三年ほど保存したものが食される（板垣 2005）。能登地方ではイワシを糟漬けにした「こんかいわし」を軽く火であぶって食べる。福井県の若狭地方ではサバに塩を添加し糠漬けにしたへシコは焼くほか、茶漬け、押し寿司などに使われる。静岡県の相模湾・伊豆や千葉県外房の和田では、イルカやツチクジラの赤身を醤油味の液に漬けこんで日乾したものはタレと称される。

東海地方では、寒ボラの胃袋はへそとか、形がソロバン玉に似ているのでソロバン玉とよばれ、煮つけやフライにして食べられる。台湾では烏魚腱と称される。アカヤガラは細長い魚で淡白な白身がうまい。かつては長い嘴の骨を乾燥させ、腎臓病や喘息の薬にしていた。

３．近畿・中国・四国

フナズシは滋賀県琵琶湖における特産の発酵食品で、産卵期をひかえたニゴロブナのメスを使う。フナに塩と米を施して数ケ月から一年発酵させたナレズシの一種である。フナズシ以外にドジョウ、ハスを用いたナレズシも知られている（滋賀県ミュージアム活性化推進委員会 2016; 橋本 2016）（図２-１）。魚の皮には独特の食感があり、食用とされる例はいくつもある。日本ではウナギの皮（ウザク）、アナゴの皮、ハモの皮などが利用される。ハモは関西では夏祭りに欠かせない食材で、ハモの落とし、ハモ鮨、吸物の実としてのほか、高級カマボコの材料となる。ハモ皮を焼いて味付けし、ワカメやキュウリとあえた酢の物やちらし寿司として利用する。ママカリはニシン科のサッパ（鯯）で、ご飯が進むことから、岡山ではママカリ（飯借）とよばれ、酢漬けや寿司として食されている。土佐でカツオの内臓を塩辛にしたものは酒盗（しゅとう）とよばれ、酒のつまみとして愛されている。

4．九州・沖縄

博多名産の辛子明太子はスケトウダラの朝鮮語である「明太」（ミンタイ）に由来する。その卵は「明卵」とよばれる。明卵を唐辛子とタレに漬け込んだ明卵漬（ミョンナッジョ）が下関にもたらされ、その後、調味液に明卵を漬け込んだものが辛子明太子として主流となった。下関を中心とした地域でトラフグは大阪などでテッチリとして高い評価がある。九州の有明海干潟に産するシオマネキ、アリアケガニ、ヤマトオサガニなどを殻ごと砕いてトウガラシや調味料を加えて発酵させたのがガンヅケで、大分などではモクズガニをすりつぶしてザルで濾し、汁物にしたものをがん汁とよぶ。鹿児島では春から初夏、キビナゴを手でむいて菊花盛りとして刺身で食べる。

沖縄の久高島では、旧暦の六～一二月、イラブー（エラブウミヘビ）が大挙して産卵のために海岸にあるガマ（洞窟）に集まる。島で燻製にされたイラブーは煮つけやイラブー汁などの滋養食とされる。アイゴの稚魚であるスクの塩辛はスクガラスとして豆腐の上において食される珍味である（図2-1）（秋道 2016a）。

以上はほんの一例であり、地域ごとの食材を使った料理は数知れない。

第2節　美食とは何か

魚は種類により、あるいは調理・加工法により多様な食品となる。日本におけるカツオとサバの調理法を例にとろう。カツオの生食としての刺身、表面を稲藁であぶり、氷水で冷やしたカツオのタタキ、蒸す・ゆでることで作られる生節ないし生利節、湯がいて燻製にして乾燥したカツオ節、タレをつけて揚げた竜田揚げ、生身を刻んで味噌・ネギ・ショウガなどと混ぜてたたいたなめろう、腸の塩辛である酒盗、心臓（珍子、へそ）を煮つけや揚げ物、おでんの具にするなど、全国で多様なカツオ料理があり、なかでもカツオ節は出汁として汎用される。

サバでは、生食としての刺身、焼きサバ、酢じめのしめサバ、あるいは生ズシ、酢と塩でしめて発酵させたサバ鮨、早鮓（はやずし）、開いたサバの生魚に飯をつめてすし桶で押し、一週間から一ケ月くらい発酵させた生熟（なまなれ）あるいは紀州北部のサバの腐鮓（くされずし）、サバの煮付け（砂糖、ミリン、ショウガなどと煮たもの）、へしこ（サバの糠漬け）、サバの揚げ物、サバ節（湯がいて燻製したもの）などがあり、全国各地にはサバの缶詰・サバ節をふくめて全部で二四〇種類ほどの調理加工法がある。こうした魚介類の多様性が水産物の多様な調理・加工法を生み出すこととなった。つぎに日本人にとり、あまりなじみのない海の食材を順不同で一〇数種類ほど紹介しよう（農商務省水産局編纂 1983）。

ヒトデ

九州の天草上島では、キヒトデを塩ゆでし、裏側を開いてなかの卵巣を食べる。方言でイツツガゼ、つまり脚を五本もつガゼ（＝ウニ）とよばれる。おもに天草市の栖本、宮田、御所浦、龍ヶ岳——上島の東海岸（八代海側）で食され、西海岸（島原湾側）や下島の方では食されない。キヒトデの採集漁は五～六月である。中国では、乾燥ヒトデを粉末にして飲用し、胃痛や十二指腸潰瘍、吐き気止めのほかゴマ油で練って耳に塗り、中耳炎の治療とする。ベトナムの沿岸地域でもタツノオトシゴやヒトデの乾燥品を薬として売っている。

イソギンチャク

佐賀県柳川では有明海に生息するイシワケイソギンチャクを、味噌煮、醤油煮のほか、唐揚げにして食べる。オセアニア地域では、大型のハタゴイソギンチャクの仲間を大きな葉でつつんで蒸し焼きにして食する。

パロロ

イソメ科の仲間は環形動物の多毛綱に属し、ふつうパロロ（palolo）ないしンパロロ（mpalolo）と称される。イソメは一年の特定時期、雌雄個体の後方四分の三がちぎれて生殖群遊し、沿岸域に来遊する。太平洋パロロはインドネシアからメラネシア、ポリネシアまでの広い地域で生殖群遊する時期に大量に採集される（Burrows 1965）。インドネシアのジャワ、バリ、ロンボク、スンバなどの島じまではパロロをニャレとよび、海に身を投じた美しい姫が化身し、一年に一度島に戻るとされている。来遊するニャレの多少でその年の豊作を占う。ニャレを水田の灌漑水路におき、イネの豊饒を祈願する儀礼がおこなわれた。ニャレは木の葉に包んで蒸し焼きにするか、鍋で調理して食される。

メラネシアではニューーギニア北部のウォゲオ族（Hogbin 1938a, 1938b）、ニューアイルランド島のレス族（Powdermaker 1933）、マッシム地域のトロブリアンド諸島（Leach 1950）、ソロモン諸島マライタ島南部（Ivens 1972）、サモア（HIiroa 1971）などでパロロ食の報告がある。

カブトガニ

「生きた化石」ともよばれるカブトガニはアジアでは日本から東南アジアにかけての砂泥質の浅海に生息する。

カブトガニはカニの仲間ではなく、節足動物門・鋏角亜門の動物でむしろサソリに近い。日本でカブトガニは食用とはされない。

マレーシア、インドネシアはイスラーム教国であり、ウミガメと同様、コーランの教えに従い「這う動物」のカブトガニが食されることはない。しかし、隣国のタイやベトナムは仏教国である。マレーシアからタイ国にカブトガニが輸出され、ベトナムの魚市場でもカブトガニが売られている。食されるのはカブトガニの肉ではなく卵である。カブトガニは中国の福建省で「鱟（ハウ）」とよばれ、卵や肉などを鶏卵と炒めて食用とされている。

ユムシ

ユムシはユムシ動物門のユムシ目ユムシ科の海産動物で、日本、韓国、中国などの沿岸砂地に生息する。北海道ではユムシをルッツ（アイヌ語）、韓国ではケブル、中国の大連・青海などの渤海湾沿岸ではハイチャン（海腸）とよぶ。石狩市の増毛山地沿岸にある浜益（はまます）では冬場の嵐の後、海岸に大挙してルッツが打ち上げられることがあり、浜益の人びとはこぞってそれを拾い集める。ユムシは、刺身、三升漬け（トウガラシ、麹、醤油を等量にしたもの）、酢味噌あえ、三杯酢、焼き物、煮物、干物、ゆで物、炒め物、塩辛などとして広く食される。

ホシムシ

ホシムシは星口動物の仲間であり、前項のユムシと形も似ている。ベトナム北部のクワァンニン省では、沿岸部の砂泥地に生息するホシムシは乾燥後、中国に輸出される。ホシムシはクワに似た道具で砂泥をかきまわして採集し、洗浄後、内臓を出して乾燥したものが商品とされる。中国海南島北端の海口市でもホシムシを使った料理があり、中国語で「沙虫」とよばれ、鍋料理にして食する。福建省ではサメハダホシムシを煮凝りにした土（ど）筍凍（じゅんとう）がある。山東省では海腸子とよぶ。

ミクロネシアのパラオ諸島では、最北部にあるカヤンゲル環礁においてホシムシが食される（Akimichi 1980）。フィリピン・セブ州のマクタン島でもスジホシムシ属の仲間をサルポとよび、酢と薬味をあえて生食されるか、天日干しの乾燥品をあぶって食べる。

ヒザラガイ

ヒザラガイは軟体動物のなかで多数の殻を背面に前後に並べる多板綱の仲間で、前述したホシムシと同様、パラオ諸島のペリリュー島で食されている（Akimichi 1980）。鹿児島県奄美諸島にある喜界島ではヒゲヒザラガイを湯がいた後、酢味噌和えや煮つけで食用とされる。台湾の蘭嶼に居住するヤミ族（タオ族）もヒザラガイを食用とする。

北方には全長三〇センチ以上になる大型のオオバンヒザラガイが生息しており、アイヌ語でムイとよぶ。ヒザラガイはトリンギット、ツミィシャン、クワァクワァカワク（クワキュートル）など、北米・北西海岸における諸民族の間では生食、焼くか蒸すなどの方法で食され、とくに食料不足の時期の貴重な食材となった。

アメフラシ

アメフラシは貝類とおなじ軟体動物であるが、外見上貝殻はない。かつて、卵を海素麺と称して食べられることもあったが一般的ではない。島根県の隠岐諸島や島根半島、奄美諸島、沖縄の伊是名島、千葉県夷隅郡大原町などでは身を煮つけなどにして食用にする。奄美大島笠利町の赤木名ではコウムイという名のイソアワモチが売られている。韓国東南部にある釜山やオセアニアのフィジーでも、アメフラシは煮て食される。

ミドリシャミセンガイ

ミドリシャミセンガイは貝類ではなく腕足動物門の舌殻目シャミセンガイ科の動物である。岡山県児島湾や有明海で食用とされてきたが、埋め立てや海洋汚染などで個体数が激減している。有明海では「メカジャ」とよばれ、煮つけ、みそ汁、塩ゆでなどにして食されてきた。中国の広東省湛江市、広西チワン族自治区北海市でも「海豆芽」（ハイドゥヤー）と称され、炒め物にして食べられている。

臭い珍味

韓国・全羅南道の港町木浦ではガンギエイ（洪魚(ホンオ)）の切り身を壷に入れて冷暗所で一〇日ほど発酵させたものはホンオフェ（洪魚膾(こうぎょかい)）とよぶ。フェは「刺身、膾(なます)」の意味で、ホンオフェは強烈なアンモニア臭がする。敬遠する人も多いが、木浦では行事や祝宴には欠かせない高級料理となっている。

アンモニアとトリメチルアミンがサメやエイの臭さのもとである。ホンオフェと類似して強烈な匂いをもつ食品に、ウバザメやニシオンデンザメの肉を数ケ月熟成させるために保存したハウカドゥル（hákarl）は強烈なアンモニア臭をもつアイスランドの食品である。ニシオンデンザメは英語でグリーンランド・シャークとよばれる北方種で、最大七メートル以上にも達する。深海ザメで、五〇〇年以上も生きる長寿のサメである。

世界で一番臭いとされるのがニシンを塩漬けにして缶詰で発酵させたスウェーデンのシュールストレミングである。ふつう、春に産卵期直前のニシンの頭と内臓を除去し、塩水で一二～一八度で一〇～一二週間発酵させる。缶詰に入れても二次的に発酵が進む。臭気を評価するアラバスター単位（Au）によると、シュールストレミングは八〇七〇Au、ホンオフェで六二三〇Au、焼いた直後のくさやで一二六七Au、琵琶湖のフナズシで四八六Auであり、いかにシュールストレミングが臭いかがわかる。

このほか、臭い珍味として、キングサーモンの頭部と内臓を地下で発酵させたアラスカ先住民であるユピック族のスティンクヘッド（stinkhead）や、天日干しにした干鱈を木槌でよくたたき、何時間もかけて灰汁でもどしたノルウェーのルーテフィスク（lutefisk）などがある。シュールラックス（surlax）はスカンジナビア半島産の発酵食品で、サケ、サメ、ニシンなどを地下で数ケ月保存したもので独特の風味と味がする。缶詰の発明される前の長い人類の歴史で地下に魚を保存する技術は寒帯にかぎられる。低緯度では腐敗するのがオチであり、人類が寒帯に拡散する過程で獲得した保存法といえる。

第3節　魚食の饗宴

縄文の海鮮寄せ鍋

日本の縄文時代は数千年にわたり、狩猟・採集・漁撈に依存した定住生活がいとなまれた。時代や地域による差があるが、季節に応じて食料を利用するカレンダリング（calendaring）の食戦略と縄文土器を使って食物を調理したこと、石皿と磨石（すりいし）を使ってドングリやクリなどのデンプン質食料を砕いて加工した点が特徴である（小林1996, 2008）。

縄文時代草創期の鳥浜貝塚（福井県三方北郡鳥浜町）と大正3遺跡（帯広市）出土の土器片（鳥浜で一七片、大正3で一片）を使った脂肪酸の炭素数成分や炭素と窒素の安定同位体比（δ13C/δ15N）の解析から、炭化成分は海産、汽水産、淡水産の魚であり、それらを煮炊きした痕跡であることがわかった（Craig *et al.* 2013; Lucquina *et al.* 2016）。魚は生食のほか、直火で調理するか、焼石を使った石蒸し焼きなどが知られているが（秋道2013a）、土器を使って煮炊きをしたことが実証されたことになる。時代からしても一万一二〇〇年～一万五三〇〇年前と推定されるので、縄文時代の早い時期から土器を煮炊き用にしていたことが判明し、画期的な発見となった。青森県外ヶ浜町にある大平山元Ⅰ遺跡は一万六五〇〇年前の縄文草創期の遺跡とされ、出土した土器片にあった炭化物からやはり煮炊きに使ったと推定されている。

大平山元Ⅰ遺跡と同時代ないしさらに古い時代の土器を随伴する遺跡が中国で相次いで発見された。それが河北省虎頭梁遺跡、湖南省玉蟾岩遺跡や江西省万年県仙人洞遺跡・吊桶環遺跡で、約一万八千年～一万七千前の土器が出土している。広西チワン族自治区桂林の廟岩遺跡、同柳州大龍潭遺跡では二万年前にまでさかのぼる土器が発見されている（Kunikita *et al.* 2013）。

考古学者の内山純蔵は土器を使った煮炊きは儀式などの特別な場合に使ったと推論している。縄文人の饗宴の食であったというわけだ。魚にかぎれば、周年利用可能な資源と、サケのように遡上時期が決まっているものがある。ウグイにしても北海道では降海型のものがあり、大正3遺跡のように内陸の河川流域の住民が利用できた時期は限定されたであろう。資源の季節的な利用限定性と儀礼の関連性も考慮すべき課題である。

縄文時代の前期以降では出土する土器も数多く、日常的な煮炊きに使われた可能性がある。真脇遺跡（石川県鳳至郡能都町）の縄文前期末～中期初頭の層から二八五頭分のイルカ骨が出土し、その多くには五〇～六〇センチごとの解体痕があり、分配のために等間隔で解体された可能性がある。イルカの肉と脂はおそらく土器で煮炊きされたものとおもわれる。

アイヌの汁物、オハウ

アイヌの食生活にとってもっとも重要なものがさまざまな具材をふんだんに入れた煮込み汁、オハウ（ohaw）である。オハウ以外にも、具材の少ないルル（rur）、汁気のない煮物のラタシケプ（rataskep）が知られている。ルルは「汁」の意味である。

図2－2　北海道アイヌのチェプ・オハウ（サケの汁物）

オハウは、クマ、シカなどの獣肉やサケ、マスなどの魚類、山菜・野菜類を鍋（石なべ、鉄なべ）で煮込んだものである。この場合、水を入れた鍋に獣骨や魚の焼き干し、サケの白子や筋子を乾燥したものなどを加えて加熱し、出汁をとる。つぎに、肉や魚、山菜、野菜を入れて十分に煮込む。味付けに魚油、動物の脂肪分などを加える点が、内地の汁物と異なっている。さらに、塩、焼いたコンブの粉末、ギョウジャニンニクを加える。オハウは具材によって、魚汁のチェプ・オハウ（図2-2）、肉汁のカム・オハウ、熊汁のカムイ・オハウ、野菜汁のキナ・オハウ、ギョウジャニンニクを入れた汁のプクサ・オハウなどがある。いまでは石なべや鉄なべが用いられるが、アイヌとの関係は明確でないものの縄文時代には土器が使われたことは大正3遺跡の例からも明らかである。

アイヌの場合、鯨汁に関する江戸時代の記録がある。島田（谷）元旦は幕府の命を受け、一七九九（寛政一一）年に蝦夷地を訪れ、記録した『蝦夷記行図・上』には、「イルカノ魚を食」と題する図がある。囲炉裏の中央に大きな鍋が置かれ、イルカの肉が調理されている。横にはイルカの肉を解体する人、椀でイルカを食べるアイヌの人びとが描かれている。囲炉裏には串刺しの赤い肉も見受けられる。和人はイルカを食べてはいない。宇仁義和は形態や体色から、このイルカをゴンドウクジラの仲間と想定している（宇仁 2012）。

アイヌのオハウでは魚類だけでなく動植物を混ぜて煮込んだ料理があり、縄文時代にも類似の調理法があった可能性を工藤雄一郎が縄文草創期の皇子山遺跡（宮崎県都城市）と三角山Ⅰ遺跡（鹿児島県熊毛郡中種子町）の土器に付着した炭化物の脂肪酸分析から推定している（工藤 2014）。

古代ローマのグルメ

古代ローマ人はかぎりなく美食と飽食に耽溺した。たとえば、皇帝ウィテリウスは大食漢として知られ、短い在位期間中、飽食のかぎりを尽くし、饗宴を開いて散財した。ウィテリウス帝が饗応した料理には、ヤツメウナギの白子、ベラの肝臓、キジと孔雀の脳みそ、フラミンゴの舌などがあった。フラミンゴの舌や孔雀の脳は美味かも知れないが、その味をどうして知りえたのか興味がある。日本の秋田、新潟でヤツメウナギを蒲焼か鍋物にして食べる。ヤツメウナギの肝や白子を評価する人もいるが、秋田ではヤツメウナギの白子よりも美味なマダラの白子、ダダミがある。

ベラには多様な種類があり、古代ローマ時代のベラの種類を特定できないが、地中海産のベラで体長四〇〜四五センチになるブラウンラッセ（*Labrus merula*）は大型種で肝も大きい。後述するアピキウスの料理本でもはボラの肝食を例として挙げており、こちらは後代、からすみ（ボッタルガ）用に使われた。

古代ローマにおける饗宴の文献を見ると、もっとも美味とされた魚はヒメジの仲間である（序章参照）。ヒメジは最上の贅沢と考えられたようで、ヒメジは水から出て死ぬと、体表面が明るい赤色になることが古代ローマの貴族の目には奇異にうつった。ヒメジをガルム（魚醤）に漬けて色の変化を楽しむこともおこなわれた。しかし、帝政期の初め（紀元前二七年以降）にこの習慣は突然終わった。ヒメジの供応は、成金趣味の退屈な趣向であるとして揶揄された背景がある（青柳 1997; リコッティ 2011）。後述するアピキウスの料理本にヒメジはムッロ・タリチョ（Mullo Taricho）と記されている。タリチェアは、イスラエルの死海南部にある町タルチェアのことで、魚がここで塩蔵された意味になる。ただし、タルチェアから地中海まで直線距離で約六〇キロある。ローマに塩蔵魚を輸送するには、水揚げした地中海沿岸でタルチェア産の塩で塩蔵した方が効率はよい。あらゆる塩蔵魚は「タリクス（Tarichus）の魚」とよばれた可能性もある。

同様なことが後代の一九世紀にスコットランドで伝統的な燻製ハドック（大西洋産のコダラ）についてもいえる。燻製したコダラはスコットランドでフィノン・ハディー（Finnon Haddie）とよばれ、現地でキューレン・スキンク（Cullen skink）という魚汁の材料となる。しかし、のちにあらゆる魚の燻製品がフィノン・ハディーとよばれるようになった。

イルカの肉団子と魚肉ソーセージ

古代ローマでは、イルカの肉から肉団子が作られた。ソースにはワインをベースとして、（イルカの）煮汁、タイム、クミン、オリーブ油、コショウ、タマネギ、酢などが加えられた。古代ローマの皇帝や貴族らはイルカの肉団子を賞味していた。

古代ローマでは牛肉・豚肉とともに魚肉を使ったソーセージが食されていた。バビロニア人はすでに紀元前一五〇〇年ころに魚肉ソーセージをつくったようで、その伝統はギリシャに引き継がれ、古代ローマでも賞味された。ローマで魚肉ソーセージはサルサス（salsus）と称され、これがソーセージの語源となった。

古代ローマ人が食した海産物には、タイ、サバ、イワシ、マグロ、ハタ、ボラ、カサゴ、アナゴ、カジキマグロ、サメなどの魚類、ハマグリ、ホタテ、ムール貝、サザエなどの貝類、ウニ、イセエビ、カニ、タコ、イカがふくまれていた。第一四代ローマ皇帝（在位一一七～一三八年）のハドリアヌス帝はキャビアをサケの身で巻いたものを好んだ（ユルスナール 2008）。新鮮な生ガキも賞味されたようで、ローマにとどけるため、大西洋岸から何人もの走者が交代で走って輸送することもあった（Hays 2008）。古代ローマではデンキナマズも食べたようで「絶品」とされた。ユダヤ教徒はナマズ、イカ、タコなどは食べないが、古代ローマではナマズもグルメの食材であった。なお、フランス語でデンキナマズは「雷」を表すトネール（tonnerre）、イタリア語でトォオーノ（tuono）とよばれる。ナイル川のデンキナマズがローマへ運ばれたのだろう。

現在でも有名なイタリアの魚スープは汁の少ないシチューに似たものでズッパ・ディ・ペセ・アラ・ロマーナ（Zuppa di Pesce alla Romana）とよばれ、脂っこくない魚をいろいろと使う。ローマの魚スープは汁分のすくないもので、むしろシチューといってよく、ガーリックと香辛料の効いたものであった。

また古代ローマでは、アジアや日本でも広く用いられる魚醤のガルム（garum）が調味料として用いられた。古代ローマではサバ、イワシ、マグロ、キビナゴなどの内臓を塩蔵し、素焼きの甕に入れて発酵させた。この上澄み液をろ過した液体がガルムである。のこされた固形物はアレック（alec）とよばれ、下層階級の人びとにより粥（大麦と燕麦のプルム：purum）とともに食された。ガルムはギリシャ時代から地中海沿岸域で生産され、交易によりアテネに運ばれた調味料であった。魚醤であるガルムや料理に使うソースには料理人のとても繊細な工夫が施されており、付けダレとなるソースがその鍵を握っていた。まさに饗宴を演出する技術と知識がローマにあったことがわかる。ガルムなどの魚醤のうまみ成分はグルタミン酸ソーダであり、日本でも古代から魚醤が用いられていたことを考えると（秋道 2016d; 橋本 2016）、洋の東西で古代から魚のうまみ成分が受容されていたことになる。

古代ローマの饗宴に提供された魚介類は一部、淡水池と海水池で蓄養された。海水池は紀元一世紀以降の発明であり、富裕層が経営し、ボラ、ブダイ、ヤツメウナギ、ヨーロッパヘダイ、シーバスなどが蓄養された。ヒメジは蓄養がむつかしかったようである。また、カキの養殖は垂下式の棚が用いられた（Déry 1977）ことがわかった。ローマではカキ類や魚類の蓄養がおこなわれていた。

中・近世のヨーロッパとタラ

アメリカの「新大陸」発見はコロンブスより五〇〇年も前にさかのぼる。ノルマン人は海を越える航海や交易に長けた民族で、アイルランド、フェロー諸島、スカンジナビア半島、アイスランドから地中海のイタリア南部、シチリア島、レバノンなどにいたる広域に植民した。かれらはふつうヴァイキングとして知られる。アイスランドのヴァイキングであるエイリークは九八五年にグリーンランドを発見し、その息子のエリクソンも一〇〇〇年にヴィンランド（ブドウの土地）に上陸した。この場所が北米本土なのか、カナダのニューファウンドランドであるのかについては議論がある。

時代は少し下るが、イベリア半島のバスク人が捕鯨を開始し、北大西洋へと遠征を始めており、ヴァイキングに遅れるもののニューファウンドランド沖からセントローレンス川に至っていた。そこでバスク人はタラの好漁場を発見した。それがタイセイヨウダラ（*Gadus morhua*）である（以下、タラと称する）。数世紀のちの一六世紀、フランスの探検家カルティエがセントローレンス川を発見したさい、バスク人が船団を組んで漁をおこなっていた。つまり、ヴァイキングとバスク人は植民や捕鯨・漁撈を通じて、コロンブスやアメリゴ・ヴェスプッチとは別にアメリカを「発見」し、そこでさまざまな経済活動をおこなっていたことになる。

ヴァイキングやバスク人の対象としたタラを乾燥した干しダラや塩漬け後に乾燥した塩ダラは日持ちのする優良な保存食であった。バスクはヴァイキングとは異なり、地中海沿岸のイタリア、南フランス、スペイン、北アフリカで生産された天日塩を使い、タラのみならずクジラを塩漬けにして保存した。イタリアのシチリア島トラパーニの製塩業は古代ローマ時代以来、現在もおこなわれている。タラは脂肪分が少なく塩蔵・保存するうえでも長持ちする商品価値をもっていた。タイセイヨウダラ以外のスケトウダラやほかのタラ科の魚も保存上ではおなじく問題がなかった。これにたいして、クジラにはブラバー（鯨脂）があり、ニシンも脂分の多い魚であったため、塩蔵するにせよ脂肪分の酸化と腐敗が問題となったのとは大きくちがっていた。一一世紀時点でバスク人がタラの交易で主導権をもっていたのはタラが乾燥・塩蔵に適していたからである。

タラはその後ヨーロッパを中心として世界を大きく変革する転機を作った。中世期以降、タラとニシンを求めて多くの国の漁民が北海からアイスランドにいたる広い海域で漁をおこなった。バルト海の出口に位置するドイツのリューベックは一二四一年にハンブルクと都市同盟を結び、水産物の集散地として栄えた。ノルウェーのベルゲンに商館をもってタラやニシンを買い付ける一方、ドイツ領内のリューネブルク産の岩塩を「塩街道」経由でリューベックへと輸送し、タラ・ニシンを塩蔵した。リューベックで塩蔵ないし塩干されたタラとニシンをハンザ同盟を通じてヨーロッパ各地に流通させ、巨額の富を蓄積した。

魚の保存上、乾燥と塩蔵は缶詰や冷蔵・冷凍施設が発明される前時代における二大技術である。塩では、地中海産の天日塩とドイツ産の岩塩があった。

一五世紀後半までの間に、ポルトガル、ブルターニュ、英国などの漁民はニューファウンドランドでタラ漁に従事していたバスク人からタラの調理法を学び、一八世紀までにはポルトガルの国民食となっていた。その後、北米におけるタラ漁はふるわず、もっぱらアイスランドとノルウェーがポルトガルにタラを供給することとなった。

タラはドイツ語でゼーラックス（seelachs）、つまり「海のサケ」と称された。ラックスは「サケ」を指す。干しダラはストックフィッシュ（stockfisch）、塩水で塩漬けにしたのちに乾燥した塩ダラはノルウェーでクリップフィスク（klippfisk）、スペイン語圏でバカラオ（bakalao）、ポルトガル語圏でもバカラオ（bakalhau）と称される。クリップは「崖」のことで、タラを海岸の岩場などで干したことに由来する。

タラの主産地は北大西洋の亜寒帯・寒帯であるが、その消費地は北方のスカンジナビア諸国やカナダだけではなく、地中海諸国、中南米、アフリカへと拡散している点が大きな特徴である。魚食文化としてみると、ポルトガルではバカラオを使ったレシピは三六五とか、一千あるとされている（カーランスキー 1999）。

北米大陸がヨーロッパからの移民で開拓されるなかで、北欧や北米で製造された干しダラは航海中の食料としてだけでなく、ヨーロッパのみならずカリブ海地域や中南米に運ばれ、貴重な保存食として利用された。キリスト教圏のファースティングについては第3章でふれるが、カトリック教徒によって干しダラや塩ダラが「聖なる金曜日」や四旬節など、肉食の禁じられた日々に好んで食された。ファースティングは年間の半分ほどにもなり、それだけ魚の需要は大きかった。

フィッシュ・アンド・チップス

タラに関する話題の最後に、英国のフィッシュ・アンド・チップス（Fish and Chips）についてふれておこう。一九世紀中葉には、英国でタラ（タイセイヨウダラ・スケトウダラ）やカレイ・オヒョウなどの白身魚やウナギなどを揚げた魚フライとジャガイモのフライド・ポテトをセットとした簡便な食がロンドンや都市部の街頭で売られていた。これがフィッシュ・アンド・チップスである。産業革命以降、鉄道網や蒸気船の発達、一八五〇年代以降の冷蔵・冷凍技術の発明、一八九〇年代のトロール漁業の発展などで、大都市に大量の魚が輸送され、冷凍保存された。大量の労働者に安価で簡便なファースト・フードを提供するうえでフィッシュ・アンド・チップスは英国における外食産業の花形ともなった。二〇世紀初頭にはロンドン市内に約一二〇〇軒ものテイク・アウェー店があった。日本では、現在、タラなどの魚フライをサラダ、タマネギ・トマトのスライスと付け合わせ、パンではさんだハンバーガーが普及し、フライド・ポテトは付け合わせとなっている。

南太平洋のソロモン諸島はかつて英国保護領であった。首都のあるガダルカナル島ホニアラ市内の小さな屋台でも、フィッシュ・アンド・チップスが売られていた。買って食べたが、中身はカツオとスライスしたサツマイモを揚げたものであった。タラやジャガイモは南太平洋では入手できない。英国の食の伝統がうまく現地に適合した例であろう。

なお、ポルトガルでバカラオ、つまりタラには数百以上の料理があると述べたが、英国のフィッシュ・アンド・チップス同様に、タラとジャガイモを揚げた料理もふくまれている。

第4節　東アジアの魚料理

清朝の満漢全席

清朝時代に開催された宴会料理に「満漢全席」がある。乾隆帝の時代から始まり、満州族の料理（満）と漢族の山東料理（漢）の粋を集めた宴会料理で数日をかけて消費された。蒙古族の料理や広東料理なども加えて、清朝末期の西太后の時代に頂点に達した。各民族の料理の粋を集めた料理は、フルコースで一人前で一〇〇品以上に達することもあった。これには山・陸・海などからの珍味が「珍」として加えられた。満漢全席で提供された食事には四八珍があったとされるが、これは山、海、禽、草からそれぞれ八種類の珍味を意味し、全部で三二種類の料理が提供された。海八珍としては、ウミツバメの巣（燕窩）、フカひれ（魚翅）、ナマコ（大烏参）、魚の浮き袋（魚肚）、アワビ（鮑魚）、アザラシ（海豹）、オオサンショウウオ（狗魚・大鯢）のほか、魚骨にはサカタザメ（犁頭鯊）の頭や背の軟骨の乾燥品、あるいは湯で煮てから干したダウリアチョウザメ（鰉魚）の顎や頭の軟骨である明骨・明魚骨、ないしサメ類の鰭・軟骨の乾燥品が利用された。なお、大烏参はトゲのないクロナマコを指し、蝦子大烏参（大ナマコのエビソース）は現代でも人気のある海鮮料理である。魚肚はとくにイシモチやチョウザメなどの鰾（ひょう）、つまり浮き袋の乾燥品を指した。明治初期の『日本水産製品誌』を見ても、魚肚は清国産のもので日本では生産がないとの記載があり、一三種類もの魚肚が記述されている（農商務省水産局 1983）。

香港・広東の海鮮料理

中国料理のなかで、海鮮料理に特化した広東料理について、香港と広州における海鮮料理を例として、その特質を洗い出してみよう。まとまった資料として『海味乾貨大全』と『香港海鮮大全』を参照した（楊・林・趙 1994; 張 1995）。前者では、海味としてフカひれ、アワビ、魚の浮き袋（鰾）、アマツバメの唾液腺からなる巣（燕窩）の調理を、後者は生きた海産物として魚類（九一種）、蝦・龍蝦・蟹類（三三種）、貝介類（一二種）の計一三三種をあつかっている。ここでは、1．海産資源の多様性、2．海鮮料理の多様性について考えてみよう。

1．海味乾貨の多様性

香港で「海味」とされる食材には、魚翅（二九種）・鮑魚（七種）・海参（四種）・海肚（四種）が記載されている。魚翅は加工状態から、生貨（生）、熟貨（乾燥品）、水盤翅（水でもどしたもの）があり、料理店ではふつう熟貨を使う。サメの鰭は部位により第1背鰭、第2背鰭、尾鰭、胸鰭、腹鰭、臀鰭に六区分される。魚翅の価値は、鰭の部位、サメの種類や産地により多様化しており、最高級品は天九翅で、ジンベエザメ（鯨鯊）とウバザメ（姥鯊）のものである。前者は牛河天九翅、後者は挪威天九翅とよばれる。ついで、鰭の大きなイタチザメの海虎翅がある。もともと、鰭が大きく、翅針の太いものは「群翅」とよばれ、サンフランシスコで水揚げされる「金山翅」が知られている。最高級の料理として紅焼排翅（姿煮）があり、「裙翅」、「鮑翅」、「散翅」などが料理名となる。「裙翅」は、先述の「群翅」を指す。「鮑翅」は「勾翅」つまり根元がつながり、扇状の形をしたもので、おもに尾鰭からとられ、一部は鰭の形をした「排翅」ともよばれる。「散翅」は胸鰭で、「片」と称される。バラバラ状態のほぐした肩鰭も散翅とよばれることから、大きくて翅針の太いものを「生翅」と表記する。

アワビ七種のうち、三種は日本産で、クロアワビ、メガイ、マダカアワビ、エゾアワビをふくんでいる。青森県下北半島の大間（おおま）産と、岩手県吉浜（よしはま）産のものはいずれもエゾアワビであり、それぞれ「窩麻鮑」、「吉品鮑」と記載されている。ナマコについては、白石参、梅花参、禿参の三種しか記載されていないが、東南アジアでは数十種類のナマコが知られている（赤嶺 2010）。

海肚は魚の浮き袋で、花膠魚肚のなかにはマダラ（廣肚）、ニベ科キグチ属のフウセイ（黄魚肚）、ニベ科シナオオニベ属の毛鱨魚（毛鱨肚）、ハモ科ハモ（海鰻）の鱔肚がある。

乾燥海産物として、ホタテガイ（元貝）、カキ、アワビの切片（鮑片）、乾燥エビ、タコ、イカのスルメ、サメの尾部（魚唇）、乾燥したカタクチイワシ（公魚乾）、ニシン科の稚魚（勒魚）の乾燥品（春魚乾）、乾燥したシラウオの仲間（銀魚乾）、ハモの乾燥品（門鱔乾）、タラの乾燥品（柴魚乾）、塩蔵して乾燥した種々の鹹魚（馬友鹹魚、鮫鹹魚、鰔仔鹹魚、牙鰔鹹魚、曹白鹹魚）、コンブ、ムラサキノリ、アカモクなどの海藻をふくむ。

2．海鮮の多様性

海鮮料理の素材となる食材は一三三種にわたる。その七割弱が魚類である。なかでも、ハタ科魚類がおおくふくまれている。もっとも高価なものはサラサハタ（老鼠斑）やメガネモチノウオ（蘇眉ないし鬚眉）である。「斑」は体にまだら模様のあることを意味し、これには紅斑、青斑、虎斑、星斑など一二種がふくまれており、一般には石斑魚（シーパンユー）と称される。つぎに、ベラの仲間で、シロクラベラ（青衣）、イラ（緑衣）などのイラ属、オハグロベラ（牙衣）、フエダイ科のナミフエダイ（石蚌）、フエダイ（花蚌）、ゴマフエダイ（紅鮋）、バラフエダイ（紅鱛）、クロホシフエダイ（火點）、タテフエダイ（畫眉魚）などがある。

ほかにも多種類の魚種がふくまれている。そのなかには、イトヨリダイ（紅衫魚）、カンダリ（黄皮頭）、オオニベ（鰔魚）、ヒラ（鰽白）、ニベ（白花魚）、タカノハダイ（斬三刀）、オコゼ（老虎魚）、オニダルマオコゼ（石頭魚）、アイゴ（深水泥（魚盂））、エイ（魔鬼魚）、ハマギギ（庵釘魚）、コトヒキ（釘公魚）、シロウオ（銀魚）、シタビラメ（七日鮮）、コバンアジ（黄祚）、カンパチ（章雄）、ボラ（烏頭魚）、アマダイ（馬頭）、ティラピア（福壽魚）、タチウオ（帯魚）などがある。例外はカブトガニ（鱟）で、魚類ではない。

蝦・龍蝦・蟹類三〇種についてみると、エビの仲間ではクルマエビ科（クルマエビ、ウシエビ）、イセエビ科のイセエビ、ゴシキエビ、ニシキエビ、ハコエビなどやテナガエビ科のオニテナガエビ、タラバエビ科などの琵琶蝦、米国・オーストラリア産のイセエビの仲間、シャコ（頼尿蝦）がふくまれる。カニの仲間では、シマイシガニ（紅蟹）、ジャノメガザミ（三點蟹）、ノコギリガザミ（肉蟹ないし青蟹）、アサヒガニ（旭蟹）、カニではなくオオヤドカリ科のヤシガニ、タラバガニ科のタラバガニの仲間（皇帝蟹）などをふくむ。

貝介類一二種には、カキ（蠔）、ウミギクの仲間（車蠔ないし紅帯子）、アワビ、ニシ、タイラギ（帯子）、ホタテガイ（扇貝）、ムールガイ（青口）、ハマグリの仲間（貴妃蚶）、ミルガイ（象抜蚶）、コウイカ、タコがふくまれる。

四大料理とフカひれ・ナマコ・アワビ

中国の四大料理である北京・上海・四川・広東料理で、フカひれ、ナマコ、アワビ料理の調理法はどのように異なっているのだろうか。北京料理は味付けが濃く、ブタ・ニワトリなどを素材とする。華北地域でもあり、米や魚よりも小麦粉や獣肉を多用する特徴がある。上海料理は酒、醤油、黒酢などを多く使うので甘味が強く濃厚な料理が特徴である。四川料理は、唐辛子、胡椒、花椒などの多様な香辛料と調味料を使って調理する。酸・麻・辣・香・苦の複合的な味が特徴となっている。広東料理は薄味で、素材のうま味を生かした料理が多い。調味料として、醤油、酒、スープに砂糖、塩、胡椒、魚醤、蝦醤、XO醤、オイスターソース、酢、ニンニクを使い、きざんだ香菜、白ネギ、ショウガ、梅干などで風味を加える。さらに、ラード、ゴマ油や水で溶いた片栗粉でまろやかな味に仕上げる。

中国の四大料理で使われる魚介類の料理をみると、広東料理では、クラゲの和えもの（涼拌海蜇）、フカひれの姿煮（紅焼排翅）、桂魚の姿蒸し（清蒸大桂魚）、貝柱とブロッコリーの炒め物（芥蘭貝柱）、巻き貝の薄切り炒め（白灼螺片）、かに玉（蟹肉炒蛋）、蟹の卵入りフカひれスープ（蟹黄魚翅）、冬瓜とアサリのスープ（冬瓜蛤仔湯）、山海珍味の壺詰め蒸し煮（仏跳牆）などがある。最後のものは福建料理であり、最高級料理である。

上海料理では上海蟹の姿蒸し（蒸蟹）、上海蟹の紹興酒漬け（酔蟹）、豆腐とカニの炒めもの（蟹粉豆腐）、桂魚のリス形丸揚げ甘酢あんかけ（松鼠桂魚）、西湖の草魚甘酢煮（草魚西湖醋魚）、青魚の尾肉の醤油煮（紅焼划水）、ヒラコノシロの姿蒸し（清蒸鰣魚）、タウナギの炒めもの香油がけ（炒鱔糊）、タウナギのカリカリ揚げ（脆鱔）、卵白とカニの炒めもの（芙蓉炒蟹粉）などがある。ともに魚介類を使った料理が多い。

北京料理では草魚の酢入り辛味スープ煮（醋椒活魚）やナマコの葱煮込み（葱焼海参）くらいで海鮮料理が少ない。四川料理ではエビのチリソース煮込み（干焼蝦仁）、白身魚のチリソース（乾焼魚片）、イセエビの唐辛子炒め（宮保龍蝦）、ワタリガニの卵炒め（芙蓉青蟹）、フナの豆板醤煮（家常豆瓣魚）など香辛料を多用した料理が特徴である。

もっとも高級なフカひれの姿煮（紅焼排翅）の場合、フカひれ自体にはほとんど味はなく、独特の歯触りと香りを楽しむとともに、スープの味付けが食味のもととなる。フカひれの調理法は地域によって異なる。広東料理では片栗粉などでとろみをつけたスープをフカひれの上からかける。四川料理では白湯を使ってフカひれを煮込む。上海料理ではフカひれをトロトロと煮込む。北京料理では煮つめるようになるまで煮込む。いずれも多種多様な香辛料や調味料を用いて、酸・麻・辣・香・苦の味を絡ませた、見た目の美しさと食欲をそそる香り豊かな料理である。

ナマコ料理の場合、広東料理の「蝦籽扒海参」はナマコを老鶏、スペアリブ、金華ハムなどとともに土鍋で煮込むか蒸す。これを皿に盛りつけた後、上質なスープに塩・オイスターソース・乾燥したエビの卵（蝦籽）を加え、たまり醤油で色付けしてから片栗粉でとろみを付けてできたタレをナマコにかけて仕上げる。なお、ナマコの煮込み汁は使用されない。四川料理の「酸辣海参」では、濃厚なスープでナマコをトロトロ煮込み、塩、胡椒で味付けた後、強火にして煮汁を煮詰め、最後に酢を加えて仕上げる。また、上海料理の「蝦籽海参」では、ナマコを上質のスープで煮込み、醤油、砂糖、紹興酒で味付けし、さらに蝦籽を加えて独特の風味とうま味を補い、片栗粉でとろみをつける。北京料理の「葱焼海参」では、ナマコの歯ごたえをのこし、醤油味で砂糖はほとんど加えず、タレもぐっと煮詰めて海参にまとわせ、最後に山椒油で香味付けする。

アワビの場合、紅焼鮑魚（ホンソー・パオユイ）は乾燥アワビの醤油煮であり、最高級とされる。広東料理ではスペアリブ、金華ハム、老鶏、鶏油、もみじ（鶏の脚）を加え、半日以上じっくりと炊いて味を調整する。四川料理でも、オイスターソースや中国醤油をもとにしたあめ色でとろみのある醤油風味でじっくりとアワビを煮込んでやわらかく仕上げる。

最後に広州の海鮮料理店（広西勝利賓館）で二〇〇〇年六月一一日に聞いたメニューから、広東料理の素材価格を検討した。およそ、五〇〇グラム＝一斤の価格が示されており、記載された海鮮素材八〇品の価格を見ると、サラサハタとメガネモチノウオがもっとも高く、一斤あたり四九〇元であった。ついでアワビ（大連鮑魚）四二八元、三〇〇元台はなく、二〇〇元台のものには、ニシキエビ（花龙虾）二二八元、スジアラ（東星斑）二五八元、キジハタ（紅斑）二五八元、シャコ（富貴虾）二一八元、キングコブラ（过山峰蛇）二四八元、オニダルマオコゼ（石頭魚）二一八元がある。一〇〇元台では、オーストラリアイセエビ（澳洲龙虾）一九八元、イセエビの仔（龙虾仔）一五八元、オオモンハタ（麻斑魚）一〇八元、シロクラベラ（青衣）一五八元、ナミハタ（杉斑魚）一七八元、ハタの仲間（石斑）一〇八元、チャイロマルハタ（青斑）一一八元、アメリカイチョウガニ（太子蟹）一四八元、アサヒガニ（老虎蟹）一一八元、ニシの仲間（大响螺）一六八元、ミルクガイ（象拔蚌）一八八元などがある。ハタ類、ベラ類、アワビ、イセエビの価格が高いことがわかる。

韓国の海鮮料理

韓国では肉類（牛肉・豚肉・犬肉・鳥肉・馬肉）などとともに魚介類を使った多様な料理があり、民間で広く食されている。特徴として、唐辛子、ゴマ油をはじめ、醤油、塩、酢などの調味料を使った辛い料理が多く、色も唐辛子の赤色をしていることが多い（黄・石毛 1988; 李 1999）。韓国の代表的な魚介類としてマダラ（テグ）とスケトウダラがある。スケトウダラはミョンテ（明太）、ロシア語ではミンターイ（минтай）、生のスケトウダラはセンテ（生太）、冬期に釣ったスケトウダラを凍らせたものは「トンテ（凍太）」とよばれる。干して十分に乾燥したものは「プゴ」または「コンテ（乾太）」である。また、ファンテ（黄太）は、産卵期に釣ったスケトウダラを冬季、屋外で自然乾燥させ、夜は凍結、昼間は解凍の過程を四ヶ月以上繰り返して半干しにしたもので、江原道の寒冷な地域で製造される。色は黄色い。また、マダラの胃袋や鰓もキムチとして使われる。タラは焼き物、スープ、煮物、粥などにして多様な料理に使われる。以下、韓国の海鮮料理を料理法ごとに紹介しよう（図2-3）。

ムチム（和え物）

温野菜にツブガイ、サルボウ、イカ、エイ、シタビラメなどの刺身をニンニク、刻みネギをまぜ、醤油、ゴマ油、コチュジャン、ゴマ油などの調味料で和えたもの。

1．　2．

3．　4．

図2－3　韓国の魚介類料理。1．サバの刺身（コトンオ・フェ）、2．テナガダコの丸焼き（ナクチ・ホロンイ）、3．タラのチゲ（センデ・チゲ）、4．ハイガイのビビムバ（コマク・ビビムバ）

フェ（刺身）

タイ、ヒラメ、カレイなどの白身魚のフェ、活魚を使ったファロフェ（活魚膾）、軽く火を通したスックフェ、マス（松魚）のフェ（ソンオフェ）、エイを発酵したホンオフェ（洪魚膾）、カキ、ホヤ、ユムシを使ったフェなどがある。また、サンナクチは生きたテナガダコをぶつ切りにしたものの踊り食いで、塩入りのゴマ油か酢入りの唐辛子味噌（チョコチュジャン）につけて食される。

チョッカル・チョッ・ジョッ（塩辛）

魚に塩を加えた発酵食品を指す。チョッカルをキムチ漬けの材料とするものには、小エビを使うセウジョッ、カタクチイワシを原料とするメルチーッジョッ、イシモチを使ったチョギジョッ、チョッカルの上澄み液であるエッチョッなどがある。これにたいして、食物としてチョッカルを使う場合には、タラの腸を使うチョンナンジョッ、明太子の塩辛であるミョンナンジョッ、タラ・スケトウダラの内臓を使ったチャンナンジョッ、イカを使うオジンオジョッ、生ガキを原料とするオリグルジョッ、カニを使うケジャンなどがある。ケジャンには唐辛子味（ヤンニョムケジャン）と醤油味（カンジャンケジャン）のものがある。

クイ

直火焼き物のクイには、焼き魚一般（センソングイ）、サンマ（コンチグイ）、タチウオ（カルチグイ）、サバ（コドウオグイ）、ヌタウナギ（コムジャンオグイ）、イシモチ（クルビグイ）、アナゴ（パダジャングイ）、サワラ（サムチグイ）、アマダイ（オクトムグイ）、ウナギ（チャンオグイ）、コノシロ（チョノグイ）、干しダラに薬味ダレをつけたもの（ファンテグイ）などがある。鉄板（チョルパン）で焼くテナガダコ（ナクチ）の場合、ナクチチョルパングイとよぶ。

チム・チョリム・スユッ

蒸し物はチムというが、実際は野菜と煮込んだ激辛の多様な料理がある。たとえば、海老・カニ・貝類などを辛いソースで煮込んだヘムルチム、アンコウ（アグ）のアグチム、ワタリガニ（コッケ）のコッケチム、タチウオのカルチジョリム、テナガダコのナクチチム、フグ（＝ポッ）を使ったポッチム、スケトウダラ、マグロなどの魚卵であるアルを使ったアルチム、スケトウダラを半干したコダリを使ったコダリチムのほか、大小いろいろな貝を使ったチョゲチム、タイラギ（キチョゲ）の貝柱を使ったキチョゲチム、イカ（オジンオ）を使ったオジンオチム、イイダコ（チュクミ）を用いたチュクミチム、ホタテガイ（カリビ）を使ったカリビチムなどがある。また、ポッスユッはフグを長時間茹でてタレにつけて食べるものである。

ソン（膳）

主食材に野菜、豆腐、キノコ、卵などを合わせて蒸す、煮付けにした宮廷料理である。白身魚のソンは、魚を平らに開き、上に味付けした牛肉、シイタケ、ニンジン、錦糸卵を乗せて巻き、蒸したものである。

ポックム

コチュジャンや唐辛子粉（コチュカル）を使って短時間で炒める方法で、ナクチポックンはタコの辛味炒め、イカのオジンオボックムがある。釜山では炒めるというより鍋で煮詰めて作る。

ポッサム

ふつうは豚肉を茹でるか蒸した料理であるが、カキを茹でたクルポッサムにキムチ、ニンニクなどを添えて、白菜、キク科の茎チシャ（茎苣：サンチュ）、レタスなどに包んで食べる。

チョンゴル（寄せ鍋）

ナクチチョンゴルはタコに唐辛子粉とゴマ油で味付け、タマネギ、牛肉、タコを入れて炒めたあと、春菊を入れて軽く火を通したものを指す。済州島の海鮮鍋料理に、トゥッツペギという黒い鍋で海鮮素材を煮込んだヘムルトゥッペギがある。

チゲ（鍋料理）

ふつう純豆腐（スンドゥブ）チゲは、アサリ、シジミ、タニシなどを敷き、スンドゥブ豆腐、豚肉やニンニク、青唐辛子、タマネギ、カボチャなどの野菜を入れて水やスープを張り、コチュジャン、コチュカル、ニンニク、ゴマ油などで味付けをして煮込んだ鍋料理が基本的なチゲ鍋である。韓国味噌（テンジャン）を使ったチゲはテンジャンチゲとよばれ、タニシの味噌鍋（ウロンイテンジャンチゲ）や豆腐の味噌鍋（トゥブテンジャンチゲ）、ツナ缶を使ったキムチチゲのチャムチチゲや、冷凍スケトウダラを使ったトンテチゲなどがある。なお、チゲ料理は完成された状態で出てくるが、チョンゴルは具材などに完全に火が通ってない状態で出てくる。また、チゲにはメインとなる具材が多く入っているが、チョンゴルではメイン以外の具材の方が多い。

チョリム

チョリムは煮付けのことで、チゲ料理より汁が少ない。魚の煮込みを一般にセンソンチョムリとよぶ。サバのチョリムはコデュンオチョリム、タチウオのチョムリはカルチチョリムであり、カレイやサンマを使うこともある。醤油ベースの薬念（ヤンニョム）で味付けすることが多い。

クッ・クク（スープ）

クッは韓国で雑煮（トックッ）とされるほか、海鮮食品として半干したスケトウダラのスープ（ファンテクッ）、タチウオのスープ（カルチックッ）、フグのスープ（ポックッ）、干しダラのスープ（ポゴクッ）、カワニナのスープ（オルゲンイクッ）、シジミのスープ（チェチョプクッ）、ウニのスープ（ソンゲクッ）、ワカメスープ（ミョックッ）、ホンダワラのスープ（モムクッ）、カプサアオノリのスープ（メセインクッ）などがある。なお、後述するタンとクッはほぼおなじ汁物を意味する。また、ヘジャングッ（ヘジャンクク）は二日酔いに効果があるとされる。ヘジャンは「解腸」の意味である。

タン（湯）

タラ（テグ）の頭、身、肝、白子とセリ、豆モヤシ、ダイコン、ネギなどの野菜をニンニク・ショウガ味の真っ赤なスープで煮込んだテグタンがある。ヘムルは海鮮のことで、海鮮鍋をヘムルタンと称する。ドジョウをすり潰して入れるチュオタン、タラコを具として辛味に煮込むアルタンなどがある。ナクチヨンポタンは貝の出汁スープにテナガダコ（ナクチ）を入れ、青唐辛子、白菜、ネギなどを加えて煮たもの、生のスケトウダラ（センテ）と大根、白菜、豆モヤシ、セリなどの野菜、豆腐などを一緒に煮た鍋を指す。

メウンタン

ヒラメのアラなどで出汁を取って作るメウンタン、マダラ（テグ）の頭と尾で出汁を取り、カキとネギを加えたテグメウンタン、フグにハクサイ、大根、豆腐を加えたポッメウンタン、淡水産ナマズ（メギ）のぶつ切りを使ったメギメウンタン、コウライケツギョ（ソガリ）を材料としたソガリメウンタンがある。

ビビンバ・トッパッ・クッパッ

混ぜご飯では高級なカニ味噌のケアルビビンバがある。ケは「カニ」、アルは「卵」の意味である。フェトッパッは刺身のどんぶり（トッパッ）もので、酢入りのコチュジャン（チョジャン）と混ぜてビビンバのようにして食べる。ご飯、スープ、オカズをセットとしたクッパッにはスープ・オカズの種類で多様な料理があり、ふつうスープにご飯を入れて食べる。カキ（クル）を使った釜飯（クルソッパッ）や石焼きビビンバ（トッペギクルビビンバ）がある。

プルコギ

ふつうは牛肉・豚肉の薄切りを甘く味付けして焼くないし煮た料理であるが、イカ（オジンオ）を使ったオジンオプルコギやフグのポップルコギもある。

チヂミ・ジョン・パジョン

チヂミ粉か小麦粉、米粉をベースとして、片栗粉、卵などを水で練り、具材と混ぜてゴマ油で焼くもので日本のお好み焼きに似ている。海鮮物を使ったヘムルジョン、生魚の切り身を使ったセンソンジョン、カキとネギを使ったクルパジョンなどがある。パジョンにはネギ（パ）を使う。チヂミ、ジョンの標準語はプチムゲがある。

チュッ（粥）

海産物の粥ではアワビ粥（チョンボッチュッ）がよく知られている。ほかにも半干しタラのファンテを使ったあっさり味のファンテチュッやカキ粥（クルッチュッ）がある。

このほか、魚、肉、野菜などに衣をつけて焼いた料理の煎（チョン）、味付けした魚介類を串に刺して焼いたジョク、衣をつけて油で揚げるティギム、葉物野菜で肉、海鮮、ご飯を包んで食べるハムなどがある。

江戸時代の会席料理と魚介類

日本では近世期に、幕府、朝廷などから寺社、庶民にいたるまでの幅広い社会階層で多様な食文化が江戸、京、大坂を中心に発達した。料理本も数多く出版された（原田 1989）。ここでは『会席料理　細工包丁』（一八〇六〈文化三〉年刊）の記載事項を踏まえて、当時、いかなる水産物がどのように調理されていたのかについて取り上げてみよう（浅野 1803）。

本書には、春夏秋冬に応じて提供される会席料理の献立が、鱠之部、猪口物之部、焼物之部、煮物之部、汁之部（幷ニ吸い物）、取肴之部（幷ニ重物）に分けて記述されている。なお、春夏秋冬は、春（正月～三月）、夏（四月～六月）、秋（七月～九月）、冬（一〇月～一二月）である（原田 1989）。

食材としては、魚介類を中心とし、鳥類、鶏卵をくわえた動物性食品、野菜・茸類・豆類・海藻などの植物性食品がある。調理法は生、湯引き、蒸す、焼く、煮るなどがあり、味付け用の調味料や付け合わせも多様な種類がある。ここでは、魚介類の料理に限定して、季節性や種類と調理法について検討した結果の概要について述べる。

季節に応じた魚介類の使われ方をみると、周年型（一～一二月）と季節型（四つの季節の三期間、二期間、一期間）に分けることができる。

周年型の魚介類には、魚類一一種類（アユ、イワシ、ウナギ、エソ、カツオ、カレイ、キスゴ（キス）、コチ、サケ、タイ、フナ）、貝類一〇種類（アカガイ、アカニシ、アサリ、アワビ、サザエ、シジミ、タイラギ、トリガイ、ハマグリ、マテガイ）、その他四種類（イカ、イセエビ、クラゲ、ナマコ）がある。貝類の種類が意外と多い。シジミは淡水産なら琵琶湖産のセタシジミ、汽水域産ならヤマトシジミである。季節型は、期間の長さによって一二類型にわかれる。三季節にわたるものは、春～秋型（カレイ、カズノコ、藻魚、モロコ、巻きスルメ）、夏～冬型（アナゴ、キス、コノシロ）、秋～春型（アメノウオ、イトヨリ、クズナ）、冬～夏型（カキ、小鯛、ハマチ、サヨリ、シロウオ）にわかれる。藻魚はメバル・ハタ・ベラ・カサゴなどの総称で、アメノウオは琵琶湖の固有種でビワマス、クズナはアカアマダイをそれぞれ指す。また、煮貝、へギ貝、串貝は貝の種類が不明であり考察から除外した。

二季節にわたるものは、春・夏型（ヒラガツオ）、夏・秋型（アジ、サゴシ、スズキ、タナゴ、ハモ、マナガツオ）、秋・冬型（フカ）、冬・春型（コイ、ホウボウ、レンコダイ）の四類型にわかれる。このうち、夏・秋型がもっとも多く、春・夏型はヒラガツオ、秋・冬型はフカだけである。ヒラガツオはカツオの近縁種のスマを、レンコダイはキダイを指す。サゴシはサワラの幼魚である。

一季節型には、春型（ナマズ）、夏型（アブラメ、アンコウ、ウオゼ、ドジョウ）、秋型（イカナゴ、セイゴ、タチウオ、ムロアジ）、冬型（カマス、クジラ）にわかれる。ウオゼはイボダイ、セイゴはスズキの若年魚である。以上のように、貝類が周年型であるのにたいして、魚は季節型のものが多い。

以上、周年型、季節型を通じて春夏秋冬の季節ごとの累計は、春（五二）、夏（五六）、秋（五六）、冬（五〇）となり、多様な食材がコンスタントに利用されていたことになる。

鱠とすり身

調理法についてみると、生ものの鱠と、焼き物、煮物、汁物にする食材はおなじとはかぎらない。鱠では、卵と一緒に細作りにしたコイの刺身、くだ切りにしたフナ、アワビの小角切、さっと湯煮して薄い味噌と酢で食べるハモなど、食材に応じた調理法が施される。焼き物としては、タイ、エソ、カレイ、ボラ、スズキ、サケ、マスなどの魚類が好んで使われ、貝類やナマコは焼き物として調理されることはない。煮物としては、ナマコやアワビ、エビとともに、ウナギ、ハモのすり身、子持ちブナ、小鳥のたたきなどがある。汁物としては、赤貝、タイラギ、シジミなどの貝類、ナマコ、イカ、イセエビ、エビ、小鳥のたたき（つみれ用）などが利用されている。以上、食材としてみると、イカ、イセエビ、スズキ、タイ、ハモのようにあらゆる調理法で食されたものがあるかとおもうと、特定の料理献立にだけ用いられるものまで多様である。

『細工庖丁』に記述された食材と調理方法から、江戸期にすでに魚介類や野菜をたくみに生かした会席料理が完成しており、季節に応じて多彩な魚介類を利用する食文化のあったことがわかる。淡水域では、アユ、アメノウオ、コイ、フナ、ドジョウのほか、淡水域ないし汽水域産のシジミがある。クジラは動物分類学的には魚類ではないが、古来より「勇魚」と称されてきたように、四足獣とは異なり魚介類とおなじように利用されてきた（秋道 1994）。

古代から現代にいたるまで多種多様な魚料理や水産加工品を取り上げた。古代ローマ、近世から現代にいたる中国、朝鮮、日本の料理では、魚介類の種類の多さとともにさまざまな料理法が生み出されたことが明らかとなった。タラの利用例から、北西ヨーロッパと朝鮮半島・日本でタラの乾燥品・塩蔵品が独自の食文化を生み出したこと、古代ローマの魚醤ガルムと東南アジア・東アジアにおける魚醤はそれぞれ独自に発達した発酵食品であり、陸と海のシルクロードを通じて伝播したものではない。フカひれ、アワビ、ナマコの高級料理は乾燥品を水でもどして加工した中国固有の食文化であるが、日本では生のアワビやナマコを使った煮物があり、近世日本では定番料理であった。しかし、西洋やインド、アフリカではまったくみられなかった。魚の生食は日本の膾、刺身、にぎり鮨、韓国のフェ、ムチムとしてみられるほか、オセアニアの島嶼世界でも魚の生食が広く分布している（秋道 2013a）。なお、魚食について、一九九七年七月英国のオックスフォード大学でシンポジウムがおこなわれ、翌年、出版された（Walker ed. 1998）。内容は多岐にわたるが、日本の鮨を取り上げたのは一報告のみで深まりもない内容となっている。

魚料理を通覧すると、世界にはいくつもの魚食センターのあることが浮かび上がる。最終章でこの課題を魚食の文明論として取り上げるために、さらにちがった角度から魚と人のかかわりを検討してみよう。

第3章　魚食のタブー論─大宗教から菜食主義まで

第1節　イクチオフォービアと社会的禁忌

魚嫌い症

人間にとり、野生・養殖をふくめたすべての魚が食用可能だとする前提は疑ってかかるべきだろう。世界には、魚を食べることを嫌悪ないし禁止する個人や集団がいる。魚を食べること、触れること、魚の匂いをかぐこと、死んだ魚を見ること、カモやガンなどの水禽類を忌避するシンドロームをイクチオフォービア（ichthyophobia）、「魚嫌い症」と称する。イクチオは「魚の」、フォービアは「嫌悪する」ことを指す。臨床心理学ではこの症候群についていろいろな角度から研究されてきた。

「魚嫌い症」の問題で特筆すべきは、米国南西部に居住する先住民ナバホ族の例である。ナバホの人びとは魚に嫌悪の念をもつことが一九世紀末に米国陸軍の軍医で民族学者のマティウスがナバホ族について調査し、かれらをイクチオフォービアとして報告した（Matthews 1898）。その後、この問題についていろいろと議論があったが、類似の魚嫌い現象が近隣のアパッチ族でも見出された。一九六〇年に言語学者のランダールが南部アサバスカ諸語の話者であるナバホ、アパッチなどの民族が魚にたいして、たった一語のロー（łóó）ないしログ（łóg）しかもっていない反面、アラスカ、カナダに居住する北部アサバスカ諸語に属する諸民族が魚について多くの語彙をもつ点を指摘した（Landar 1960）。たとえば、カナダ西部のチペワイアン族（Chipewyan）では魚一般を表すル・

ウェ（hlū-wé）以外に、パーチ、コクチマス、マス（大きな魚の意味）、アメリカカワカマスなどを示す語彙があり、しかも食用とされている（Curtis 1928）。

マティウスと同時代、アリゾナ州の事情を広範にさぐったビックネル（一九〇四年死去）によると、かつてこの地域が食料不足に陥ったさい、アパッチ族とコロラド川流域に住むユマ族（Yuma）やモハヴェ族（Mohave）との間で協定が結ばれた。つまり、ユマ族とモハヴェ族がシカ肉を食べないかわりに、アパッチ族は川の魚を食べないことが合意された。この結果、アパッチ族が魚を忌避するようになったという情報を聞き出した。

またマティウスは、アパッチ族と同様に魚を食べないズニ族の調査で知られる人類学者のクッシングからの情報で、ズニ族の居住するような乾燥地帯では水が非常に大切なものであり、水中の魚を神聖視する観念が生まれたとする考えを示唆した。いずれにせよ、ナバホ族、アパッチ族など米国南西部の南部アサバスカ諸語の人びとの間で魚を忌避する伝統があり、臨床心理学的な説明ではなく文化に根差した慣行と考えてよさそうである。魚にたいするアレルギー反応をもつ個人の例はこのさい別である。この点は最終章で取り上げよう。

社会的な禁忌

本章では、あくまで制度や宗教上の教義、あるいは文化的価値の問題として魚食の禁忌を考える。別の言い方をすれば、「なんでこんなおいしい魚を食べないの?」という疑問にどうこたえるかが本章の目的である。魚を食べることを禁止ないし忌避すべきとする社会的な規範は広義の文化の問題でもある。さらに、人類全体にとってもつ意味を考察できれば、魚食のタブーに関する文明論へと接近することができるだろう。

特定の動物種を食べることを禁じる宗教や考え方は世界中にたいへん広くみられる。なぜ、特定の魚や水棲動物を食べてはいけないのか。その理由として、いくつもの根拠や説明があるだろう。これには、キリスト教、仏教、イスラーム教のような大宗教における場合から、道教やチベット仏教など大宗教の要素と地域に密着した規範の混淆した場合、さらには古代文明や民俗社会の土着の規範と慣行、菜食主義（＝ベジタリアン）の場合までに区分できる。以下では魚食のタブー論を４節にわけて多面的に検討しよう。

第２節　大宗教における魚食の禁忌

イスラーム教におけるハラームとハラール

イスラーム教の法（シャリーア）では五段階の原理があり、そのうち「禁止」条項に関する規定をハラーム（Harām）、該当する行為自体もハラームと称する。イスラーム教では、不浄なもの（ナジス）を嫌う。食に関していえば、ブタのほか、牙をもち、他の動物を捕食するイヌ、ネコ、サル、クマ、猛禽類や毒ヘビなどは食べることを禁止される。フグは毒の部分（＝卵巣）を除去すれば食べることができる。また、タコやイカなどの頭足類やウナギはブタとおなじように皮膚が露出しており、魚のように鱗でおおわれていない。人間を病気にするような汚れが皮膚についているとして禁忌とされる。ヒラメ、カレイなどの異体目の魚の頭部は食用を禁止されているが、筋肉はつぎに挙げる食べてもよいハラール（Halal）に属する。カレイやヒラメの頭部がなぜハラームとされるのかについて納得いく情報をもちあわせていない。

ハラームとハラールに属する動物種についてはいくつもの情報をネット上でも検索することができる。「ハラールとハラームの動物・鳥類一覧表」には一一八種類の動物が示されている（Moulana Ghulam Mohiuddin Saheb 2010）。ハラーム、つまり食用のできない魚介類には、サメやカジキ、カマス、イシビラメ、イソマグロのように魚をかじり食する種類や、ナマズ、イカ、タコ、イソマグロ、クロタチカマスのように鱗のないものや、カキ、ハマグリ、巻貝などの貝類やイセエビなど水中から取り出してもすぐ死ぬことはなく、生きたままのものを殺すことになるので食用が禁止される。カワハギは硬い表皮をもつが鱗はない。また、陸地と水界を行き来する両義的なワニ、カニ、ウミガメ、カエルなども不浄な動物と見なされている。

これにたいして、食用可能な食物がハラールであり、前述のハラーム以外のものに相当する。魚は水中から取り出すとすぐ死ぬので一般にハラールとされる。ただし、海洋動物のなかで毒性、中毒性をもつものや、生命に危険となるものは除外される。ロブスターがハラームとされるのは、鋏で獲物を捕らえるからであり、クルマエビ（prawn）や小型のエビ（shrimp）は鋏をもたないので食してもよい。宗派によってはハラームとされる食物がハラールとされることもある。疑わしいものはシュブハ（Shubha）と称され、食べない方がよいとされる。

ユダヤ教のカシュルート

ユダヤ教ではカシュルート（kashrut）とよばれる食事規定があり、食べてよいもの（カシェルまたはコーシェル：kosher）が決められている。ユダヤ教では、『旧約聖書』の「レヴィ記」の記述に基づいて食べてよいものと食べていけないものを厳格に規定している。食べることを禁じられたものには、（1）反芻しない、あるいはひづめが完全に分かれていないウマやロバ、（2）四本の脚で地上を這い回るモグラ、トカゲ、ネズミ、（3）四本の脚をもつ動物のうち、足の裏のふくらみ（＝肉球）で歩くネコ、ライオン、キツネ、オオカミなど、ハヤブサ類、カラス類、ダチョウ、ヨタカ、カモメ、タカ類、フクロウ、ウ、ミミズク、ムラサキバン、ペリカン、ハゲタカ、コウノトリ、サギ類、ヤツガシラなどの鳥類やコウモリ、（4）羽があり、四脚で歩くすべての這う昆虫や、爬虫類、両生類、（5）海や川の生き物のうち、鰭、鱗のないタコ、イカ、エビ、貝類、クジラ・イルカ、ウナギなど、（6）血液（ソーセージなど）、（7）死肉、（8）肉と乳製品を一緒に使ったチーズバーガーなどである。

これにたいして、食べてよいもののなかには、(9)反芻し、ひづめが完全に分かれているウシ、ヒツジ、ヤギ、シカ、カモシカなどの有蹄類、(10)水界の動物で、鰭、鱗のあるもの、(11)鳥類のうち、食べてはならないものをのぞいたハト、ニワトリ、カモなど、(12)羽のあるもののうち、脚の上に跳ね脚があり、それで地上を跳ねるイナゴなどがふくまれる。カシュルートの規定では、イスラーム教のハラームと同様に鱗のないものは禁じられているが、さらに鰭のないものもふくまれている。ユダヤ教ではエビについて、ロブスターとクルマエビを区別していない。ただし、ウナギには目立たないが鰭と鱗がある。

東欧諸国やウクライナ、ロシアに住むユダヤ人が食べるゲフィルテ・フィッシュ（Gefilte fish）は、コイ、カワカマス、コクチマスなどの淡水魚のすり身に調味料を加えた練り物を野菜とともに茹でたもので、魚の皮で包むことがある。ゲフィルテは「詰め物にした」の意味である。コクチマスはロシア皇帝も賞味した魚であり、ロシア語でシーク（сиг）とよばれる。日本にもチェコスロバキアから輸入され、長野で「ナガノユキマス」と名付けられた美味な養殖魚である。なお、ユダヤ教では安息日に労働しないため、ゲフィルテ・フィッシュの料理は前日に準備する。

バリ・ヒンドゥー教とウミガメ

インドを中心とするヒンドゥー教社会では、ウシは神聖なものとして食べられることはほとんどない。しかし、バリ・ヒンドゥー教信者の多いインドネシアのバリ島では、ブタ、ウシ、スイギュウは食される。また、イスラーム教の法典シャリーアで不浄とされるウミガメをさまざまな儀礼で供犠として使い、直会（なおらい）のさいに消費される。近年の世界的なウミガメ保護の動きのなかでバリ島におけるウミガメの大量消費が批判の対象となり、儀礼の存続とウミガメの種の保存をめぐる激論がなされている。バリ・ヒンドゥー教では、ウミガメはヒンドゥー教

図3－1　世界を背負うカメ（バリ島の寺院）

の神であるヴィシュヌ神の化身とされている。さらに、陸生ガメ（tortoise）は大地をつかさどる聖なる生き物ブタワンであり、バリにはカメが背甲に世界を背負う姿をしめす塔や寺院建造物が多くみられる。陸生ガメと海生のカメ（sea turtle）が象徴として同一化され、ウミガメが陸と海をつなぐシンボルとされている（図3－1）。

ジェンセンはバリの儀礼でウミガメが供犠とされることとウミガメ保全に関する世界的な動向の確執についてふれ、バリ・ヒンドゥー教の大司祭などへの聞き取りを通じてウミガメ利用についての問題点をとりまとめている（Jensen 2009）。インドネシアのバリ島では一九六〇年代以降、観光産業が発達し、世界から多くの観光客がバリを訪れるようになった。バリにおけるさまざまな儀礼も観光化され、それにともない儀礼において供犠とされるウミガメの消費も増大した。ウミガメは儀礼用だけでなく、皮革製品としても加工され、米国、日本、中国などへ輸出されるようになった。

ジェンセンによると、ウミガメを供犠動物として用いる必要のある儀礼はごくかぎられており、それらだけにウミガメの殺戮を限定すれば、乱獲したことで国際的にも非難されることはなかったとしている。ウミガメを必要とする儀礼は、the Padudusan Agung, Pancabali Krama, Ekadasa Rudra, Tri Buana, and Eka Buana である（Jensen 2009）。これらの儀礼はバリ島でもっとも重要とされる寺院でおこなわれ、しかも一〇年、三〇年、一〇〇年ごとの周期がある。寺院の創立記念日に挙行される祭礼のオダラン（Odalan）にはバリ島の方々から人びとが集まる一大行事となっている。

一九九〇年代、わたしがバリでウミガメ利用について調査をしようとしたさい、環境保護団体の可能性があるとみなされ、取材を拒否された。バリ政府の水産局でこの件について役人と話をしたが、ウミガメを供犠とするのではなく小麦粉でウミガメの模造品を作るように指導をしているということであった。バリ人はウミガメの卵を食べないが、イスラーム教徒のインドネシア人はウミガメの肉は食べないが卵を食べる。ウミガメの保全活動がおこなわれている半面、産卵したウミガメ卵の盗掘が問題となっている。

キリスト教と魚食

キリスト教世界で魚は四足獣や陸上動物とは顕著に異なり、象徴的にも独自のものとされてきた。魚が水界の存在であることは、陸上の動物や天空を飛ぶ鳥類との大きな相違点であるが、何よりも魚類がもつ特質はその多産性にある。膨大な数の仔稚魚が存在することや産卵時に大群をなす現象からも魚の多産性を容易に理解することができる。人間が一回の出産で産む子はせいぜい二人で、多産とされるブタでも一〇頭程度である。この点からすると、魚類の産む卵は桁ちがいに多く、体長一・五メートル程度のマンボウでは三億個になる。

魚の多産性を踏まえ、魚自体を宗教的な畏敬の対象、あるいは再生の象徴とする思考が古代から育まれてきた。キリスト教社会では、宗教儀礼面で魚とのかかわりは深い。西方教会に属するカトリック教会では、古代末期から断食をおこなう慣行が連綿と持続してきた。四旬節（しじゅんせつ）の断食は、復活祭の前の四〇日（四旬）を意味するが、日曜をふくんでいないので実際は復活祭前日の聖土曜日までの四六日となる。断食には、満一八～六〇歳未満の信者が一日一回の食事と補助となるわずかな食事を意味する大斎（だいさい）と、肉食禁止ないし信徳の実践を満一四歳以上の信者によりおこなう小斎（しょうさい）があった。大斎と小斎は灰の水曜日（四旬節の初日）と聖金曜日（復活祭直前の金曜日）、小斎は毎週金曜日とされた。このほか、一一月一五日より四〇日間の降臨祭前の断食、聖霊降臨祭（復活祭後の第七日曜日）の直後、降臨節内の一二月、聖母マリアを称賛する土曜日、聖人の祝日の前日ほか、六月、八月にも短期間の断食日があった。

食事制限として肉、卵、乳製品の摂取が禁じられた。重要な点は断食の対象の肉が畜肉のみを指し、魚はふくまれないとする変化が起こったことである。こうして、一般には食事を減らし、畜肉を食していけない日がファースト・デイ（Fast Day）、あるいはファースティング（Fasting）とされ、肉の代わりとして魚が積極的に消費されるようになった。

魚は断食日の御馳走

古代のキリスト教世界では、魚はキリスト自身の隠喩であった。古代ローマでキリスト教が迫害されていた時代、キリスト教徒はおおっぴらに自らの信仰をあからさまにできなかったので、ジーザス・フィッシュ（Jesus Fish）やクリスチャン・フィッシュ（Christian Fish）ともよばれるシンボルを使った（図3-2）。ichthys ichtus は、ギリシャ語で「イエス、キリスト、神の、子、救世主」の意味である。その後、テオドシウス1世時代の紀元三九二年にキリスト教はローマ帝国の国教となった。

図3-2　キリスト教徒の隠れシンボルとなったイクトゥス（ichthys/ ichtus）

キリスト教の宗派はいろいろあり、カトリック教の四旬節における断食と東方教会、プロテスタント派などのやり方とはちがっていた。東方教会の大斎（おおものいみ）は四〇日間続き、肉、魚、卵、乳製品などは禁止される。ただし、生神女（＝西方教会における聖母マリア）の祭日である生神女福音祭に魚を食べることは許される。また、東方教会では魚は禁止されるが、エビ、カニなどの甲殻類や貝類は禁止の対象とはなっていない。英国国教会（聖公会）では四旬節を「大斎節」とよび、この間の断食はある程度遵守されており、聖金曜日に魚を食べる習慣も守られている。プロテスタント派にはいろいろな宗派があり一概にいえないが、カトリック教にくらべて食の規制はゆるい。プロテスタント派でもあり、一八四五年に米国で創設された安息日再臨派（SDA: Seventh Day Adventists）では、這う動物（ウミガメ、カニ、ワニ）は禁忌食とされている。実際、ソロモン諸島で調査中、わたしのいた島の住民はキリスト教に改宗しておらず精霊信仰に傾倒していたが、隣接する島の住民は安息日再臨派に改宗したことでウミガメやマングローブ地帯にいるノコギリガザミを食べることはなかった。

付言すれば、魚以外の動物でも食べてよいとする場合もあった。かつてバーナクル・グース（barnacle goose）とよばれるカオジロガンは流木から生まれ、卵から産まれないとして、魚とおなじようにファースト・デイでも食された。バーナクルは「フジツボ」である。さすがに一三世紀にローマ教皇のインノセント三世はこの鳥をファースト・デイに食べることを禁止した。ユダヤ教でも、一二世紀、バーナクルの木から生まれるこの鳥をふつうの鳥とおなじくコーシェル、つまり食べてもよいとされていた（図3-3）。同様に、ヨーロッパの中世期、ウサギは魚であり、「獣の」肉をもたないとされ、四旬節にも食用とされた。キリスト教における魚の位置づけがゆらいでいたことがわかる（Johnston 2011）。

南米のヴェネズエラではカピバラが四旬節や断食期間にも食されていたことを受け、一七世紀、北米ケベックのフランス人植民者から疑問が提示され、カナダでもビーバーが魚の仲間とされた。ビーバーを魚と分類する考えは、動物分類で形態よりも習性を重視する『神学大全』（*Summa Theologica*）を著したトマス・アクィナスの目的論に依拠するものであろう。最近にも二〇一〇年に、米国ニューオリンズの大司教はワニも魚の仲間だと表明し、食べることは問題ないと主張している（Goldman 2013）。

図3－3　木から産まれるカオジロガン（Barnacle Goose）
（*Cosmographia of Sebastian Münster*　1552）

ニシン・タラと断食日

西ヨーッパの歴史のなかで、キリスト教信者にとり一年のうち一〇〇日以上から半年くらいもの間、肉を絶つ必要があった。しかし、魚は食べてもよいようになり、漁業の発展と魚の売れ行きにたいへん大きな経済効果をもたらした。これに関与したのがタイセイヨウニシン（*Clupea harengus*）とタイセイヨウダラ（*Gadus morhua*）であり、大群をなして回遊・接岸するニシンとタラはヨーロッパにおける経済発展と交易の隆盛をささえた。

ただし、ニシンの回遊路は気候変動などにより歴史的にも変化した。中世にはバルト海のニシン漁をささえたのはドイツのリューベックを中心としたハンザ同盟である。しかし、一五、一六世紀にバルト海からニシンが姿を消し、ニシン漁場は北海や英仏海峡域へと移動した。その結果、オランダによるニシン漁の勃興と北海におけるニシン漁をめぐる英国、フランスとの確執を生んだ。それでも、ニシン漁はキリスト教における断食とファースト・デイの慣行と連動していたことはたしかであり、一九四〇年当時における北海から英仏海峡におけるニシン漁は、六月にはシェトランド諸島・オークニー諸島（聖ヨハネ祝日のニシン）、七月では東スコットランド（聖ヤコブの祝日のニシン）、九月になるとハンバー川、ドッガーバンク

（聖バルトロマイの祝日のニシン）、さらに南下して一〇月にはヤーマス、サフォーク周辺、一一月にはテムズ川、フランドル、ブーローニュ（聖十字架の祝日のニシン）、そして一二月にドーバー海峡のディエップ、さらに一月にはフランスのノルマンディーにあるフェカンへと移動した。このことをフランスの歴史家で生活や環境の研究を手掛けるドロールが指摘している（ドロール 1998）。

タイセイヨウダラについても新大陸のニューファウンドランドやニューイングランドにおける新たなタラ漁場の発見後、干しダラはカリブ海の西インド諸島における砂糖農園で働く黒人労働者の食料となり、干しダラ、砂糖、アフリカ人奴隷を大陸間で交易の対象とする三角貿易を生んだ（越智 2014; カーランスキー 1999）。

干しダラはストックフィッシュ（stockfisch）とよばれ、保存のきく食品であり、航海する船員にとり重要な食料ともなった。また、塩水で塩漬けにしたのちに乾燥した塩ダラはノルウェーでクリップフィスク（klippfisk）、スペインではバカラオ（bakalao）としてスカンジナビア諸国だけでなく中南米諸国で珍重されている。ちなみに乾燥後、調理前に数週間アク（灰汁）に漬けておいたタラはゼリー状になり、ノルウェーやスカンジナビア諸国でリュートフィスク（lutefisk）とよばれる。タイセイヨウダラだけでなく、スケトウダラ、ハドックなどタラ科の魚もが利用された。

仏教と肉食禁止

仏教は釈迦の没後、インドからスリランカ、中国、東南アジア、モンゴル、日本へと伝わるなかで、部派仏教の時代から大乗仏教や上座部仏教をふくむさまざまな宗派が生まれてきた。仏教には基本的に殺生禁断（アヒンサー）の教義が根底にある。これは釈迦の教えにしたがってきめられたものであり、菜食主義によりいっさいの動物性の食材を摂取することは原則的に禁止されている。ただし、釈迦も肉食を否定しなかった。初期仏教でも、比丘（仏教の僧侶）は乞食と托鉢を通じて供養として得られる肉を利用していた。そのさい、殺生禁断の戒律に抵触しないために、殺されるところを見ていない、自分に供するために殺したと聞いていない、自分に供するために殺したと疑っていないとする不見・不聞・不疑の三肉は「三種浄肉」として食べることができた（下田 1989; 1990）。のちに、命が尽きて死んだ鳥獣と鳥の食べ残した肉を加えて五種浄肉、さらに四種をくわえた九種浄肉とすることもあった。一方、部派仏教の『涅槃経』では一〇種不浄肉に、「人・蛇・象・馬・獅子・狗・猪・狐・獼猴・騙」（吉田 1998）があった。この考えは、タイ、ミャンマー、カンボジアなどの上座部仏教圏に色濃く残っている。

一方、中国、ベトナム、朝鮮、日本に伝わった大乗仏教圏では、中期大乗仏教の経典である『楞伽経』にあるように浄肉は存在しないと考えられた。また、動物食以外にも五葷とよばれる匂いのきついネギやニンニクなどの野菜を摂取することも禁じられ、「葷」（肉や臭い野菜）と「素」（精進料理）が峻別された。日本にも大乗仏教による禁欲的な戒律が導入されたが、一休や親鸞、真宗教団のように、肉食、酒、妻帯を肯定する主張が表明されることもあった。

四足獣にしても、肉食を禁じる傾向がある一方で、実際には食べられていた（原田 1985）。江戸時代初期の料理本である『料理物語』の「第五　獣の部」には、「鹿、狸、猪、兎、川うそ、熊、いぬ」などの調理法が記載されている。室町時代の官人であった中原康富の日記『康富記』のなかにも狸汁が夕食に出たことが記されている（上田 2017）。

日本では、仏教の伝来する五五二（欽明一三）年の約一〇〇年後、六七五（天武四）年四月、天武天皇は「肉食禁止令の詔」を発布している。ただし、肉食禁止は毎年四月～九月末までの農耕期間に限定されており、食用と狩猟が禁止されたのは、牛、馬、猴（サル）、犬、鶏の五畜で、鹿と猪（イノシシではなくブタ）は例外とされていた。このなかで、檻阱（おり：落とし穴）や機槍（ふみはなち：飛び出す槍）を使って狩猟をすることが禁じられた。

さらに、同期間、弥沙伎理梁（ひさきりやな）を設置することが禁止された。梁は河川を遡上する魚を獲るための「やな」である。

農繁期における肉食禁止は、『古語拾遺』の伝承をふまえれば、この時期における旱魃や虫害を防ぐ農耕儀礼の一環とみなす考えが出されている（佐伯 1967; 原田 1985）。すなわち、農耕開始時期に大地主神（おおところぬしのかみ）が農民に牛の肉を食べさせたところ、御歳神（みとしのかみ）が怒って蝗（いなご）を野に放ち、稲を枯れさせたとする伝承に基づく解釈である。五畜が禁食とされたものの、縄文時代以来の狩猟獣であったシカとイノシシは禁食とされていない。つまり、大陸から伝来した肉食禁止令が大乗仏教の伝統をそのまま受容したものではなく、野生獣の狩猟と肉食を許容する日本型の禁食例であり、国家による禁制と民間による縄文時代以来の肉食の伝統が併存した独自のものといえる。

古代から人や動物の死を「穢れ」と見なす観念が浸透していたことも見逃すべきでない。記紀時代以前にも、『魏志倭人伝』東夷条には、邪馬台国の風俗として人の死後、一〇日あまりの期間は肉食を避けると記述されている。のちの一〇世紀前半における『延喜式』の神祇三臨時祭には、穢れにふれたものが忌むべき期間として、人の死穢三〇日、産穢七日、六畜（りくきゅう）の死穢五日、六畜の産穢三日、六畜を食べたさい三日と決められていた。六畜は古代中国では牛、馬、羊、鶏、豕（豚）、犬であるが、日本では牛、馬、鶏、豕（豚）、犬、猿であろう。いずれにせよ、仏教伝来後、殺生を禁じる仏教思想とともに、それ以前からあった自然とのかかわりを示す広義の自然思想のあったことを確認できる（吉田 1998）。

第3節　アジアの宗教と魚の禁食

大宗教であっても、流派や教義の解釈のちがいにより禁食の内容が異なることがある。キリスト教、仏教についてはすでにふれたので、つぎにチベット仏教、精進料理、道教、儒教、モンゴルの例を取り上げよう。

前節でふれたように仏教は肉食を一般に禁じているが、ネパール、ブータン、中国西蔵自治区を中心にひろがるチベット仏教圏ではウシ、ヤク、ヒツジ、ブタなどの偶蹄類やその乳製品（バター、チーズ、生乳）が食されている。チベット族は肉類を一般にシャと称する。牛肉はノシャ、ヤク肉はヤクシャ、豚肉はパクシャ、魚肉はニャシャ、鶏肉はジャシャとよばれる。一方、奇蹄類のウマ、ロバやイヌ、蹴爪のあるニワトリなどは食べない。チベット仏教では一般に水中の魚類、甲殻類、貝類、両生類なども食べられることはない。チベットでは鳥葬のほか、川に遺体を流す水葬の習慣があり、川に遺体を流す場所も決められている。また、匂いのきつい植物の葷食（くんしょく）は禁止されていない。ブータンの食料品市場ではトウガラシが大量に売られている現場をみることができるうえ、トウガラシを使ったカレー料理は日常食で、インドとおなじように右手ですくって食べる。ただし、中国のチベット自治区でニワトリ、アヒル（ピータン）、海産のエビなどを中国料理として食べる人もいる。

精進料理と魚

中国では仏教の伝来する以前の殷代から、祭祀や重要な儀礼のさいに一定期間肉食を禁じる慣習があった。周代には、喪に服するさいや飢饉の場合に肉の禁食と禁酒が遵守された。仏教伝来後、厳格な肉食禁止や三浄肉の規範は当初、農耕社会の中国ではあまり受容されなかったが、殺生禁断の考えは次第に定着し、肉食を禁じた「素食」が普及するように変化する。素食は簡単な食の意味ではなく、肉や匂いのきついニラ、ニンニクなどをふくむ「葷食（くんしょく）」とは一線を画する植物食を指した。

北魏の賈思勰（かしきょう）による『斉民要術（せいみんようじゅつ）』でも、巻九の「蔵肉蔵菜」に「素食」として三一種類の精進料理が紹介されている。唐代になると、「仿葷素菜（ほうくんすさい）」つまり肉や匂いの強い植物を使わずに調製する「素菜」が「もどき」料理として発達した。

日本でも鎌倉時代以降に禅宗がもたらされ、肉を使わない精進料理が発達するようになった。上田純一の指摘するように、日本の精進料理は肉食禁止に対抗する形で発達したのではなく、精進物の「もどき」料理は日本文化に深く根差した「作り物」や「見立て」の美学とも結びついた独自のジャンルとして受容された（上田 2017）。

道教と葷食

道教の世界では、清浄な物だけを食べる食斎と、粗食、節食によって体内の「五臓清虚」つまり、さっぱりとした状態に維持できると考えられている。特定の食品を禁止することはないとする考えもあるが、肉や魚類、五辛（ごしん）を禁じ、長命のためには火を使う料理は食べてはいけないともされた（窪 1999）。道教の教えは仏教に通じるものである。植木久行（中国文学）によると（植木 1985）、明代の李時珍による『本草綱目』巻二六の菜類の蒜の「釈名」には、「五葷（ごしん）は即ち五辛なり。その辛臭、神を昏し性を伐ふを謂ふなり」とあり、五葷五（辛）を多食する弊害が指摘されている。

仏教における五辛は大蒜（ニンニク）、韮（ニラ）、葱（ネギ）、辣韮（ラッキョウ）、野蒜（ノビル）を指し、強烈な匂いもさることながら精力増強によって情欲が高まり、憤怒を増進するとされた。道教における五辛には大蒜、韮、辣韮は仏教界とおなじだが、蕓薹（アブラナ）、胡荽（コスイ：コリアンダー）などがちがっている。

朝鮮への仏教伝来は三～六世紀であり（高句麗では三七二年、百済では三八二年、新羅では五二八年）、菜食（朝鮮語のチェーシク）あるいは素食（ソシク）の考えも仏教とほぼ同時に伝えられた。統一新羅時代の六世紀、唐から伝来した禅宗の考えにより五二九年に殺生禁断の令が発せられ、葷食は禁じられた。菜食主義の食生活のなかで、カロリー価の高いゴマ油が頻繁に使われた。高麗時代（九一八～一三九二年）、仏教は国家の庇護のもとに発展し、高麗末期には『八萬大蔵経』が編纂され、世界遺産となった。しかし、一二三一～一二七三年のモンゴルのあいつぐ侵攻と支配により、それまでの仏教による菜食主義はすたれ、ウシ、ウマ、ブタなどの家畜飼養と肉食がさかんとなった。済州島は高麗にもともと属さずにモンゴルの直轄地として牧場が開拓されてウマの産地となった。現在でも済州島では馬食がさかんである（神谷 2002）。

朝鮮王国時代（一三九二〜一九一〇年）、国王によっては仏教に帰依した場合もあるが、基本的に廃仏政策がとられ、菜食主義の食生活がすたれるとともに、儒教が奨励された。儒教では、食は健康のための薬とする医食同源の思想や目上の人間を敬う精神がたっとばれた。さまざまな人生儀礼のさいには、節食（チョルシク）や時食（シシク）が提供された。菜食だけでなく、魚介類や肉類を組み合わせた食事文化が発達した（鄭 1998）。

香港の水上生活者の聖魚

香港の水上生活者はかつて蛋民（家）とよばれていた。小さな船上での生活が漁撈、渡船業、水産物の販売など海を中心に営まれてきたが、陸上への移住、定住化などで大きく変容しつつある（浅川 2003; 長沼 2010）。かれらは海の守り神である天后（媽祖）や財神としての関公（クァンコン：関羽）、観音菩薩などを対象とする道教系の民間信仰をもっている。

海洋生物への信仰についてアンダーソンの研究がある。それによると、水上生活者はサン・ユー（聖魚）、つまり「神聖な魚」とよばれる一群の魚類および水生動物を区別している（Anderson 1969）。サン・ユーのなかには、ノコギリエイ（鋸魚）、クジラ（鯨魚）、チョウザメ（沈龍）、シロイルカ（白忌魚）、暗色のイルカ（海豚）、ウミガメ（水魚亀）、カメ（亀）がふくまれる。つまり、香港の水上生活者にとっての魚（ユー）には、通常の硬骨魚類やサメ、エイなどの軟骨魚類だけでなく、イルカ、クジラなどの海生哺乳類、ウミガメや淡水産カメなどの両生類がふくまれる。

これらをみると、クジラ、イルカのように体躯の大きなもの、ノコギリエイのように異常な形態をもつもの、チョウザメのように川と海を行き来するもの、カメのように陸域と水域を往来するものがふくまれている。あいまい性、巨大性、異常性をもつからといって、それが聖なる属性をあたえられていることを十分に説明することにはならない。しかし、巨大な体躯をもつとか、異常なあるいは曖昧な行動や形態を有する存在が、ふつうの動物とは異なる位置づけをされているとする報告がある。アフリカのレレ族（Lele）におけるセンザンコウ（Douglas 1957, 1966）、パプアニューギニアのカラム族（Karam）におけるヒクイドリなど（Bulmer 1967）が端的な例である。何をもって異常とし、どんな属性が通常から逸脱するとみなされるかはそれぞれの文化によって異なるというほかはない。

第4節　淡水魚の禁忌と民間信仰

アフリカにおける禁忌魚

宗教上、魚を教義の原則から禁食とする例のほか、魚の禁食に関するさまざまな慣行がある。その実例についてはいちいちあたるしかない。古くは鉄器時代の英国とベルギーにおける遺跡の比較研究では、魚骨の出現頻度が英国で顕著に少なく、ベルギーで多いとの報告があるが、その理由については何の説明も示唆もされていない（Dobney and Vervynck 2007）。

大局的にみれば、まったく魚を食べない民族の場合と特定の種類にかぎり禁忌とする例を峻別する必要があるだろう。前者の民族例がアフリカの牧畜民である。東アフリカのソマリア半島に住むクシ語派の人びとは魚を食べない。アフリカの乾燥地帯で魚自体は生活世界で見ることの少ない異界の存在でもある。

ただし、西アフリカのコンゴ川、ニジェール川流域やアフリカ最大のヴィクトリア湖やタンガニーカ湖、マラウィ湖などでは漁業もさかんで淡水魚は重要な食料とされている。ティラピアなどは内陸部だけでなくインド洋の沿岸地域まで運ばれて食されている。

ザイール川やタンガニーカ湖で調査をおこなった安渓遊地によると、調査をしたバントゥー系民族のうち、エニャ支族では九種中六種が授乳中の女性の禁忌魚とされている。そのなかには、筋肉が黄色のコケビラメ科の魚や黒地に黄色のすじ模様をもつサカサナマズ（後述）、卵をもたないとされるナイルパーチなどがふくまれる。ただしその理由は不明である。このほか、水中から出してもすぐに死なないナギナタナマズの幼魚やハイギョはその骨をかみ砕くと性的不能になるとして禁忌魚とされている。ロケレ族はニシン科の小魚は小児が病弱になるとしてあたえない。嫁入り前の娘にパントドン科の小魚も与えないのは、この魚が水面を飛んで移動するように男と駆け落ちする恐れがあるからとしている。トングウェ族もカワスズメ科の仲間で水面を飛ぶ小魚は、高熱を出して頭のおかしくなった人にはその症状が助長されるとして禁忌とされた（安渓 1982）。

禁忌とはされていないが食用とされない魚として、（1）小魚で食用にならない、（2）魚であるのに空中を飛ぶ、（3）フグは肉がまずい、（4）フラクトラエム科の魚は体色が人間の血の色と似ている、（5）デンキナマズは食べない、（6）鱗のない大きな魚は食べない、など忌避される要因は多様であり、大宗教のように整然と説明されているわけではない。トングウェ族は日本やオセアニアとおなじように、フグだけは食べないとする例もあり（伊谷 1977）、先述したイクチオフォービアは意外と人類学でも精査すべき課題である。

カメルーンのバントゥー系農耕民のバクウェレ（Bakwele）族を調査した大石高典によると、バクウェレの人びとは一九種類の魚を禁忌としている。そのうちの二例は喘息と月経に関するもので、そのほかの一七例のほとんどが新生児をもつ男女の禁食とされている。もしそうした魚を食べると、生まれてくる新生児が異常な形質をもつとか、奇妙な泣き声を上げるなど、魚の形態や行動と類似した悪影響が出るとされており、感染呪術的な発想のあることがわかる。なお、このなかには、ギギ科、モルミルス科（エレファントノーズ・フィッシュ）、ナギナタナマズ科、フグ科、サカサナマズ科などの多様な種類がふくまれる（Oishi 2016）。

古代エジプト文明の禁忌魚

カメルーンのバクウェレ族とザイール川、タンガニーカ湖の例から、魚の禁忌が妊婦や新生児の健康と成長に向けられていることがわかった。デンキナマズ、ナイルパーチ、サカサナマズなどの例があったが、エジプトでは一八世紀末、フランスのナポレオンがエジプトを侵攻したさい、学術調査団も軍に同行し、そのさいの調査結果が一八〇九年から一四年をかけて全二三巻、八九四葉におよぶ『エジプト誌』として刊行された。博物学者のサン＝ティレールが著した『ナイル川の魚類』や、のちに動物学者のブーレンジャーによる『エジプトの動物学―ナイル川の魚類』にはデンキナマズの詳細な図版が著わされている（Boulenger 1905）（図３－４）。

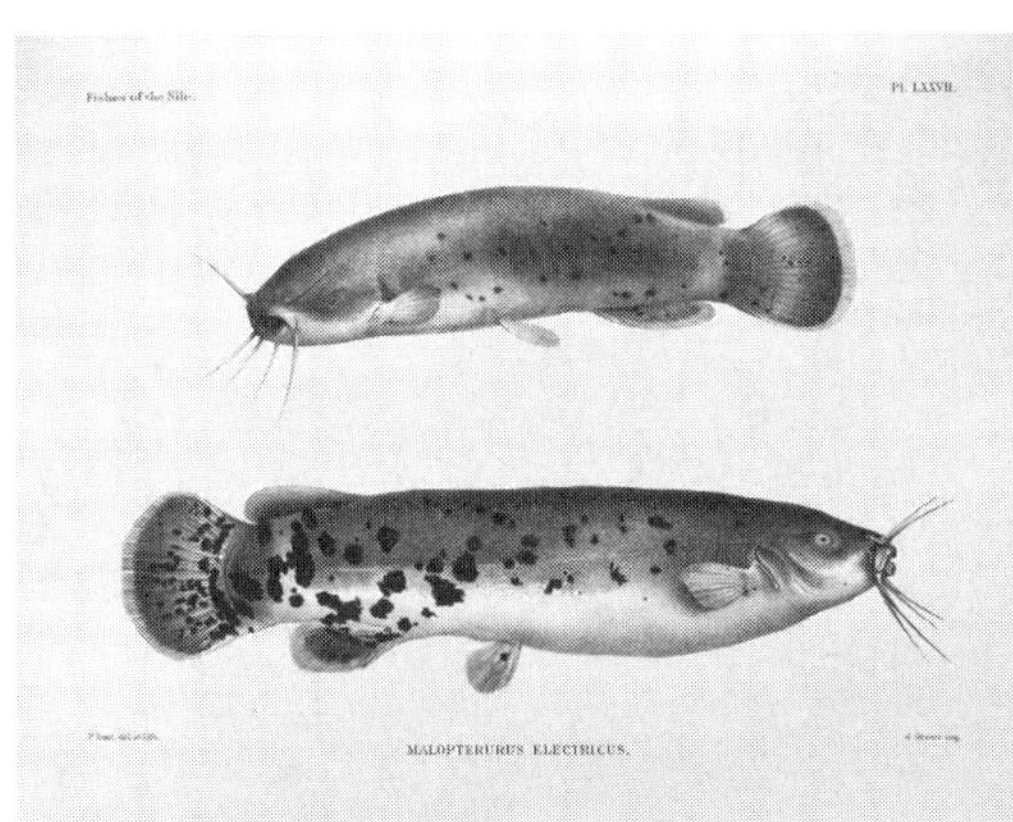

図３－４　デンキナマズ
（Boulenger, G. Albert　1905）

時代をはるかにさかのぼった古代エジプトでは、壁画に腹部を上にして遊泳するサカサナマズがすでに認知されていた（萩生田 2016）。しかも、古代エジプトではこれらの魚を含めた禁忌の例が知られている。古代エジプト文明では、すでに先王朝時代から魚が重要な食物供物として利用されてきた（Brewer 2001）。ギザのピラミッド建設に従事した労働者の墓から大量の魚骨が発掘されている（Shaw and Nicholson 2002）。魚が重要な食物であった一方、魚は神や女神を体現するものとして禁忌の対象ともされていた。

なかでも、六種類の魚が地域ごとに禁忌魚とされていた（Dameskiold 1988）。

たとえば、ナイルパーチ（*Lates niloticus*）は上エジプトのエスナ（ギリシャ語のラトポリス）の守護神である女神ネイトの象徴の一つとして、王権や神性を表す卵形の盾または環で囲んで描かれた。ナイルパーチは生贄として捧げられ、町の西にある墓地に埋葬された。ネイトはナイルパーチに変身して太古の海であるヌン（Nun）に旅すると考えられていた。

ナイル川下流域にあるメンデス（現在のテル・エル・ルバー）では、レピドトゥス（Lepidotus）が禁食とされたのは、魚の主であり女神のハトメヒト（Hatmehit）と関連するとみなされていたからだ。ハトメヒトは「メヒトの家」の意味で魚の女神を意味し、魚の姿、あるいは魚を冠に載せた女性の姿で表される（Shaw and Nicholson 1997）。レピドトゥスとともにパグロス（pagros）、オクシリンコス（oxyrinchus）も聖なる魚とされ、禁食の対象であった。

紀元前一〇〇〇年期の先王朝時代の神話で、セト（Seth）はオシリス（Osiris）の弟で、妹のネフティス（Nephthys）を妻とした。また、イシス（Isis）（アセト）はオシリスの妹であり妻であった。セトの謀略でオシリスは殺されるが、妻のイシスはバラバラになったオシリスの死体を復元したが、陰茎はなかった。イシスは処女のままホルス（Horus）を身ごもった。ホルスは叔父であるオシリスの仇を討つため、セトとの間で戦いを繰り返し、セトはホルスの左目を奪い、セトは睾丸と片足を失った。セトは「強靭さ、狂暴、悪、戦争、嵐、外国の土地」などを象徴する存在であり、神話のなかでホルスとの争いにさまざまな動物として登場し、ジャッカル、カバ、ツチブタ、ロバ、シマウマ、ワニ、サソリ、カメなどの「不浄な動物」と関連の深い存在とされた。これらの魚はセトが殺した兄であるオシリスの陰茎を食べたとされているからである。イシスがオシリスのバラバラになった遺体を復元しようとしたさい、陰茎がなかったのは先述した魚が食べたからである。

では、これらの魚は何という種類のものか。これまでの研究では、レピドトスはナイルコイ（*Barbus bynni*）、パグロスはキバウオ（*Hydrocynus forskalii*）、オクシリンコスはドルフィンモルミルス（*Mormyrus kannume*）とされている。ナイルコイはティス州におけるメヒト女神の聖獣とされる大型のコイである。ハトメヒトはナイル・デルタの町、メンデスで信仰された。バグロスはタイガーフィッシュとよばれる。ドルフィンモルミルスはエレファント・ノーズドフィッシュとよばれ、口吻がゾウの鼻のように突き出した特徴がある。さらに、この魚名にちなんで上エジプト第一王朝の都市であるオクシリンコスの名がある（現代のエル・バーナサ）（Montet 1950）。先述したエスナではネイト女神の聖魚ナイルパーチとともに、オクシリンコスは愛と美と豊穣と幸運の女神であるハトホルの聖魚として崇拝された。

ナイルティラピアはスズメダイの仲間で（*Oreochromis niloticus*）、太陽神のレーが暗黒界を船で航行するさいの案内人で、ヘビのアポフィスが近づくのを避ける役割を果たした（Shaw and Nicholson 1997）。以上のように古代エジプト文明では、いくつかの魚が神聖性をもち、崇拝されるとともに禁忌魚とされていたことがわかる。

モンゴルにおける魚の禁忌と変容

モンゴルは乾燥地帯の国であり、人びとは遊牧に大きく依存してきた。しかし、湖や河川も発達しており、北部のロシア国境にあるフブスグル湖はモンゴル最大の淡水湖で、琵琶湖の四倍ある。モンゴルでは一一科四三種ほどの魚類が生息し、現在ではそのうちの一七種がフライフィッシングによる遊漁の対象である。養殖用に外来種もバイカル湖から導入されている。もっとも多いのがコイ科（四一種）であり、あと、Coregonidae（五種）Thymallidae（四種）でのこりは一～二種である（Kottelat 2006, Dulmaa 1999）。おもな魚種としては、トル（アムール・イトウ）、ユルティーン・ツォルハイ（アムール・パイク：カワカマス）、中型以下の魚ではリノック（マスの仲間）、アムーリン・ツォルボールト（マナマズ）、ツァガーン・ザガス（白い魚の意味でCoregonidae の魚）、ゼベック（コクチマス）、ハディル（カワヒメマスの仲間）などが食用とされている。

チンギス・ハンがモンゴルを統一した一三世紀ころにチベット仏教が伝播した。魚はロス（川や湖の精霊）の眷属だと考えられ、禁食とされるようになった。この考えはいまでも人びとの心のなかにある。川の魚を食べたため、洪水が起こって川が氾濫し、自らも下痢と腹痛に苦しんだ体験から、ロスの怒りに触れたと判断されたことを人類学者の風戸真理が語っている（風戸 2008）。このように、魚（ザガス загас）は宗教的に「神の使い」として禁忌とされた。モンゴルでは動物に霊を認める観念が発達しており、川は動物の霊が通る道とも考えられている。なかでもアムール・パイクは霊的に強力な力をもつ魚であり、モンゴルのシャーマンが儀礼で使う。この傾向はネネツ人や東シベリアのツングース系民族に共通する。

モンゴル族は肉食（赤い食物）と乳製品（白い食物）中心の食生活を特徴としているが（小長谷 2005）、チンギス・ハンは幼少時、貧困ゆえに肉を食べられず、魚を獲って食していたことが『モンゴル秘史』にも記載されている（村上 1970）。貧困生活と魚食は相通じる点があり、肉食中心のモンゴル人の生活のなかで魚食はマイナーな位置づけをされていた。現代でも、モンゴル出身の相撲力士が来日後、日本で魚の入ったちゃんこ鍋になじめなかった逸話がある。

一方、バイカル湖周辺のブリヤートやオリアンハイなどの狩猟系の集団、ダルハドと呼ばれる半牧・半狩猟民は伝統的に魚を食べてきた。典型例として、モンゴルの揚げ餃子（＝ホーショール）にはふつう肉を使うが、オリアンハイやダルハドの人びとは魚を具として使う。社会主義時代以降、魚が養殖されるなどの変化があるとはいえ、先述したような水霊ロスへの信仰が生き続けており、魚の禁食はいまだに残っている。

タイの民間信仰と魚の禁忌

北タイのミャンマー国境ちかくにあるメーホンソン（Mae Hong Son）から車で北へ三〇分ほどのところに、タム・プラー（Tham Pla）とよばれる場所がある。タムは「洞窟」、プラーは「魚」の意味であり、洞窟内の地下には山からの湧水が豊かに貯えられている。この水場にたくさんの魚が生息している。自然に入ったものか、人工的に導入されたかは不明であるが、洞窟には仙人が住み、これらの魚を守護すると信じられてきた。

しかし、あるとき一人の男性がその信仰を無視して洞窟内の魚を獲って食べた。すると、翌日、その男性はいのちを失うこととなった。こうして洞窟の魚を畏れ敬う信仰がめばえた。洞窟内の魚はいまも保護されており、洞窟の入口周辺では魚にあたえる果物などの餌を売っている。ここにいる魚はソロ・ブルック・カープ（soro brook carp）とよばれるコイ科の魚類で、タイ語ではプラー・クオン・ヒン（「石の穴の魚」の意味）であり、現地ではこれとは別にプラー・ヌン（「集まる魚」の意味）とよんでいる。この場合、魚自体は聖なる存在ではない。しかし、洞窟内にいる魚はふつうの生息地にいる淡水魚ではなく、神秘の対象として保護されている。タイにおける上座部仏教の影響を加味すれば、洞窟の魚を聖なるものとする動きはタイにあってふさわしいものと映る。

第5節　病気と禁忌魚

特定の魚を食べることで病気や重大な危害を被るとされる事例が広く知られている。そのぎゃくに身体の異常や病気の状態にあるときに特定の魚を食べることで負の状態から回復、治癒するとされる場合もあるだろう。前者の例としてたとえば、マレーシアの先住民であるオラン・アスリの社会で妊婦はネズミ、リス、カエル、小鳥、魚などは「弱い霊」しかもっていないので食べることは忌避された（Meyer-Rochow 2009）。パプアニューギニアのトロブリアンド諸島では、サンゴ礁のあいだに隠れるように生きている魚を妊婦が食べると難産になると考えられた。魚だけでなくバナナ、パパイヤ、マンゴーなどの果物も生まれてくる新生児が水頭症や内反足、腹部の異常などを伴うと考えられていた（Malinowsky 1922, 1929）。後者の例として、沖縄の糸満では産後の不安定な状態にある女性にはマーユー（おいしい魚）が勧められる（秋道 2016a）。以下ではコンゴ盆地の農耕民バクウェレ族、台湾・蘭嶼のヤミ（タオ）族、ミクロネシアのサタワル島の民族誌的報告と、薬としてのナマズの意義について取り上げよう。

コンゴ盆地のバクウェレ族の病気と魚

妊婦が食べることを禁止された魚については前節でふれたのでそれ以外の例を取り上げよう。細長い体をしたアミメウナギ（*Calamoichthys calabaricus*）はンゴング（ngoong）とよばれ、月経を遅らせる効果がある。それと同時に出産後、ふたたび妊娠することができるようにするための薬とされる。また、ググ（gugu）と呼ばれるデンキナマズ（*Marapterurus electricus*）はふっくらとして強い新生児を産めるようにする薬とされる。また、人と喧嘩するさいに殴る力を強めるため、デンキナマズの皮の部分にある神経繊維を加熱後、特定の植物と混ぜて手の甲に塗る。デンキナマズの発電能力を応用したものであろう。デンキナマズの皮を乾燥させたものを常備しておく。バーザ（baaza）とよばれる一〇数センチの細長い魚の学名は *Phago boulengeri* であり、固くて食用にならないが、男性のインポテンツに効くとされている。バーザは「鏃」の意味で、木の枝で串刺しにしたものをたき火のそばで乾燥させ、それを煎じて飲む。サカサナマズ（*Synodontis* sp.）はメンゴコ（mengoko）と称され、ぜん息によいとされる。また、胸鰭の棘は飛来してきたカポックの実が目に入ったようなさい、その痛みを取り除くために使われる。ググボカ（gugubɔka）は淡水フグ（*Tetraodon mbu*）で六七センチになる大型種である。このフグの表皮のハリを取り除き、殺したい相手やその家族が水汲みか水浴する場所に投げ入れる。フグのハリが相手を殺すことができるとみなされている（Oishi 2016）。

台湾・蘭嶼のヤミ族における禁忌魚

サンゴ礁海域で多様な漁撈をおこなう台湾の蘭嶼におけるヤミ（タオ）族の禁忌魚について検討しよう。すでに第1章でヤミ族の魚の民俗分類についてふれたが、そのなかで禁忌とされる魚がいくつもあり、男女の性別や年齢要因が関与している。さらに妊婦や授乳中の女性の禁忌魚についてはその夫も規制を順守しなければならない。

女性がある魚をみて嘔吐を催したり、食べて嘔吐や異常を訴えるような場合、その魚は「悪い魚」とみなされる。「悪い」の意味は妊娠して子どもを育てる女性にとり悪影響をあたえるからとする説明がなされる。台湾研究者の森口恒一は女性の脆弱な子宮が吐瀉物で傷つけられたり、女性の生命をも奪うからと説明しているが（森口 2003）、民俗的な生殖観で明確に子宮の存在がヤミ族の間で知られているかどうか疑問でもあり、嘔吐を催す魚がすべての女性に等しく適用されるのかについても精査すべきだろう。

つぎに妊娠中や授乳中の女性が守るべき禁忌について考えよう。妊婦とその夫が守るべき禁忌魚は前者で二六種類、後者で四三種類ある。夫の禁忌魚のうち一八種類は「悪い魚」である。禁忌とされる理由は、それらの魚を食べると悪い影響が胎児におよぶからで、たとえば、頭部に長いトゲをもつテンスを妊婦が食べると生まれてくる新生児の頭にもトゲができると考えられている。夫が口唇部の二重になった特徴をもつボラの仲間を食べると新生児も口が二重になるからとされている。ヤミ族によれば、夫婦の食べたものの影響が胎児におよぶことをミラナ（minara）と称する。また、新生児に優先的に分配される魚があり、一般に「子どもの魚」（カナカン・ア・アモン）には、カミナリベラ、コバンアジの仲間が相当する。ヤミ族の社会では年齢に応じて食物規制は変化するが、中高年になってあらゆる禁忌がなくなり、女性の場合、子どもが産めなくなると「真の魚」すべてを食べることができる。男性の場合もアロカン・ノ・カタオ・タウという年齢に達すると、食用可能な魚をすべて消費することができる。

サタワル島における禁忌魚と病気

ミクロネシアのカロリン諸島にあるサタワル島は隆起サンゴ礁の島である。島ではタロイモ、パンノキ、ココヤシが栽培されるとともに、周囲の海で多様な漁撈活動がおこなわれる。サタワル島民は大型の帆走カヌーにより航海術を駆使して島嶼間の航海や遠征漁撈をおこなってきた。サタワル島では全部で四四二の魚名が知られており、そのうちの多種類の魚にたいしてさまざまな禁忌が適用される（秋道 1981）。

ここで取り上げる「悪い魚」はかならずしも明確な禁忌をともなわないが、食べない方がよいとして、社会の成員に諭すための規範とされる種類である。サタワル島で「悪い魚」と位置づけられているのは、イケプット（yikeppwut）、イキンガウ（yikinngaw）、イキファン（yikifan）の三グループがある。イケないしイキ（ン）はイーク、つまり「魚」であり、プット（ppwut）、ガウ（ngaw）、ファン（fan）はいずれも「悪い」ことを指す。これにたいして、明確な禁忌魚はイキピン（yikipin）と称される（第5章参照）。以上の「悪い魚」のなかにふくまれる魚のほとんどを女性や子ども、青壮年の男性が食べることは好ましくないとされている。そして、食べることを制限するさまざまな説明がなされている。男性たちが漁を終えて、浜辺のカヌー小屋の前で漁獲物を分配するさい、「悪い魚」は通常の分配物からは除外される。以下、なぜ食べることが好ましくないのか、もし食べたらどうなると考えられているのかに着目して説明を加えよう。

イケプット

1．ニッパル　ヒラメやカレイの仲間で、女性や子どもが食べてはならない理由について以下のような説明をえた。①ニッパルの骨はやわらかい。ニッパルの泳ぎ方は弱々しく、骨のやわらかい女性や子どもがニッパルを食べると一層、身体が脆弱で弱くなる。②ニッパルには眼が体の片側に二つある。こうした異常な魚を食べてはいけない。③ニッパルには、体の片面にしか肉がない。それは天上世界にいるウォノファットとよばれる超自然的存在がニッパルの肉を半分だけ食べて、残りをすてたからである。サタワル島に伝承される説話では、ウォノファットは非常に悪賢くて狡猾であるとされている。以上の①から③までの理由のうち、食べてはいけないという説明が、人間のカテゴリーとの対応でなされているのは①の場合だけである。ニッパルが異常な形態をしているという②の説明や③の場合のように超自然的存在との結びつきとの関連性も示唆される。

２．ノーウ、ナリノ　ノーウはオコゼ、ナリノはミノカサゴの仲間である。これらの魚は女性や子どもだけでなく青壮年の男性も食べてはいけないとされている。なぜなら、これらの魚は水中でほとんど動かずにじっとしており、体の弱い魚であるとみなされている。こうした魚を食べると、人間の身体も弱くなると考えられている。

３．ニオマ　カワハギの仲間で、ニオマも女性、子ども、青壮年の男性は食べてはいけないとされている。なぜなら、ニオマは「ぼんやりしている」ので、こうした魚を食べるとおなじようになまけぐせがつくのでよくないとされている。

４．ニケリケル　チョウチョウウオの仲間で、この魚は少し泳いではすぐ「サンゴの上で横になる」。こうした魚を食べると人間も怠惰になるので、女性、子ども、青壮年の男性は食べてはいけないとされる。

５．タクンノン　ヤガラの仲間で、女性、子ども、青壮年の男性がこの魚を食べてはいけないとされる。そのわけはタクンノンは骨ばかりで細長くて「やせている」ので、こうした魚を食べると人間もやせて弱々しくなるからである。

６．ニレイネイン、ファイシウー、アサープ、ポート、ニプルプル、ウォラニプェル、ファイシウー、ニロロファニヤップ。以上の魚を女性、子どもが食べてはいけないが、成人に達した男は食べてもよいとされる。その理由は、前記の魚が森に棲む女の超自然的存在と似ているからであるという。森に棲むヤニューはニヤネワンとよばれる。ニプルプル、ニロロファニヤップ、ウォラニプェルなどはスズキベラ属に属する魚であり、ニレイネインはブダイベラである。いずれの魚も「二対の幅広い門歯」や「各顎の前部に前向の大きい門歯を二本」もつ。ファイシウー（ギチベラ）とアサアープ（クギベラ属）は、突出した口吻をもつ。ポート（テンス）はヒラベラ属の魚で、「睡眠時や危険を感じた時は砂中にもぐる」。「　」内は魚類図鑑にある記載である（吉野・益田・荒賀 1975）。

ニヤネワンは、上下の顎に二本ずつの前歯をもち、女・子どもを食べようとするとき、口を突き出してさがしまわる。普段はどこにいるのかわからずなかなかみつからない。このように、魚の形態や習性とニヤネワンのイメージ像が結びつけられている。現実に存在する魚の形態や習性をいわば組み合わせたコラージュ像が超自然的存在の可視化されたイメージになったと考えられる。このほか、以下の魚もイケプットとみなされており、おおむね女性、子どもは食べていけないとされている。

7．アシンノイ（ヘラヤガラの一種）　この魚もタクンノンと同様に細長くて骨ばかりのようにみえるので、女性、子ども、青壮年の男性は食べてはいけないとされている。

8．ニカセラック（ツノダシ）、タユス（ハリセンボン）、ニファイファイ（ハコフグの一種）、ノール（モヨウフグ）。以上の魚は、活動が不活発であり、女性、子ども、青壮年の男性は食べることができない。

9．ニップルウォロール（キツネアマダイ）　先述したニッパルとおなじく、骨が弱いと考えられており、女性、子どもは食べられない。

老人の魚

これまで挙げた魚を食べると、人問がなんらかの身体的異常や悪影響をうけると考えられている。ただし、人間の側からするとすべての人びとが一律に「悪い」影響をうけるとはかぎらない。イケプットを食べてもよいのは老人男性である。老人男性は航海や漁撈、あるいはココヤシやパンノキの木に登るような労働の担い手となることがもはや期待されていない。

イケプットにおけるプットという概念には二つの重要な用例がある。一つは、ロープット、すなわち「女性」を表す言葉である。ローは「人間」の意味で、女性は男性（ムワァーン）にたいして、「悪い人間」であるという認識がなされている（Alkire 1972）。もう一つは、ヤニュープット、つまり「悪い超自然的存在」の意味で用いられる。ただし、イケプットにふくまれる魚のすべてが超自然的存在との関係性をもつわけではない。

イキンガウとイキファン

イキンガウは「悪い魚」の意味で、このなかにふくまれるのはサメ、エイ、ウツボ、クジラ、イルカなどである。以上の魚が「悪い魚」とされるわけは、イキンガウを食べることは人間を食べる食人行為につながるからである。これらの魚を食べても島民はすぐにムッス、つまり吐き出してしまう。この考えはイケプットとは明らかに異なっている。

イキファンも「悪い魚」を表す。このなかには、月経時、あるいは妊娠して産屋（イムワァニカット）に滞留中の女性が食べることのできない魚がふくまれる。そのなかには、タコ、イセエビ、モンガラカワハギ、ミツカドパイプウニ、ヤシガニ、オカガニがふくまれ、これらの魚や動物を食べると難産になると考えられている。

以上の魚や動物はいずれもサンゴの岩かげや土中の穴に潜んでおり、ひきずりだすのが難しい。もしこうした動物を食べたら、その影響で難産になると考えられている。産屋は第二次大戦後、島にキリスト教が受容されるさいに取り壊されてしまったが、かつて月経時、あるいは妊娠してイムワァニカットに滞留中の女性はカツオ、マグロ、メアジ、タカサゴ、ヒメジ、イスズミ、モンガワラハギ、タコを禁忌とされていた。

特定の魚が妊婦や月経時の女性にとり禁忌とされたのは、超自然的存在が女性の血の匂い（＝ポゴソウ）を忌みきらうからであるという説明をうけた。そして、もし産屋に滞在中の女性がそうした魚を食べると、島に海の資源がもたらされないと人びとは考えている。この場合、特定の魚が女性の血の匂いと対立するものであり、同時にサタワル島民にとり重要な食料資源であることが要点である。

以上の魚介類は森に棲むとされる女性の超自然的な存在がもっとも嫌う海の匂いを表すものである。森のヤニューであるニヤネワンは魚の匂いとともに人間の血の匂いや性器の匂いをもっとも嫌うと考えられている。以上みたように、サタワル島においては「悪い魚」が人びとの自然認識上、あるいは生活や社会を維持するうえで避けるべきとされていることがわかる。

病気の治癒と禁忌魚

サタワル島では、病気に罹患したさいに特定種類の魚を食べることをひかえる慣行がある。なんらかの病気になった個人は、一般にサフェイ（Saefey）とよばれる薬をほどこされる間、あるいはその病気が治癒するまで、特定の魚を食べることを慎む。本項では特定の病気と魚の関係についての例を示そう。

マープェル

皮膚病の一種で、口腔内がザラザラするとか、皮膚にできものができる。この病気にたいするサフェイをうける人はタコを禁忌とする。タコを食べていけないのは、タコにイボがあり、身体に生じたイボが悪化すると考えられているからである。また別の理由として、タコは一日のうち時間により体色を変化させる。人間もこの病気になると、皮膚の色が青くなったり、黒くなったりする。ある島民によると、タコの体色は朝にロノプン（黒色）から昼間にプウェレプェル（白色）、夕方にチャ（赤色）に変化する。そこでタコを食べてはならないとされている。

マイナップ

全身に痛みと発熱を生じ、皮膚が赤くなる病気である。この病気になってサフェイをうける人は、赤い色の魚を食べることはできない。赤色の魚はイキパラパルとよばれる。パラパルは「赤い」の意味である。「赤い魚」には、マツカサウオ、ニジハタ、バラハタ、ユカタハタ、キントキダイ、トガリエビス、アオスジエビス、ヒメフエダイ、アカブダイなどが相当する。これらの魚を食べると、身体が赤くなる異常な状態が持続するので病人は食べることを控える。

ファーイ

体の痛みのことで、特定のサフェイをうけている間はシマスズメダイ（ソンまたはプワァニ・ファーイ）を控えるべきとされる。この魚はふつうソンとよばれるが、別名でプワァニ・ファーイともよばれるのは、サンゴのまわりを動きまわる（プワァニ）からである。ファーイは「痛み」とともに「岩、固いサンゴ」を表す。岩のまわりをウロウロしている魚を食べることは、痛みのまわりにこの魚（あるいはその属性）がウロウロすることにつながる。すなわちソンは痛みを悪化ないし、持続させると考えられている。

別の島民男性がのべた魚はまったくちがっている。そのなかにはダツ、キヘリモンガラ、キツネブダイなどがふくまれる。ダツは長い両顎でときたま人間を攻撃するので、病気がひどくなる。キヘリモンガラとキツネブダイは頑丈な歯でサンゴをかじりとって食べる。この場合も病気がひどくなると考えられている。共通していえるのは、ファーイという病気による全身の痛みが魚に刺されたり、噛じられる場合の症状と類似しているとみなされていることである。また前記の魚は他入と一緒に食べる場合にのみ適用され、単独で食べるのならよいとされている。

マサパル

盲目のことで、マースは「眼」、パールは「開かない」ことを表す。この病気にかかってサフェイをうけるものは、コバンアジ、ヒレナガカンパチ、ヒラアジ、ミノカサゴ、オコゼ、オキアジ、サギ、マダラタルミ、コショウダイなどを食べることができない。これらの魚がなぜ盲目と関係があるのかについて、個々の魚ごとに説明をうけることはできなかった。ある島民によると、このなかにはヒラアジのように群れで浜の方をめがけて突進してくる魚が多くふくまれている。こうした魚は眼が悪いので間違って浜の方へ泳いでくる。コショウダイの場合、この魚をやすで突きさすと、ちょうど盲目になったように必死で暴れる。オコゼとミノカサゴは逆にじっとしていて動かずにいる。これらの魚は眼が悪いからだ、という説明をえた。別の男性によると、ハタの仲間のメタイン、プェネなども、魚を釣りあげると魚の眼球が突きでるからという。

ウープワァイナン

鼻血の出る病気で、サフェイがほどこされる間、タコとシャコガイが禁忌となる。なぜなら、タコの頭部にある墨やシャコガイの内臓は薄い膜につつまれており、やわらかくて破けると、なかから内容物がでてくる。タコやシャコガイを食べると、その影響で袋が破れて血が鼻から出てくる恐れがあるからだと説明された。別の人によると、この病気にかかると、オカガニ、浜ガニ、ヤシガニとシャコガイの一種であるシャゴウを食べることができないという。カニやヤシガニは穴からでてくる動物である。カニやヤシガニを食べると、その属性の影響で鼻血が鼻腔からでてくると考えられている。シャコガイの場合、その匂いが悪いので鼻血が出るとされる。ただし、小型のシャコガイ（ヒメジャコ）は食べてもよいとされている。

ウォロン

喉づまりにともなう病気で、ウォロンは「喉」の意味である。この病気にたいするサフェイを摂取する間、慎むべき魚には、アズキハタ、ニジハタ、アカハタ、バラハタ、ハタの一種（ラヌヌファイムォ）、アカハナなどがある。通常、底釣り漁により漁獲されるさいに魚の喉部が口から飛びだす。こうした魚を食べると、喉が一層つまるとみなされている。別の島民からはおなじハタの仲間でも、ヒトミハタだけが禁忌となり、ヒトミハタの近縁種については禁忌とならないという説明をうけた。ヒトミハタが少し大きな口をもっており、喉が大きく飛び出すことに注目した説明かもしれない。

モール

動悸・息切れのことで、この病気で死ぬこともあり、控えるべき魚は前述の喉の病気の例とおなじである。なお病気がいったん治癒しても、これらの魚は食べてはいけないとされる。

サウ・サフェイの忌避すべき魚

以上のべたように、病気に応じて特定の忌避すべき魚が対応している。ある魚が忌避されるわけは、病状を悪化させるからとする説明がほとんどである。病人だけでなく、病気を治療するサウ・サフェイ自身も特定の魚を食べることができない。この点について、サウ・サフェイが忌避魚を食べれば、魚の属性が人間にもおよび、病人をなおす知識や能力が相殺されてしまうと考えられている。

セラウとチェップ

たとえ特定の魚を食べなくとも、その魚を調理した場所に接触することにより人間が影響をうけるとされている場合がある。セラウはカマスであり、サメよけの儀礼をおこなうことのできる特殊な技能をもつ人（第5章参照）以外の人はふつうにカマスを食べることはできる。しかし、日常で使う石蒸し用の地炉とは別に、カマス用の地炉を特別に用意しなければならなかった。この地炉はウムイ・セラウとよばれた。もしカマスを食べなかった誰かがこの地炉を足で踏むようなことがあると、その人は海でサメに喰われると考えられていた。調理し終った地炉は土中に埋めなければならなかった。

ヒラアジの一種であるチェップにも特別の扱いが必要とされていた。ふつうの人がヒラアジを食べるさい、日常使う地炉とは別の地炉で調理しなければならなかった。この地炉はヤガタイ・チェップとよばれた。ヤガットは「火」の意味である。ココヤシの外皮を燃やしてこの魚を食べる場合にも、その殻はヤガタイ・チェップとよばれる。魚を焼いたあとの灰を、もし眼病の人が踏みつけると、病気が悪化するのですぐ土中に埋めなければならなかった。

生魚とタコと乳幼児

イキ・エマスは「生魚」を意味する。エマスは「生の」ことを指す。イキ・エマスを乳幼児のそばにおいてはならないとされている。もしイキ・エマスが乳幼児のそばにあると、その乳幼児は下痢をしてくさい便をだすと考えられている。乳幼児の下痢便は生の魚の匂い（ポーヤッチ）と似ているという。こうした規制は乳幼児がよちよち歩きできるまで守らなければならない。別の島民によると、イキ・エマスを子どもにあたえてはならないわけは、イキ・エマスを子どもが食べると、その子どもはマウォロールとよばれる病気になるという。マウォロールは下痢をともなう病気であり、このインフォーマントはヤメーバであると説明した。ヤメーバはアメーバ赤痢を指している。

ナマズと薬

世界にはナマズの仲間（ナマズ目）は三九科におよび（小早川 2016）、三〇〇〇種以上が南北アメリカ、ヨーロッパから中東、アフリカ大陸、北アジア・東アジア、東南アジア、ニューギニア、オーストラリア、インドに広く分布する。ナマズについての広範囲な分野にわたる論集が最近、出版された（秋篠宮・緒方・森編 2016）。そのなかで、世界規模での論考ではないが、ナマズ料理については刺身、蒲焼き、白焼き、熟れ鮨、すき焼き（じゅんじゅん）、煮付け、柳川、山椒焼き、天ぷら、焼きナマズの寿司などがある（緒方 2016; 堀越 2016）。ナマズの禁忌については京都の三嶋神社における皮膚病治癒の願掛けとしてナマズが禁食とされる（友田 2016）。ナマズを薬とする事例については、古代エジプトやプリニウスの『博物誌』を引用した論文がある（寺嶋・荻生田 2014）。このなかで、咽喉の病気、坐骨神経痛、便秘、難産などの症状にはナマズの塩漬けや煮汁などが使われた。皮膚に食い込んだ武器を除去するさいに、ナマズの肉を患部に塗り付けるとよいとされていた。皮膚病のシロナマズ（尋常性白斑）はエジプトでナイル川河畔の植物の樹液を患部に塗る民間療法がある。日本でも熊本県阿蘇の遥拝神社に皮膚病祈願のために絵馬を奉納する（滋賀県立琵琶湖博物館編 2003）。最近ではペルシャ湾の海産ナマズであるオオサカハマギギ（*Arius bilineatus*）の皮膚から分泌される脂質成分が血止めのほか、糖尿病、背筋痛、抗ガン剤などの有効成分を持つことがたしかめられている。

第6節　菜食主義と動物福祉論

魚食における話題として、個人の主義による肉食・魚食の禁止を主張するベジタリアンの場合と、魚をふくむ動物を殺戮して消費することが動物愛護の主張に反するとする動物福祉論にふれて魚食の制限、魚を殺すことの意味について検討しよう。

ベジタリアン

食に関して宗教的とでもいえる戒律と制限を自らに課しているのが菜食主義者、すなわちベジタリアンである。ベジタリアンにはいくつものグループと菜食の中味について流派のちがいがある。たとえば、ビーガンは完全な菜食主義で、食物だけでなく生活でも動物性の衣服や皮製品を用いない徹底した思想と行動原理をもつ。ダイエタリー・ビーガンは動物性の衣料は差し支えないとする。セミベジタリアンは魚介類や卵、乳製品、はちみつなどを食し、肉は時々食べる習慣をもつ。魚類に注目すると、ノンミート・イーターは、肉を食べないが魚類、卵、乳製品などは食べる。ペスコ・ベジタリアンは天然の魚類や野菜を食べ、乳製品も工業製品でないものは食べてもよいとするオーガニック志向の流派である。以上のほか、魚を食べることは禁じられているが卵はよいとするオボ・ベジタリアン、卵はだめだが乳製品はよいとするラクト・ベジタリアンがある。またマクロビオティックは健康長寿の考えに依拠しており、有機農法や自然農法を重視し、出汁には昆布と椎茸を用い、鰹節や煮干しは使わない。また、白身の魚や手で獲れる小魚を少しだけ使うことができるとする流派もある。

動物福祉と料理法

魚介類の食べ方の究極は生きたままで食べる「踊り食い」である。これにはシロウオ（ハゼ科）、スルメイカ、タコ、ナレソレ（マアナゴの幼生）、シラウオ（サケ科）などの例がある。ユダヤ教やイスラーム教では、生きたままの魚を食べることは血の通う生命を奪うことになるので厳禁されている。すでに述べたが、魚を水中から出すとすぐに死ぬが、カニ、エビ、貝類などは水中から出してもすぐには死なないのでイスラーム教信者が食べることはない。踊り食いは食の美学なのか、あるいは残酷な行為なのか。この問題を動物福祉（アニマル・ウエルフェア）の観点から考えてみよう。

オーストラリアでは動物福祉に関する議論がさかんである。動物福祉法が一九九三年に法制化され、二〇〇六年には「オーストラリアにおける魚類の福祉にたいする取り決め見直し」に関する最終報告が提出された。魚類以外の水産無脊椎動物として、タコ、イカ、コウイカなどの頭足類、ロブスター、クレイフィッシュ（ザリガニ）、カニ、エビが福祉の対象として挙げられている。そして、これらの動物が痛み、損傷、被害などの非人道的なあつかいを受けないように対処すべきとしている。無脊椎動物の非人道的あつかいには、殺すさいに（1）引き裂く、（2）突き刺す、（3）冷蔵する、（4）茹でる、（5）海水の炭酸ガス濃度をあげる、（7）動物を淡水中に入れる、（8）薬物による麻酔などが指摘されている。

中枢神経系が未発達の無脊椎動物の場合、以上のような方法では即死することがないので非人道的な苦痛をあたえるとされている。カナダ・グエルフ大学のユーはそうした処理法を改善するうえで電気ショック法を提案している。甲殻類は一一〇ボルト・二～五アンペアの電流を流せば一秒以内に気絶する。さらにロブスターは五秒で、カニは一〇秒で死にいたるという（Yue 2011）。オーストラリアのサウス・ウエールズ州では中華料理のエビの踊り食いを禁止する法的措置がなされている。これは生きたクルマエビなどをガラス容器に入れ、紹興酒をそそいでエビがもがくのをたしかめ、それを取り出して皿に盛って客に出す。客はエビの皮を手でむしり、食べる料理がその一例である。

魚の殺戮をめぐって

踊り食いが残酷であるとする論拠は、魚介類に苦痛をあたえるからだ。かつて捕鯨を残酷として日本批判がなされた。クジラの人道的な殺戮法がＩＷＣ（国際捕鯨委員会）でも議論された。五島列島・福江島の三井楽沿岸に迷い込んだイルカの群れをこん棒で撲殺するシーンが海外メディアで大々的に報道されることがあった。三井楽漁業協同組合長に直接聞いた話では沖にもどれない瀕死のイルカを安楽死させたことがまちがって報道されたということだ。東北地方一帯では簗（やな）で獲ったサケを一撃で絶命させる（菅 1994, 2012）。その棒は恵比寿（安楽）棒とよばれる（図3-5）。

北米・北西海岸の先住民もサケを絶命させるさいに殺魚棒を用いる。サケを一撃で殺す方法は動物の殺し方としてもっとも合理的である。タイやヒラメの活けメにしてもそうであり、魚が苦痛を感じるかどうか別として、絶命させるのに長時間かけることは問題があるうえ、血を肉にまわさない配慮もある。動物が別の動物を捕食するさい、食いちぎる、窒息死させる、飲み込むなど多様な摂餌様式がある。動物学者の日高敏隆による「動物の文化」についての考えにしたがえば、あらゆる動物はそれ自体の生きざまともいえる「文化」をもっており、文化は人間だけの占有する特権的な性質のものではない（日高 1988）。人間中心主義の立場から動物の殺戮を考えるのではなく、動物にも人間とおなじような人格があるとみなす民族のあることをフランスの人類学者であるデスコラが指摘している（Descola 2005, 2013）。

すくなくとも、動物の殺戮をめぐる議論を残酷であると評価することから進めることには問題がある。殺し方

図3－5　左：サケのたたき棒（山形県遊佐町・牛渡川にある箕輪鮭生産組合所蔵）
右：捕獲されたサケをたたき棒で死にいたらしめる（新潟県・三面川下流部）

についての議論とともに考えたいのは、消費する動物にたいする生命観や、殺したあとのかかわりあいについてである。小さなシロウオから大型クジラまで、人道的な殺戮方法と動物愛護の議論はもっと広い視野からなされる必要がある。

本章で取り上げた魚の禁忌食は大宗教から小規模な社会における慣行まで多様な形で見出すことができる。なぜ禁忌とされるかの説明は一元的なものでは決してない。しかし、食べるとその悪い影響が人間におよぶとする感染呪術の考えは広く存在する。もちろん良い影響がおよぶとする考え方もある。医食同源の思想がそうである。これについては第7章で取り上げ、次章ではさらに視点を広げ、魚を非食用目的に利用する場合について検討してみよう。

第4章　有毒魚と有用魚―非食用の博物誌

魚が食物として利用される場合、その部位はたいてい筋肉や生殖巣（卵巣・精巣）である。いっぽう、食用とされない部分は骨や歯、鰓、皮、内臓などである。もちろん、食用・非食用の区別は魚の種類や地域の食文化、調理方法、非食用のための加工技術などによって大きく異なっている。

本章では非食用とされる魚、あるいはその部位別の利用例を広く取り上げよう。このなかにふくまれる魚は、（1）食用、ないし接触により死にいたるか、有害となるので破棄される有毒魚と、（2）衣服や道具、武器、あるいは鑑賞の対象となる有用魚の二つに大きく整理することができる。つまり、食べることや接触することで人間を死や病気にいたらしめる魚や、生活や芸術に重宝とされる魚、人間を殺傷する武器となる魚、さらには娯楽や癒しをあたえる魚までがあり、魚の非食用的な利用形態はじつにさまざまである。本章はこれらの諸事例を検討し、非食用とされる魚の多様な利用について明らかにしてみたい。なお魚以外の水産動物についてもあわせて検討しよう。

第1節　海の生き物と毒

世界では、人間にとり有毒となる海の生き物が広く知られている。食べることによるだけでなく、接触するだけで危害がおよぶこともある。毒を摂取、ないし毒に接触した人間は、下痢、嘔吐、呼吸不全、発熱、痙攣、視覚異常などの症状を誘発し、場合によって死にいたる。

海の毒は一般にマリン・トキシン（marine toxin）とよばれる。なぜ、海の生き物が人間に毒をもたらすようになったのだろうか。かつては、その生き物に毒がもともとあるとする内因説があった。しかし、中毒をもたらす多くの要因は有毒成分をもつ海中の微小な渦鞭毛藻類などが食物連鎖を通じて高次の消費者に取り込まれる結果とする外因説が認められるようになった。毒素は脊椎動物の魚類だけでなく、貝類、クラゲ、ナマコ、イソギンチャクなどの無脊椎動物の筋肉や生殖巣、皮膚、唾液腺に蓄積される。蓄積された毒は、食物連鎖を通じて生物濃縮され、これを摂取、ないし接触することで中毒症状が発症する。海の毒は海洋生態系と深くかかわっているのである。以下、海の有毒生物について個別に検討したい。

フグ毒

海の有毒生物の典型がフグである。日本各地でフグの骨を出土した縄文遺跡は北海道から沖縄（与那城村）まで広範囲にわたっている。東京湾内にある縄文時代の姥山遺跡（千葉県市川市）の竪穴住居址からフグの骨とともに成人男女各二体と子ども一体の人骨が見つかった。このことをもって縄文時代のフグ中毒の例とする説もあるがきちんとした証拠があるわけではない。沖縄の与那城村の宮城島シヌグ堂遺跡と土佐清水市の片粕遺跡からのものはイシガキフグである。このフグはハリセンボン科の仲間で卵巣も食用可能であるが、厚生労働省は食用不可としている。縄文時代、フグには毒がなかったとする山崎幹夫の仮説もあるが証明されてはいない（山崎・中嶋・伏谷 1985; 山崎 1995, 2000）。

山陰では米子市の陰田遺跡や目久美遺跡、松江市の西川津遺跡などからかなりの数の大型フグの骨が出土している。青谷上寺地遺跡でもフグの骨が出土している。これらの遺跡を時代ごとに調べてみると、弥生時代の始まりの層からはまったくフグの骨は見つかっていないが、弥生中期～後期にかけての層からは四〇点近いフグの骨が見つかっている。それもかなりの大型のもので、時代とともに外洋で大型のものが捕獲されるようになった可能性がある。

中国古代の『山海経』は戦国時代から秦・漢時代（紀元前四―三世紀）の地理書であり、そのなかの「第三北山經」に「食其肝殺人。……大者尺餘、腹下白、背上青黑、有黄文。性有毒、……其形状也。一名河豚……魚赤目赤鬣者食之殺人」とあり、フグ毒が当時知られていた。現在、フグの食用可能性について国や都道府県ごとの規制がある。一般的にフグの仲間の筋肉は食用可能であり、肝臓や卵巣は食用とされないが、皮や精巣は種類ごと、漁獲される地域ごとに可食性の可否はちがう。

では、海中の魚や動物はフグを食べて死ぬことがあるのだろうか。フグを食べた動物が死ねば、その情報は同種の他個体には伝達されない。魚介類にはフグを食べない情報が遺伝的に組み込まれていることが考えられるが精査されてはいない。フグは攻撃されると体を大きく膨らませて摂食されないように自己防衛する。皮膚に毒腺のあるフグは捕食者の忌避行動を促すのだろう。いずれにせよ、死にいたる毒をもつフグはこれまで生き続けてきたわけで、その意味をさぐることは重要な課題であり、多くの論考がある（吉葉 1989; 清水 1989; 野口 1996）。以下では、海の生物が引き起こすさまざまな中毒について取り上げてみよう。

フグの仲間は大きく、フグ科、ハリセンボン科、ハコフグ科にわかれる。このうち、ハリセンボン科とハコフグ科のものは無毒で筋肉、内臓、生殖巣ともに食用可能である。しかし、フグ科のものは要注意であり、種ごとに可食部位が異なる。フグ科を構成するトラフグ属とサバフグ属とでは、後者のサバフグ属は無毒である。つまり、トラフグ属があぶないことになる。にもかかわらず、その代表例であるトラフグによって命を落とす人は後を絶たない。

一九七五年一月、京都・祇園にある南座の初春公演中に歌舞伎役者の坂東三津五郎さんが市内の料亭でフグの肝を食べて中毒死する事件が起こった。この事件をめぐって、裁判があった。何皿もフグの肝を頼んだ坂東さんが悪いのか、調理のミスによる調理師側に落ち度があったのかが裁判の争点となった（横瀬 1984）。

二〇一六年春にフグ毒に絡む検挙事件が大阪であった。フグ料理店が客にトラフグの肝を提供したことで店主ら八人が食品衛生法違反の疑いで逮捕された。大阪は北九州とともにフグ食のさかんな地域である。養殖物のフグが比較的安値で提供されていることもあり、フグ人気は安定している。二〇一六年六月下旬、やはり大阪市北区天神橋のスーパー店で有毒部位をふくむフグが丸ごとパック商品として売られていたことが発覚し、六月末現在、大阪市が食品衛生法違反などの可能性について調査中であった。問題のフグはマフグであり、肝臓、卵巣、皮膚に毒成分がある。ただし、筋肉には毒はなく食用が可能である。

フグ毒は化学的にテトロドトキシン（tetrodotoxin）とよばれ、青酸カリの五〇〇〜一〇〇〇倍にもあたる猛毒をもち、フグの筋肉、内臓、生殖巣（卵巣・精巣）、皮膚に存在する。フグの種類や部位によって有毒、無毒のちがいがあり、フグの個体によっても毒性の程度が異なる。フグの調理には細心の注意が必要で、素人調理は命取りになることがある。また、フグ以外にもフグ毒に関連した物質がみつかっている（西尾 1991）。

肝食

フグ毒の生物濃縮説に立てば、無毒の餌をあたえた養殖フグの肝や生殖巣に毒は蓄積されていないことになる。じっさい、佐賀県の水産業者が殺菌した海水を用いてトラフグを無毒の餌で養殖し、これを出荷する試みに成功した。そして、トラフグの肝の解禁を国の厚生労働省に申請している。これにたいして、全国フグ連盟は養殖フグの肝を解禁することによって、肝の安全性が一〇〇パーセント認められたとの誤解を生む恐れもあり、ひいてはフグ毒による中毒が増加する危険性もあるとして猛反対している。現在、国の食品安全委員会がフグ肝解禁の是非について議論を重ねており、この問題の決着はまだついていない。無毒のフグ肝はカワハギの肝に似た味がするという。

一方、石川県金沢市の金石(かないわ)や大野地区、白山市の美川町(みかわまち)では、ゴマフグの卵巣を二年以上塩漬けや麹（粕）漬けにした食品がある。検査の上販売されており、珍味の保存食として珍重されている。金沢市内の近江町市場でもフグの麹（粕）漬けが売られている。また、日本海沿岸では福井県高浜町や新潟県佐渡市に類似の食品がある。加工技術次第で、有毒なフグも貴重な保存食品となるわけだ（板垣 2005）。ただし、東京都市場衛生検査場によると、ゴマフグの皮には毒性があり、同様に小さな斑紋をもつショウサイフグも皮が有毒で、コモンフグは皮と精巣が有毒である。また、岩手県の釜石湾、越喜来(おっきらい)湾や宮城県雄勝(おがち)湾産のものは食用不可としている。

フグ以外の肝食の例として、カワハギ、ウマズラハギ、アンコウ、ヒラメ、ウナギ、スルメイカなどがよく知られている。アンコウの肝は通称、アン肝としてカワハギの肝とともに「海のフォワグラ」として賞味されている。アンコウの肝食は日本だけでなく、フランス（Foie de Lotte）や英国（Monkfish Liver）、スペイン（Hígado de Rape）でもよく知られている。フォア、ヒガードは「肝臓」、ロテ、モンクフィッシュ、ラペはアンコウである。肝好きは洋の東西を問わない。日本でカワハギは薄作りを肝醤油でいただく。ウナギの肝は肝吸い、イカの肝はルイベ、肝焼き、醤油漬け、塩辛、炒め物、イカ飯など多様な料理に利用される。

シガテラ毒（ciguatera）

シガテラ毒はサンゴ礁海域の魚で広く知られてきた。「シガテラ」の呼称はカリブ海一帯に生息する大型巻き貝（*Cittarium pica*）がキューバでシガ（cigua）とよばれることに由来する。キューバに移住したスペイン人がこの貝による中毒症状にふれ、その中毒をシガテラ（ciguatera）とよんだのが最初である。なお、この貝はスペイン語でブルガオ（bulgao）ないし単に巻き貝を表すカラコレス（caracoles）、ベネズエラではクイグア（quigua）とよばれ、たいへん人気のある食用巻き貝であり、食中毒例は別としてカリブ海で乱獲されてきた歴史がある。バーミューダでは絶滅し、現在は保護されている。またこの巻き貝の貝殻は装飾品としても利用されている。シガテラ毒のなかにはシガトキシン（CTXIB）やシガテリンをはじめ、マイトトキシン、スカリトキシンなど、二〇数種類の毒素が同定されている。

シガテラ毒をふくむ海の生き物はカリブ海では巻き貝であったが、むしろ魚での発症例が他地域で多く報告されている。そのなかには、バラフエダイ、バラハタ、オニカマス、ウツボ、ヒラアジの仲間などがふくまれ、これらの魚を食べると温度感覚異常、おう吐、発熱、めまいなどの症状を起こす。この中毒はサンゴの表面にある渦鞭毛藻類の毒素成分が藻食性魚類に取り込まれ、その魚が高次消費者により摂食されて生物濃縮を起こし、最終的に魚を食べた人間が罹患する食物連鎖説の代表例となっている。

シガテラ中毒の発症については地域差や魚の個体差があり、おなじ魚種でも無毒の場合がある（橋本 1980）。最近日本でシガテラは琉球列島で多く知られており、沖縄の漁民はシガテラによる中毒症状を「酔う」と称する。最近では本州でもシガテラ中毒による発症例の報告があり、海水温上昇によるサンゴ礁魚類の分布拡大の影響が想定されている。豊洲移転で議論のある築地魚市場では、これまで衛生検査所によりシガテラ毒をもつ魚の販売を中止する措置がある。それに該当するのは、ドクウツボ、バラハタ、アカマダラハタ、マダラハタ、ギンガメアジ、カスミアジ、バラフエダイ、イッテンフエダイ、ヒメフエダイ、イトヒキフエダイ、ムネアカクチビ、キツネフエフキ、サザナミハギなどと、国指定の中毒魚であるオニカマスである。

鹿児島県環境保健センターの岡村俊則らによると、鹿児島県下ではシガテラ中毒を起こす魚の特徴として、腹部の痩せている魚、体重が四キロ以上の魚、内臓の黒い魚、チンガニ（スベスベマンジュウガニの方言名）を食べている魚、胸鰭を逆さにした時、頭部から鰭がはみ出る魚が中毒を起こすとする民俗知識を報告している。また、県下の島じまでも地区によりシガテラ毒の多く発生する地域が住民に知られている（岡村・宮ノ下・西原・吉留

2000a, 200b, 2000c）。ミクロネシアのマーシャル諸島でシガテラ毒魚の存在はよく知られており、調査もおこなわれた（檜山・安田 1972）。

マイトトキシン・パラトキシン

フグ毒とシガテラ毒以外にも、強烈な毒をもつサザナミハギの毒成分はマイトトキシン（maitotoxin）とされている。これは厄介な毒成分であり、化学的にややこしい構造をもっている。その分子量は三四二二と大きく、海洋中ではもっとも毒性が強いと考えられている。サザナミハギの毒は、もともとポリネシアのタヒチで見つかった。タヒチ語でサザナミハギがマイト（maito）とよばれることに由来する。しかし、タヒチとおなじポリネシア地域のハワイでサザナミハギはコレ（kole）と称され、毒はなく、味がよいので調理せずに生のままで食用とされる（Titcomb 1972）。

マイトトキシンのほかにも、分子量が大きく毒性が強い毒素がパリトキシン（palytoxin）で、分子量は二六八〇である。パリトキシンはもともとハワイのマウイ島に生息するマウイイワスナギンチャク（*Palythoa toxica*）から単離されたことで、その属名パリトア（*Palythoa*）の毒として命名された（Moore and Scheuer 1971）。マウイ島東部にあるハナ地区には、この毒をめぐり、つぎのような伝承がある。

ハナ地区の男たちが朝、漁に出て浜に戻ると、一人だけ姿が見えない。いぶかしげに思った村人は村の高台にある崖に一人で住むせむし男のせいにちがいないとして押しかけてつめより、せむし男の着ていたタパのマントを引きはがすと、その男は大きな口に三角形をした歯をもっていた。村人はこのサメ神が人を襲って食べたことを知る。激怒した人びとはサメを切り裂いて燃やし、その灰を浜の潮だまりに投げ捨てた。しかし、その灰はイソギンチャクに姿を変えた。のち、そのイソギンチャクからとれる毒をヤスや短刀の先に塗って使うと相手を死にいたらしめることができた。こうしてサメ神のもたらす災いが消えることなくのこることとなった。

一九六〇年代以降、ハワイ大学グループがマウイ島で「ハナの毒海藻」(Limu Make O Hana) の謎を解明するために潮だまりからサンプルを採取しようとした。この潮だまりは現地でタブー領域とされていたが、研究者らは迷信であるとして採取したサンプルを分析した結果、先述したように地上でもっとも猛毒とされるパリトキシンが抽出された。ただし、話はそれだけで終わらなかった。研究者がタブー領域を侵犯した同日、オアフ島東部のカネオヘ湾のココナッツ島にあるハワイ大学・ハワイ海洋生物研究所で火事があり、実験棟が炎上した。なお、ハワイ語でリム (limu) は水中の植物に広く適用される概念であるが、動物であるマウイイワスナギンチャクもリムの仲間とされている点は興味深い。

パリトキシンは魚ではソウシハギやアオブダイからみつかっている。日本では、アオブダイを食べて死亡した例が相次いでいる。一九八三年、三重県で二人が食中毒となり、うち一名が死亡した。一九八九年に宮崎県で六名が食中毒になり、二〇一二年長崎県で三名が発症し、一名が死亡した。二〇一五年にも宮崎で一名が死亡している。いずれも、三重県のほかは九州での報告例である。アオブダイは刺身、煮つけ、てんぷらなどとして食べられたようだ。

なお、毒素の強さはふつう半数致死量、すなわち投与した動物の半数が死亡する用量を指し、リーサル・ドーズ・五〇パーセント (Lethal Dose, 50%) を略して LD_{50} と書く。マウスへの静脈注射によるパリトキシンの LD_{50} は〇・〇〇〇〇五～〇・〇〇〇一 mg/kg で、テトロドトキシンの場合は〇・〇〇八 mg/kg である。いかにパリトキシンが微量で致死率の高いかがわかる。

貝毒

貝を摂食して下痢、おう吐、神経麻痺、記憶喪失、視覚異常などを発症するほか、フグ毒とおなじように死にいたることもある。貝毒の種類もさまざまであり、たいてい毒成分はウロ、つまり中腸腺に蓄積される。ホタテガイがわかりやすい例であり、貝柱やミミ（外套膜）や生殖巣は食用とされるが、暗褐色の中腸腺には貝毒が蓄積されるので食べないほうがよい。アワビやサザエのワタも生殖腺と中腸腺をふくむ部分が有毒である。アワビのワタは東北地方でトシル、トッツルなどとよばれる（吉田編 2015）。

魚市場でツブとよばれる巻き貝にはエゾボラ科、エゾバイ科、フジツノガイ科、テングニシ科などの貝類をふくみ、広く食用とされる。しかし、筋肉の部分にある通称、「アブラ」つまりやわらかい脂肪のような部分は唾液腺であり、テトラミンという毒成分をふくむことがわかっている。エゾボラ属のムカシエゾボラ、ヒメエゾボラ、エゾボラモドキ、ヒメエゾボラモドキなどや、エゾバイ科エゾバイ属のスルガバイ、フジツガイ科のアヤボラおよびテングニシ科のテングニシに有毒成分がふくまれるので要注意である。

これらの巻き貝は北海道を中心とした北日本に生息しており中毒例も多いが、本州でも報告されている。一九六五年に、静岡県沼津産のバイによる中毒例から、スルガトキシンと命名される毒が報告されている。毒素自体はテトラミンと構造の類似したプロスルガトキシンとネオスルガトキシンである。中毒の原因が外因性の渦鞭毛藻類によるのかどうかは確かめられていない。

刺毒魚とその他の生物

魚介類が刺毒をもつ例も広く知られている。たとえば、サンゴ礁海域にふつうにみられるイモガイの仲間のうち、アンボイナガイに刺されると猛毒成分で人間が死にいたることがある。この貝は歯舌（矢舌）を介して毒成分を対象の皮膚下に注入する。夜行性で魚食性のアンボイナガイは海中で接近した小魚に毒を注入して麻痺した魚を大きく開いた口から丸のみにする。この貝のLD_{50}は〇・〇一二mg/kgである。アンボイナガイ以外にも、ニシキミナシ、ヤキイモ、タガヤサンミナシなどは刺毒をもつことが知られている。アンボイナガイの毒成分はコノトキシン（conotoxin）とよばれる多種類のアミノ酸が結合した神経毒であり、近年は毒成分が鎮痛剤として利用されている。なお、イモガイの仲間の筋肉は食用可能である（新城・大嶺・吉葉 1996）。

アンボイナガイ以外に、人間の皮膚を刺す、ないし傷をあたえる魚類には以下のような種類がある。オニダルマオコゼは、背鰭の棘条から強力な毒素を分泌する。インド・太平洋に広く分布し、日本では琉球列島、小笠原諸島に生息する。オニオコゼ亜科の仲間はすべて背鰭に毒腺をもつが、本種はとりわけ毒性が強く、刺された人を死にいたらしめることもある。沖縄ではイシアーファとよばれる。死にいたることはないが、刺されると激烈な痛みを伴う魚の例として、ミノカサゴ、アイゴのほか、ウニではガンガゼがある。夜間の電灯もぐり漁でシジャー（ダツの仲間）が電灯の明かりをめがけて突進してくるので、シジャーの鋭い口吻に刺されて大けがをすることもある。ウツボやウミヘビに噛まれることもたまにある。

タコとクラゲの刺毒

ヒョウモンダコは「豹紋蛸」と書くように、体表面に豹のようなまだら模様をもつ一〇センチ程度の小さなタコで、攻撃を受けると体色が黄色くなり、豹紋が青く変化する。このタコは熱帯・亜熱帯海域の浅瀬に生息し、唾液腺にフグとおなじテトロドトキシンをもつことがわかっている。このタコにかまれて唾液腺が体内に入ると呼吸困難から死にいたることもある猛毒性のタコであり、LD_{50}は〇・〇二一mg/kgである。人間の致死量は一～

三ミリグラムであり、オーストラリアでは死者も出ている。ヒョウモンダコは本州の太平洋沿岸域では過去にたまに捕獲されることがあったが、近年、日本海側や瀬戸内海でも捕獲される報告が相次いでいる。大阪湾で一九九九年に発見されたヒョウモンダコの例を大阪市立自然史博物館の有山啓之が報告している（有山 1999）。二〇〇九年以降、島根県の隠岐諸島や若狭湾で網やかご網にかかっているヒョウモンダコが見つかった。二〇一〇年には福井県坂井市沖、長崎県壱岐市や佐賀県唐津市、福岡県の糸島市や福岡市で相次いで見つかっている。佐賀県では二〇一二年四月、玄界灘の加唐島（唐津市）の磯場に捨てられていた空き缶からヒョウモンダコが見つかった。大分県でも津久見市からの報告がある。南方海域に生息するヒョウモンダコが日本にも出現したわけで、熱帯産のヒョウモンダコが海水温の上昇でその分布域を北に拡大したとする説が有力である。

このほか、魚類ではツムギハゼにフグ毒がある。さらに、スベスベマンジュウガニのもつ毒成分は一種類の特定されたものではなく、麻痺性の貝毒であるテトロドトキシンやネオサキシトキシン、ゴニオトキシン、コニオトキシンなどがあり、生息地によって成分の構成比や毒の量が大きく異なることがわかっている（西尾 1991）。

クラゲではアカクラゲやカツオノエボシの刺毒がよく知られているが、最近では沖縄や奄美でハブクラゲが知られるようになった。このクラゲの LD_{50} は〇・〇〇八 mg/kg である。ハブクラゲは箱クラゲの仲間であり、毒腺をもつ種が多い。沖縄でイーゴー、八重山でイーラーとよばれる。箱クラゲについては、一九世紀にエルンスト・ヘッケルの著した『生物の驚異的な形』（*Kunstformen der Natur*）に示されている（ヘッケル 2009）。オーストラリア北部にはハブクラゲよりもさらに猛毒をもつオーストラリアウンバチクラゲあるいはゴウシュウアンドンクラゲがおり、LD_{50} は〇・〇〇一 mg/kg である。オーストラリアでは一八八四年以降少なくとも五五六七人がこのクラゲに刺されて死亡しているという。これ以外にも小型の箱クラゲが知られており、現地のオーストラリア・アボリジニの住む地域名からイルカンジ・クラゲ（Irukandji jellyfish）とよばれる。

幻覚誘因性の魚

地中海から大西洋に生息するタイ科サルパ属のサルパ・サルパを食べると幻覚症状（hallucination）を引き起こす。この魚は古くは古代ローマ時代に幻覚誘因剤として用いられており、アラビア語で「夢を見せる魚」という意味があたえられている。この魚は地中海に分布する海草のポシドニア・オセアニカの群落で繁殖する植物プランクトンを食べることで、体内に毒性が蓄積されるとする指摘がある。この海草は数万年をさかのぼる最古の海草とされており、サルパ毒の起源も古い可能性がある。

序章でふれたとおり、幻覚症状を誘発する魚類としてヒメジの仲間がハワイ諸島で報告されている。古代ローマではヒメジの仲間がよく食されていたが、現代の地中海ではサルパ・サルパとイスラエルにおけるアイゴの例しか中毒の報告はない。しかし、ハワイではヒメジ以外にボラやイスズミに発症例がある。また、ハワイ以外でもアイゴの仲間ではイスラエル以外に、モーリタニア、レユニオンなどインド洋で症例が報告されている。このほか、スズメダイやハタの例がギルバート諸島である。

死にいたることはないが、エビ、カニ、サバによるアレルギー症状や生イカでアニサキスによる胃腸障害を起こす例もある。以上述べた有毒魚や有毒生物の例は世界に広く見られ、科学的な調査により、毒素やその原因などがたしかめられてきた。しかし、世界では有毒魚にたいして独自の発想による因果関係や治療法などが育まれてきたわけで、その一端を次節で明らかにしよう。

第2節　毒魚の民族学

ここでは民族学・人類学の観点から、わたし自身のカロリン諸島サタワル島とヴァヌアツ共和国における調査と、W・H・グッドエナフのカロリン諸島チューク諸島における論述から検討してみたい。

サタワル島の毒魚（1）―イキ・ウォリマ（秋道 1981）

ミクロネシアのサタワル島民は、食べると「死ぬ」か、特定の病気になる魚を総称してイキ・ウォリマとよぶ。イキはイーク、すなわち「魚」を、ウォリは「～をもたらす」、マは「死」を意味する。このなかにふくまれる魚は、フグ、バラハタ、ニザダイ、バラフエダイ、カマス、ヒラアジやハタ、フエフキダイの仲間の一種、アオチビキなどである。

前記の魚は、いずれもサンゴ礁海域やその周辺でふつうにみられる種類であり、日常的な漁撈の対象となる。イキ・ウォリマと認められた魚で絶対に食用とされないのはフグの仲間だけである。つまり、フグ以外の魚は一応「毒魚」とは認められているものの実際には食用とされる。というのは、サタワル島の西方にあるウルシー環礁やウォレアイ環礁、北方のサイパン島、東方のマーシャル諸島のサンゴ礁で獲れる同種の魚のうち、あるものは中毒をおこすと考えられている。サタワル島の住民が考える「毒魚」のうち、フグはいわゆるフグ毒をもつもので、その他の魚は種類からみて一応、シガテラ毒によるものと見なすことができる。

なぜイキ・ウォリマを食べると死ぬのか、なぜ特定の魚に毒があるのだろうか。過去にこうした魚を食べて死んだ人がいたとしても、その逸話や言い伝えはない。ウルシー環礁で発生する中毒は、太平洋戦争当時に沈没した船から出る「毒」を魚が食べたからだ、と説明する人もいた。カロリン諸島は過去にドイツ領となり、のち日本が委任統治し、戦後は米国の信託統治領であった。こうした時代にフグ毒の知識が導入された可能性もあるだろうし、はるか昔からフグ毒が経験知として伝承されてきたことも考えられる。

サタワル島の毒魚（2）―イキ・マーン（秋道 1981）

マーンは「微生物」のことで、イキ・マーンは「マーンをもつ魚」の意味である。魚を食べて「身体がかゆくなる」、「頭が痛くなる」、「眼が充血する」などの病状を呈した場合、その魚をイキ・マーンとよぶ。こうした症候群はマイナップとよばれ、このことからそうした魚はイキ・マイナップとも称される。イキ・マーンの実例についてふれておこう。

わたしがサタワル島に滞在中、一人の幼児がマイナップの病気になった。その幼児は不定期船で島にもちこまれたカツオのくん製を夕食のさいに食べた。幼児は夜間に嘔吐を催し、発熱した。そのカツオはサタワル島西方のラモトレック環礁付近で獲れたものである。ウォレアイ環礁の島民がラモトレック環礁に立ち寄ったさいに入手したものを、サタワル島の親族を訪問するさいの贈り物として船ではこんだものであった。魚は、漁獲後、数日たっていた。

マイナップは魚肉タンパク質の腐敗による中毒症状を指すと考えられる。しかし、前項でのべたイキ・ウォリマを食べることにより、マイナップとよばれる症状を呈するとも人びとは考えているが、外洋魚のカツオにシガテラ毒があるわけではない。

チューク諸島の毒魚（1）―フェイ

カロリン諸島では、フェイつまりエイの尾棘にある毒に刺されると鋭い痛みを発することが知られている。エイの尾棘はのこぎり状になっており、ふれると皮膚を損傷する。のちにふれるが、エイの尾は戦闘用の武器として使われ、接近戦で相手に傷を負わせる。

チューク諸島では、戦闘でエイの棘をもつ武器で負傷した場合や海でエイの尾棘に刺された場合、その傷を治療する知識と能力をもつサウ・マチェウは、負傷者を治療するための呪文に精通している。サウ・マチェウは島の首長からその役目を委託されるとともに、自らエイや、長い口吻をもつダツやカジキマグロ、体に棘をもつイケ・フェヌフェンを食べることは禁じられている（Goodenough 2002）。イケは「魚」、フェヌフェンは「棘のある」の意味で、チューク諸島の西方にあるサタワル島のイキ・ファナファンと同義語である。

チューク諸島の毒魚（２）―パチャウ

海でカヌーの周囲をサメに囲まれるような場合や海中でサメに咬まれた時、あるいは戦闘でサメの歯製の握り具（ニックムチ）によって負傷したようなさい、サメをカヌーから遠ざけ、あるいはサメの歯製武器で受けた傷を治療する技術と知識をもつ人はサウ・パチャウとよばれる。パチャウは「サメ」、サウは「特定の能力をもつ人」を指す。

サウ・パチャウは体に棘のある魚を食べることは禁じられている。しかも、サウ・パチャウはダツ、クワズイモ、マグロは食べることやほかの人と一緒に食事をすることはできない。ただし、相手がおなじサウ・パチャウであれば問題はない。こうした禁忌事項を遵守しないと、サウ・パチャウの能力は消失すると考えられていた。また、サメの害やサメの歯製武器で負傷して治療を受けている人も、治療中、治癒後もサウ・パチャウと同様な食物禁忌を遵守する必要があった（Goodenough 2002）。クワズイモは蓚酸（しゅうさん）カルシウムをふくんでおり、食べると口腔内を刺されたような痛みをおぼえ、サメやダツに噛まれるか、刺された場合と関係している。マグロが禁忌魚とされる理由はわからない。

ヴァヌアツの毒魚

メラネシアのヴァヌアツ共和国では、周辺海域で獲れる魚類のうちサンゴ礁魚類はシガテラ毒をふくむものがあり、海外輸出に不適切とされている。一方、外洋の底生魚は無毒であり、おもにハワイ、ニュージーランドに高級魚として輸出されている。しかし、底生魚を獲る技術は未発達で、手巻きの底釣り漁具が使用されているにすぎない。

調査をおこなった島じまで、シガテラと思われる中毒はたいへん広く知られていた。北部のエスピリトゥ・サント島のポート・オルリーで中毒はカロ、中部のウリピヴ島でアル・エチ、エマエ島でエコナ、南部のアネイティム島でアゲンとそれぞれよばれている。エスピリトゥ・サント島のポート・オルリー以外の三つの村で、共通する中毒魚はスジアラであった。二つの村で共通する種類は、バラフエダイ、イッテンフエダイ、ヒメフエダイであった。フエダイの仲間以外として、ウツボ、ドクカマス、ハタ、フエフキダイ、チョウチョウウオ、モンガラカワハギ、ヒラアジ、コショウダイなどが挙げられた。また、いつも毒があるものと、たまに毒があるものが区別されていた。

エマエ島でなぜ中毒が起こるのかについて聞いたところ、毎年四月から一二月の間はサンゴが新しく成長することはトゥプトゥプ・フォウと称される。トゥプトゥプは「成長する」、フォウは「あたらしい」の意味である。この時期に特定種類のサンゴを食べた魚を人間が食べると中毒を起こすという。サンゴは一般にラセとよばれ、中毒を起こすもととなる種類はラセ・ウティウティとよばれる。潜水中にこうしたサンゴにふれるとその部分がかゆくなるとの説明を受けた。

アネイティム島でも、海中のやわらかいサンゴを食べた魚で中毒になるという。症状としては、吐き気、体のかゆみ、下痢などを引き起こす。中毒はアネイティム島の北東と南西にあるサンゴ礁で発生し、ほかの海域ではおなじ種類の魚でも無毒であるという。中毒をもたらす魚のうち、ネクロと総称されるフエダイの仲間は要注意で、釣りで獲れたフエダイが口から泡（現地語でナサン）を吐きだすようなことがあると、釣り糸を切ってその魚を海に放すという。また、以前は毒のない魚でも、最近、毒をもつ変化があり、その要因は人間が海にさまざまなものを捨てるからとも見なされていた（秋道 1998）。

以上の民族誌例からいくつかの重要な点がわかった。食べて中毒を起こすフグ毒の要因はかならずしも納得できなかった。しかし、サタワル島民はシガテラ毒やフグ毒の原因を魚のなかにいる微生物、マーンのせいであると考えており、自然科学の還元主義的な発想に通じる。ヴァヌアツでは、特定種類のサンゴを食べた魚が中毒を引き起こすと考えられており、自然科学的な研究により渦鞭毛藻類が元凶とされている例とは異なるものの、摂食したサンゴに毒があると認められている点は類似の発想といえる。

一方、咬まれることやエイ・サメの武器により負傷したさいには、治療師の果たす役割がたいへん重要であり、治療師にも特定の魚を食べることを禁忌とすることでその能力を維持することが担保されている。自然科学はいったん中毒症状を発症した場合の措置や、サメやエイの武器で傷ついた人の治療についてあつかうことはないが、当該の社会では治療師の果たす役割が重視されており、生活のなかの知識として息づいていることがわかった。

第３節　道具・衣服としての魚

魚皮と刀剣

サメやエイの皮には表面がざらついた独特の凹凸（楯鱗［じゅんりん］）があり、さまざまな用途に利用されてきた。オセアニアでは、サメやエイの皮は凧揚げ漁でダツを獲る擬似餌やナイフを研ぐヤスリとして用いられた。かつて、第二次大戦時にサメ皮の靴が日本軍により利用された。豪州やニュージーランドをはじめとした国ぐにでは、サメ皮はかばんや財布などのほか、男性用ブーツ、防寒用の衣服、手袋、下着などとして幅広く利用されている。

サメ・エイの皮は日本の歴史のなかで大量に使われてきた。その用途が武士の使う刀の鞘や刀の柄である。刀の鞘としては、軽量化のためにサメ皮を鞘に巻いたものに色付けした漆を塗り、研磨して梅花皮模様を浮かび上がらせたものがある。また、海子鮫は鮫鞘の下部に剥落した真珠状の粒を入れこんで細工したもので入鮫とよばれた。京都国立博物館所蔵の「牡丹造梅花皮鮫鞘腰刀拵」は重要文化財（一四世紀）となっている。江戸時代の浄瑠璃・歌舞伎の演目にも『桜鍔恨鮫鞘』や『助六』のなかで助六が腰に「一つ印籠と鮫鞘」を着けていたことからも、鮫皮の鞘が貴重品であったことがわかる。

刀剣の柄にもサメやエイの皮が利用された。古いものでは、正倉院にある奈良時代の「金銀鈿荘唐大刀」は美術品としても最高級のものとされている（出口 2007）。全長九九・九センチの大刀の柄は「鮫皮巻」、つまり鮫皮を巻いたものである。サメ特有のザラザラした突起ではなく、粒状で真珠の鱗をもつことからエイの仲間とされている（出口 2006; 2007）。

日本で刀剣の鞘や柄として用いられたサメ皮は、国内産の素材だけを使ったのでなく、多くの場合、東南アジア方面から輸入された。江戸時代に「鮫皮」とされたものはサメではなくアカエイの仲間であった。第1節でもふれた背鰭に毒棘をもつアカエイの仲間のなかでも、インド・太平洋に広く生息するツカエイは良質な皮をもつことで日本に大量に輸入された。皮革技術を専門とする竹之内一昭によると、産地に応じて、最上等級品はチャンペ（ベトナムの占城）、ついでカスタ（東埔寨はカンボジア）、サントメ（聖多黙はインドのコロマンデル地方）からであった。いずれもアカエイの仲間であり、背中に真珠のような粒状の隆起があり、装飾性に優れるとともに握ったときに滑らない機能性を有していたので重宝された（竹ノ内 2013, 2016）。

皮革貿易に関していえば、江戸時代を通じてさまざまな種類のものが輸入されている。鹿、牛のほか、象、虎、犀、水牛、熊、蛇、ラッコなど多様な動物がふくまれ、鹿にも山馬鹿、大撰鹿、中撰鹿、緑鹿、こびと鹿など何種類もがあった。時代とともに輸入される皮革の種類は江戸時代の前期・中期・後期とでは異なっている。後期には鹿皮や牛皮はほとんど輸入されていないが、鮫皮だけは恒常的に多い。たとえば、一八一一（文化八）年から一八二〇（文政四）年の一〇年間に、鹿皮は六六一枚、赤牛皮は四四一三枚、黒牛皮は一〇七六一枚、羊皮は一二〇〇枚であるが、鮫皮は二六〇六八枚となっている。また、鮫皮は、鞘鮫、柄鮫、海子鮫の区別がなされる時期があった（永積編 1987; 下山 2005; 森中 2006）。日本では、わさびや大根をおろすためのおろし金は銅製、ステンレス製以外に、サメ皮製のものも珍重されており、サメ以外にエイの皮を使うことがある。

たとえば、琉球から中国にサメ皮が輸出されることもあった。『歴代宝案』によると、一四三四年の朝貢のさい、琉球から鮫皮四〇〇〇張とともに螺殻（ヤコウガイの殻）八五〇〇個と海巴五五〇万個が貢納品として福建に運ばれた（秋道 2016a）。

魚皮と衣服

サケの皮と筋肉は食用とされるほか、サケ皮を靴や衣服として利用する民族がいる。典型的な例がツングース系のホジェン族（赫哲）であり、四千数百人ほどが中国黒竜江省に住む。ロシアではナーナイとよばれ、人口は一万五〇〇〇人ほどでサケ・マスなどの河川漁撈をおこなう。

北海道アイヌも、ニレ科ニレ属の高木であるオヒョウの内皮繊維を織ったアットゥシ（厚司）の上に毛皮、アザラシの皮、サケやイトウ皮製の羽織を着ることがあった。この場合、サケ皮から鱗を取り去り、木槌でたたいてなめしたあと、板に張り付けて乾燥する。イトウは国内最大の淡水魚でありアイヌ語でチライとよばれ、丈夫

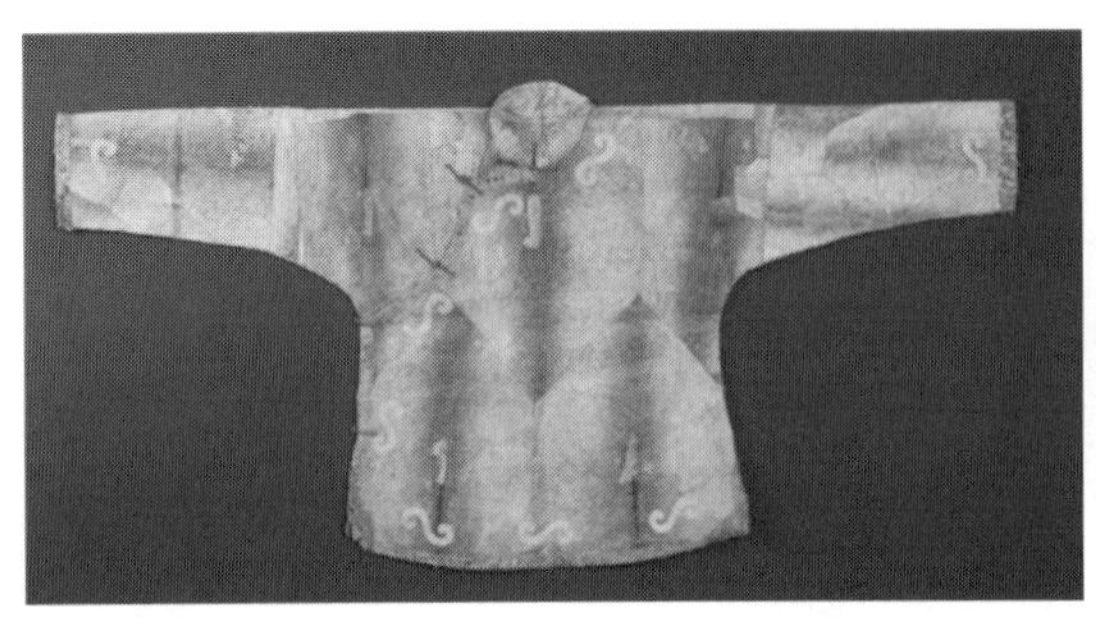

図4－1　サケ皮の衣服と靴
衣服（左）はホジェン（赫哲）族、靴（右）は北海道アイヌのもの。

な皮がサケ皮とともに利用された。

アイヌはサケ皮から作った靴を使った。これはチェップ・ケリとよばれ、軽くて水をはじく機能的なものであった。靴一足を作るのにサケが四本必要であり、産卵後のサケ皮は丈夫であった。また、靴底にはサケの背びれの部分が使われ、雪道での滑り止めの役目を果たした。靴には坂道の上り用と下り用があり、背びれの先端が内向きのものは下り用、外向きのものは上り用とされた。鮭皮の靴は、あらかじめお湯で温めて柔らかくしてから履きやすくし、靴底に干し草や木の皮などを保温のために入れた（図4－1）。

ヌタウナギはヤツメウナギに近縁の円口類の仲間（顎のない無顎類）であり、ウナギとは系統発生上異なる。ほとんどが温帯の深海に生息し、底曳網漁などで漁獲される。ヌタウナギの皮はイール・スキンとよばれ、牛革よりも強度があり伸縮性にも優れている。このため、高級な財布、小物入れ、靴、かばんなどとして韓国や米国を中心に加工されている。近海での乱獲もあり、日本や米国からヌタウナギを輸入している。日本の秋田、新潟、長崎などで食用とされるが一般的でない。韓国ではヌタウナギをコムジャンオ、モクチャンオとよび、焼き物や炒め物とされているが、米国では食べる習慣がなく皮のみが利用されている。

このほか、ハリセンボンやフグの筋肉や内臓を除去し、皮をふくらませたフグ提灯は商売繁盛や家業繁栄、魔除けの縁起物として全国各地で知られている。

第4節　海の武器

アジア・太平洋の海の世界では、海とともに生きる人びとの平和で豊かなくらしがつねにあったわけではなく、戦闘がさまざまな地域と場面で起こった。民族学の調査が本格的に開始される二〇世紀以降にオセアニア各地で記録、収集された戦闘用武器の存在がそのことを物語っている。以下、オセアニアの人びとが戦いや争いのさいにどのような武器を使ったのかについて取り上げてみたい。

オセアニア世界の戦闘

一八世紀末、英国のJ・クックがポリネシアのソサエティ諸島のタヒチ島で見たのは、多くの戦士を乗せた巨大なダブルカヌー（双胴船）の船団が戦勝祈願の儀礼をおこなっている光景であった。当時、ソサエティ諸島の島嶼間では首長国同士の熾烈な権力闘争があった。ヨーロッパ人との接触を通じて鉄器やマスケット銃を入手したタヒチ島のポマレ一世は戦闘を優位に進め、継承したポマレ二世が一八〇五年にタヒチを統一し、ポマレ王朝を建国している（石川 2006）。銃器や鉄器の導入以前のポリネシアにおける戦闘では、やす、こん棒、弓矢、投石具、ダガー（短刀）などが用いられた。なかでも、こん棒は地域や島じまにより多様な形態のものがあった。たいていは木製のものが製作されたが、ニュージーランドのマオリ族は鯨骨やヒスイ製のこん棒も使った（Montague 1921）。

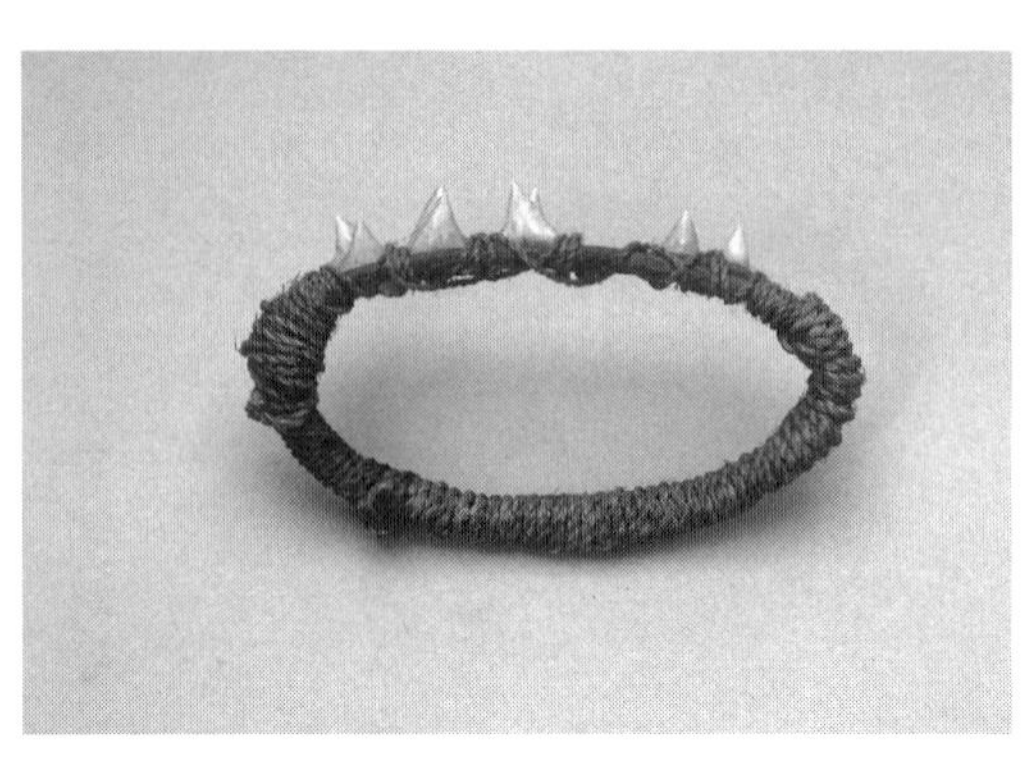
図４－２　サメの歯製握り具（ミクロネシア・サタワル島）
（国立民族学博物館・所蔵）

サメの歯製武器

戦闘用によく用いられたのがサメの歯製武器である。サメの歯の先端は鋭利で堅牢であり、武器として殺傷力にすぐれている。捕獲したサメの歯を木製のこん棒や長い槍、あるいはにぎり具に装着した武器が用いられた。サメの歯製武器はオセアニア地域のなかでも、ミクロネシアのカロリン諸島、ギルバート諸島で、ポリネシアではハワイ諸島で用いられた。たいていは片手で握りしめて使うもので、カロリン諸島では三～六本のサメの歯を装着したものはラセラスとよばれる（図４－２）。また、女性はサメの歯を一～二本装着した武器を護身用として腰布の内側に隠しもっていた。二〇世紀前半のドイツのハンブルグ探検隊の調査報告書によると、ラセラスはファララップ、ヨールピック、イファルク、ウォレアイ、ラモトレック、サタワルなどの中央カロリン諸島の島じまで用いられた（Damm 1938）。

サメの歯以外に、魚の棘が利用されることもあった。たとえば、ラモトレック環礁では、ラセラスを作るのにイグ・エ・ヴァレヴァルすなわち「トゲのある魚」を用いた。このなかにはミノカサゴ、テングハギ、ハリセンボンなどがふくまれ、魚の胸びれ、口吻、尾などの部分が用いられた。

サメの歯付きの握り具以外に特徴的な武器はこん棒である。ギルバート諸島では短刀型の武器にサメの歯を装着したものもあるが、おおくは長いこん棒が用いられた。長さは二メートルから三～五メートルのもので、サメの歯を装着した先端部が三叉状のものや全体が刀剣状に湾曲した武器がある。こん棒には多くのサメの歯が装着されており、サメの歯が全部で一〇〇本以上に達するものもある。ギルバート諸島で用いられたサメの歯製武器のうち、シカゴの自然史博物館所蔵一七〇点の分析から一七種のサメが同定された。そのうちの二種は現存しないこともわかった。乱獲によるものかは断定できないが、ギルバート諸島民はサメをかなり多く利用したことは明らかだろう（Drew *et al.* 2013）。ポリネシアでは、とくにハワイ諸島においてこん棒が発達しており、しゃもじ型、大型の握り具として使うものなどがある。サメの歯の装着方法にもさまざまな工夫がなされた。

海の戦闘具

サメの歯以外の武器として興味あるのがエイの仲間である。なかでも、淡水域に生息するノコギリエイの仲間は、突出した口吻の両側に細かい歯を数十本もつ。口吻の部分を切り取り、そのまま戦闘具として使っていたのはニューギニア南部のフライ川流域の住民である。同様に、フィリピンでも金属器導入前、ノコギリエイの口吻部分を武器とした。歯を抜いて木の板に差し込んで武器とすることもあったようだ。ギルバート諸島ではエイの棘を束にしたものをココヤシやマングローブの木製こん棒（一・二～一・五メートル）の先につけたテバカボタとよばれるこん棒が知られている。

エイの仲間には、尾鰭の横に鋭い棘を二本もつ種類がある。この棘を棒の先端に取りつけた武器は、通常の戦闘ではなく嵐を鎮めるため、天に向かって突き刺すしぐさをして呪文を唱える慣行があった。この道具はカロリン諸島サタワル島でウォソノ・ファーイとよばれ、遠洋航海のさいに発生する嵐を鎮める儀礼的な行為の一環として用いられた（土方 1975）。サタワル島ではもっとも強い風は「台風」に相当すると思われ、島民はこれをマニマンと称して恐れている。島民は嵐を起こすのが天の神であるとしても、政治的・経済的な優位にあるヤップ諸島の首長が東方の島じまを呪術的にも支配すると考え、ヤップ島の優勢性は嵐を引き起こす力をもっているからと認識されている（須藤 1991）。

ギルバート諸島では、戦闘のさいに独特のヘルメットがかつて使用されていた。それがハリセンボンの皮を使ったヘルメットである（図4-3）。現地で、テ・バランタウティと称される。タウティはギルバート語でハリセンボンを指す（Lobel 1978）。

以上のように、オセアニアではサメの歯、エイの口吻部、尾鰭などを使った武器が接近戦で広く用いられてきた。サメの歯製の武器はオセアニア地域の大きな特質であり、刀の柄にサメ皮が使われた日本と好対照となっている。

図4-3　ハリセンボンのヘルメット（ミクロネシアのギルバート諸島）

第5節　水槽の癒し空間

水族館に行くと、色とりどりの熱帯魚がサンゴのあいだを泳ぐ水槽を見ることができる。さまざまな色彩模様をもつ熱帯魚が泳ぐ水槽は、南海の世界へのあこがれを抱かせるとともに、われわれの心を和ませる不思議な力をもっている。クマノミ、チョウチョウウオ、キンチャクダイなどの派手な模様をもつ熱帯魚は世界の熱帯・亜熱帯のサンゴ礁海域に生息している。水族館は海の自然史の普遍的な側面を展示する一大装置であるが、展示されている魚類は地域を超えてグローバルな市場経済のなかで輸送されてきたものである。

熱帯魚への誘惑—食用と鑑賞

熱帯に生息し、食用とはされないが鑑賞の対象とされる魚を水族館でじかに見ることができる。熱帯鑑賞魚のいる水槽は、タイ、ヒラメ、アジ、イセエビなどの活魚を客に提供する日本の生け簀料理屋とはちがう。水族館で飼育されるタイと、料理屋の生け簀で泳ぐタイとはその運命がちがっているとしても、両者ともに人間に利用されている点ではかわりない。

熱帯・亜熱帯産の魚でも、食用に提供する生け簀や水槽は中国の海鮮料理店でふつうに見ることができる。香港の九龍（クーロン）や香港仔（ホンコンチャイ）（アバディーン）、青山湾（ツィンシャンワン）、鯉魚門（レイユームン）、西貢（サイクン）や周辺離島の長州島（チュンチャウ）、南Y島（ラマ）にある海鮮レストラン（海鮮酒家）では、南海産のハタ、フエダイ、エビ、貝類を入れた水槽を備えて海鮮料理を客に提供している。食べることがない小型の鑑賞用魚類は、英語でオーナメンタル・フィッシュ（ornamental fish）と称される。サンゴ礁の鑑賞魚を多く輸出しているインドネシアでは、イカン・ヒアスとよぶ。イカンは「魚」、ヒアスは「化粧する、装飾用」の意味である。イカン・マース・ヒアスは「金魚」を意味する。

東南アジアのタイでは淡水魚のベタ（*Betta*：Osphronemidae）のオス個体が示すなわばり行動を利用してオス同士を闘わせる娯楽がさかんである。タイ語はプラー・ガット（噛む魚）であり、日本では闘魚とよばれる。ベタのなわばり行動の強い個体を品種改良で生み出す過程でプラカット（plakat）とよばれる品種だけでなく、体色が鮮やかな青色や赤色で、長い鰭をもつさまざまな品種群（ショウベタ）が作られた。ベタは娯楽用としてだけでなく鑑賞用に世界中で飼育されるようになった。

金魚や錦鯉、ベタは淡水域の鑑賞魚であり、食用とされるわけではない。ただし、メガネモチノウオのように、大型の食用魚としても味がよく高価とされる一方、成魚の頭部が隆起する特徴と緑青色のきれいな体色などから水族館でも重要な飼育魚とされている。

アマノガワテンジクダイ

二〇〇四年、パリにある人間科学館でセミナーがあったさい、市内のポルト・ドレ熱帯水族館を訪れた。熱帯の魚がいる水槽のなかで、ひときわ目を引いたのはサンゴ礁のあいだをぬって泳ぐ小さな熱帯魚であった。それは長い背鰭と胸鰭をもち、そのうえに白い斑点をちりばめた美しい魚で、和名はアマノガワテンジクダイとよばれる。鰭にある白い斑点群を天の川に見立てた命名であろう。英名はバンガイ・カーディナル・フィッシュである。アマノガワテンジクダイは、生まれた数十個の卵を口のなかで守る口内保育の性質をもつことでも知られているバンガイ諸島の固有種である。このテンジクダイは現在一尾、一二〇〇円程度で売られており、熱帯鑑賞魚としてはけっして高値ではない（図4-4）。

図4-4　アマノガワテンジクダイ

パリの水族館でこの魚をみた時から一〇年ほど前、わたしはインドネシアのスラウェシ島中部にあるバンガイ諸島でバジャウ漁撈民の調査をおこなっていた。バジャウ人は潜水漁にひいでた漁撈民で、もともと船上で生活し、陸に土地をもたない人びととして知られる（Sopher 1977）。

バジャウの家での聞き取りを終えて家の外の浅瀬に目をやると、棘の長いガンガゼの仲間がかたまっていた。よくみると、小さな魚がその周囲に群がっている。いまから思えば、それがパリの水族館で見たアマノガワテンジクダイであった。

バンガイ諸島でバジャウの村に船で行く途中、海上の生け簀で作業する一人の若者に話を聞いた。それによると、自分は北スラウェシのトゥンバック村から熱帯魚を獲るためにきていること、村には親がいるのでぜひ訪ねてみてはと勧められた。それにしても、北スラウェシのバジャウ人がなぜ中部スラウェシまで遠征して熱帯魚漁に従事しているのだろうか。

熱帯魚がつなぐ海のネットワーク

バンガイ諸島からいったんメナドに戻り、バンガイ諸島で会ったバジャウ人若者の実家のあるトゥンバック村を訪問した。家の主人は歓迎してくれた。熱帯鑑賞魚の話をしていると、家の外にある生け簀から一尾の魚を洗面器に入れて目の前で見せてくれた。それがバンガイ諸島でみたアマノガワテンジクダイであった。話をするうち、家のご主人は写真を見せ、自分は名古屋に行ったことがあると自慢げに語った。なるほど、名古屋のテレビ塔で日本人と仲良く肩を組んで微笑んでいる姿が写っている。熱帯魚を日本に輸出する仕事にかかわるなかで、日本に招かれたことがわかった。こんどは、主人が持ち出してきた魚の図鑑を見ると、それぞれの熱帯魚の写真には米ドルの値段が書き込まれていた。これで、洗面器の魚を見せられた意味がわかった。自分がその魚を生け簀で蓄養していることを披露したかったのだ。

北スラウェシ州都のメナドは赤道直下にある。ここからミンダナオ島にかけて、七七の島じまが鎖状に連なっている。メナドから近い順に、メナド・トゥア、シラデン、マンテハゲ、ブナケン、ナインの五島が分布し、島の周囲にはサンゴ礁が発達している。メナド・トゥアでは二〇〇八年にシーラカンスが発見された。ブナケンは世界中のスキューバ・ダイバーがあこがれる人気のダイビング・スポットであり、多くの欧米人ダイバーがやってくる。

これらの島じまの周辺海域はインドネシアの海洋国立公園に指定されており、その領域内での漁業は禁じられている。海洋生物学の学術研究やダイビングをおこなうことのできる領域も決められている。北スラウェシでは、バジャウ人がサンゴ礁海域における潜水漁で活躍する。しかし、海洋国立公園内での漁業は禁止されているため、バジャウの人びとは操業規制のない遠くの海域へと遠征をするわけだ（秋道 2013e）。

では、バンガイ諸島で漁獲された熱帯魚はどのようなルートで世界へと運ばれるのであろうか。トゥンバック村での調査によると、熱帯鑑賞魚は生け簀船でいったんバンガイ諸島から輸送され、トゥンバック村の家の前にある生け簀で飼育される。注文に応じて、ビニール袋に海水を入れて酸素を注入する。そして、魚種に応じて、一尾ないし数尾を入れてメナドにある空港まで運搬する。そこからバリでいったん集荷され、デンパサール空港経由で世界各地に空輸される。

調査から数年後、バリの水産局を訪問し、熱帯鑑賞魚の具体的な輸出量についての情報をえた。それによると、バリから輸出される熱帯鑑賞魚を二〇〇一年の二月分の資料（単位トン）でみると、輸出先はEC（108.895t）、日本（99.169t）、米国（92.642t）、豪州（25.755t）などだけで九七・二%を占めている。東南アジアのサンゴ礁海域から欧米や日本に向けて熱帯鑑賞魚が運ばれることはまちがいない。その輸出目的は水族館などはいうまでもなく、趣味としての熱帯魚飼育に回されることは容易に想像できる。

熱帯鑑賞魚をめぐる三極問題

熱帯魚の価格について、トゥンバックのバジャウ人の手元にあった熱帯鑑賞魚の買い取り価格一覧表を検討した。この資料はインドネシア最大の鑑賞用サンゴの輸出業者C・V・ディナール社のものであった。本社はバリ島南部のクロボカンにあり、サンゴ以外に熱帯鑑賞魚やシャコガイ、イソギンチャクなどを扱っている。ヤッコ、チョウチョウウオ、クマノミ、スズメダイ、ベラ、ニザダイ、モンガラカワハギ、ウツボ、ミノカサゴについての価格をみると、魚種によって相当開きがある。ちなみに、イソギンチャクと共生するクマノミは種類がちがっても一尾およそ一米ドルであり、廉価である。アマノガワテンジクダイは五米ドルであり、それほど高価ではないが、ボロカサゴは一〇〇米ドルする。また、世界でもっとも美しいとされるネズッポ科のマンダリンフィッシュ（ニシキテグリ）は意外と廉価で三・五米ドルである。ただし、海外の消費者に届くまでに価格も相当高くなるのだろう。

Ｃ・Ｖ・ディナール社の資料は少し古いので現代日本の熱帯鑑賞魚の販売価格を調べた。大阪市内のA社の消費者向け販売価格を、チョウチョウウオ、ヤッコ、キンチャクダイなどの仲間でみると、安価なもので一尾一二〇〇円～一五〇〇円程度であるが、タテジマキンチャクダイで一万三〇〇〇円、イナズマヤッコやアデヤッコで一万円～一万四五千円もする。ダイダイヤッコやレッドバックバタフライは二万円近くで、ゴールドフレークエンゼル（Golden Spotted Angelfish）で三万四八〇〇円もする。稀少性や入荷量の多寡、鑑賞魚としての美的価値などにより価格がきまるのであろうが、趣味の世界も青天井の感がある。

熱帯魚を獲るさいに青酸カリが違法に使われていることが報告されている。ＡＰＥＣ（アジア太平洋経済会議）などは環境への悪影響と破壊的な漁業として青酸カリ利用について国際集会を一九九七年一二月に香港で開催した。当時、地球温暖化問題に関する国際会議が京都であり、香港の会議に出席した日本人はわたしだけであった。会議では青酸カリやダイナマイト、ブブと呼ばれる筌漁、底曳網漁、ムロアミ（追い込み網漁）などを破壊的漁業として規制する必要性が議論された。青酸カリの利用を禁止するためには、輸出入のさいに検査をすること、認証制を導入して違法な漁によって漁獲されたものではないことを証明する工夫がなされる必要があることなどが決議された（APEC–MRCWG 1998）。

ここで、熱帯鑑賞魚をめぐり、三つの異なる世界がたがいに影響をおよぼしあっている現実に注目しておきたい。それは生産者、消費者、保護主義者の三者関係である。生産現場の漁民は生活目的のために商品となる熱帯鑑賞魚を獲ることに奔走している。かれらにとり、どの種類がもっとも金になるかが最大の関心事である。生活のために熱帯魚を漁獲する漁民があり、その漁民に資金を提供して優先的に熱帯魚を買い取る仲買人や企業がいる。かれらは貧困な漁民の救済者であるが、他方で商業主義の先兵ともなっている。これが第一のグループである。

第二は、先進国の消費者のグループであり、先進国の人間にとり水槽で見るきれいな熱帯魚は癒しの源泉となっている。鑑賞することで心が豊かになるとすれば、熱帯魚は人間にとり貴重な存在である。イヌやネコにはおよばないが、熱帯鑑賞魚はペット産業の一翼を担っていることになる。そして、先進国側の需要が熱帯鑑賞魚を獲る行為を支えている。

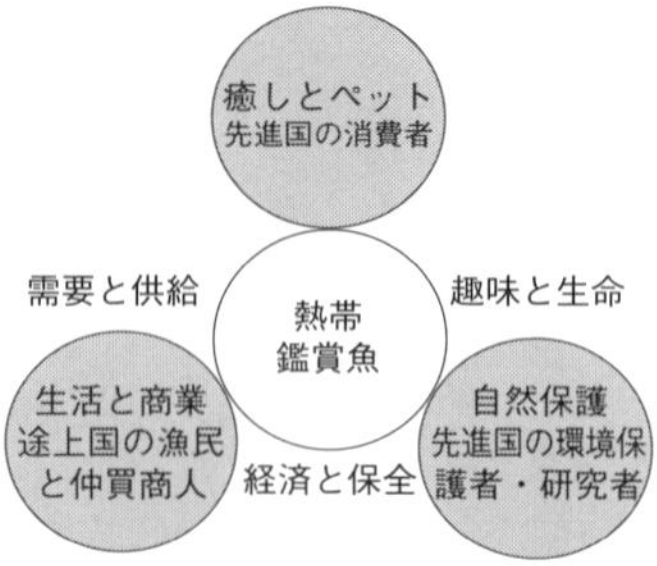

癒しとペット
先進国の消費者

需要と供給

熱帯
鑑賞魚

趣味と生命

生活と商業
途上国の漁民
と仲買商人

経済と保全

自然保護
先進国の環境保
護者・研究者

図4－5　熱帯鑑賞魚をめぐる現代文明の相互依存・拮抗関係

第三に、熱帯魚は自然保護のために漁獲すべきでないとする立場がある。生産者と消費者ともに「自然の敵」とする保護主義の主張は次第に大きくなりつつある。絶滅に瀕する種ほど市場価格が高い皮肉な実態がある。この三者が現代文明のなかで拮抗ないし相互に連関していることは明らかであり、魚から見た文明のあり方をしめす好例といえる（図4－5）。

こうした状況で、貧困な生活のために違法な漁業をおこなう漁民をふくむ社会経済的な構造を是正すべき提案や、水槽で熱帯鑑賞魚を飼育する方法にかわり、映像や出版物を代替とするバーチャルな趣味の世界のあり方も検討する必要があるだろう。漁民の生活改善策を実現することは口でいうほど簡単ではない。代替の生業を生み出すことなしに漁民の生活改善を実現することは絶望に近い。「空飛ぶ」熱帯魚の問題は、グローバル化した現代文明に深刻な問題を突きつけている。

第5章　魚の王と王の魚—巨大魚と権威

誰のものでもない無主地（*terra nullius*）に生息する魚がいったん漁獲されると、その魚は獲った本人のものとされるのがふつうだ。しかし、たとえ魚を獲ってもその人のものになるとはかぎらないことがある。ハワイ諸島ではアジやカツオの目玉は王のみが食べることができた（Titcomb 1972）。どちらの魚の目玉も食べたことはあるが、日本のタイやブリ、あるいはキンメダイの目玉のほうがうまいとおもう。ただし、美味だからという理由で目玉が王に献上されるのではない。ミクロネシアのサタワル島では、捕獲されたアオウミガメの頭部にはほとんど食べる部分はないが、首長に献上される。この場合も、おいしいから首長が食べる権利をもつというわけではない。このように、特定の食用魚介類が特定の個人や階層、世代、性別におうじて優先的に配分ないし贈与される場合がある。本章では、魚の社会的・宗教的価値の問題を考えるため、まず「魚の王」と「王の魚」についての議論から説きおこすことにしたい。

第1節　魚の王とは何か

「魚の王」と「王の魚」はまるで意味がちがう。前者は万人が王者と認める魚を指し、後者は人間の王にふさわしい魚を意味する。魚の王がつねに王の魚になるとはかぎらない。その逆に、王の魚が魚の王者になるともかぎらない。そこでまず、どのような種類の魚が魚の王とされるのかについて考えてみよう。

魚の王

日本で「魚の王」といえば、マダイあるいはクロマグロを思い浮かべる人が多いのではないだろうか。淡水域ではアユを魚の王と考える人もいるが、中世期にコイが天皇の食する特別な魚であったことが『徒然草』にある（吉田 1991）。コイも魚の王であったのだろう。コイを調理する特別の作法が伝承されている。それが「庖丁式」であり、手を使わず、右手に庖丁、左手に真菜箸を持ち、食材を切り分けてならべる儀式がおこなわれる。コイを庖丁式の儀礼でさばく「鯉の開き」は、現在も正月一二日に東京の坂東報恩寺（台東区東上野）で営まれている。庖丁式には四条流、生間（いかま）流、大草（おおくさ）流などの流派がある。庖丁式で用いられる生き物はコイだけではなく、儀礼に応じて異なっている。たとえば大草流では献饌、厄払い、開運、予祝、正月、必勝祈願など儀式の種類に応じて、カツオ、マナガツオ、アワビ、トビウオ、マス、タコ、クジラ、ボラ、エイなどの魚介類やイノシシ、シカなどの獣、ツル、キジ、ウズラなどの鳥類が用いられる。それでも、全部で一一二ある儀式で、コイがもっとも多く四七例用いられている。近世期においてもコイの評価は高く、『本朝食鑑』（一六九七年）でコイは「魚の主」であるとか、『魚鑑（うおかがみ）』（一八三一年）で「鯉ハ魚の長なり」とあり、特別な意味があたえられた（ボレー 2004）。

東日本各地ではサケが「魚の王ないし主」とされてきた。また、釣り師の人びとにとり、海ならば大型のカジキマグロ、河川ならばイトウを魚の王者として挙げるだろう。このほか、「大物」としてアングラーに知られている魚種には、クロカジキ、マカジキ、シロカジキ、シイラ、オヒョウ、ターポン（カライワシ科イセゴイ属）、タマカイ（ハタ科で最大）などがある。

英語で「魚の王」をあらわすキングフィッシュ（kingfish）には国や地域でずいぶんとちがう種類の魚が該当する。米国東部のマサチューセッツ州からユカタン半島あたりまでの地域ではニベの仲間であるノーザン・キングフィッシュが知られている。白身のうまい魚だが、とくに巨大であるわけではなく大きくても四六センチ程度で

図5－1　捕獲されたマンボウ（*Mola mola*）（左：パプアニューギニア・マヌス島のロレンガウにある魚市場横）とアカマンボウ（*Lampris regius*）（右：石垣島・八重山漁業協同組合魚市場）

ある。これ以外の地域では、サワラ、ヒラアジ、ブリの仲間がキングフィッシュとよばれる場合がある。サワラでは体長二メートルに達するウシサワラがいる。アジの仲間でもっとも大きなヒラマサはふつう一メートル前後だが大きいものは二・五メートルにも達する。変わったところでは、アカマンボウをキングフィッシュとよぶ場合がある。マンボウと体型が似ているが、分類学上はリュウグウノツカイの近縁種であり、石垣市にある八重山漁業協同組合の魚市場でよくみかける（**図5-1**）。

キングフィッシュとともに、クイーンフィッシュ（queenfish）、つまり「女王の魚」とされるのは米国ではニベ科の魚（*Seriphus politus*）であり、米国西部の太平洋岸中部に生息する底生魚である。米国でキングフィッシュ、クイーンフィッシュともにニベ科であるところがおもしろい。また、インド洋から西太平洋に生息するイケカツオが「女王の魚」とみなされることもある。

ペヘレイは淡水から汽水域に生息する四〇センチ程度のトウゴロイワシの仲間であり、スペイン語のPex del Rey、つまり「王の魚」に由来する。また、個別の種類ではマスノスケ（鱒の介）を英語でキングサーモンとよぶ。ヒラメよりも肉厚の「縁側」をもつマツカワカレイに、「王鰈（おうちょう）」のブランド名があたえられている。魚の王としての評価にはいろいろな基準と文化的な評価があるとしかいえそうにない。そこで魚の大きさが王とよばれる理由づけになるのでは、という仮定から検討してみた。王として威圧感があり、崇拝の対象となる可能性は魚の巨大性によるのではないかと考えられるからだ。

巨大魚の世界

魚類のなかには巨大魚とされる種類がいる。前述したマンボウは硬骨魚類としては最大で、一九一〇年、豪州クインズランドで体長三・一メートル、体重二・三トンの個体が捕獲されている。マグロ類には、体長四・五八メートル、体重六八〇キログラムに達するタイセイヨウクロマグロがある。

サメやエイをふくむ軟骨魚類となると、たとえば海水域ではジンベエザメは体長約一三メートル、体重五・五トン以上という記録がある。オニイトマキエイは体長八メートル、体重三トンになる世界最大のエイで、八重山諸島ではマンタとよばれ、小浜島と西表島の間にあるヨナラ水道に出現する。

前述したジンベエザメは最近、数が減り、体長の小さな個体が増えてきたとする報告がある。ジンベエザメの鰭は天頂翅とよばれる高級食材でもあり、乱獲された結果でもあり、現在、ワシントン条約（CITES）の附属書Ⅲに掲載されている。巨大魚の生存危機が中国の食文化によるとすれば、たいへん憂慮すべきことである。

リュウグウノツカイは最大で体長一一（ないし一三）メートル、体重二七二キロに達する深海魚であり、硬骨魚類では世界最大長の記録がある。世界各地で混獲ないし漂着の報告例もある（図5-2）。ヨーロッパでは、ニシンの王（King of Herrings）とされている。ニシンの大群に随伴することや、鮮やかな紅色をした背びれの先頭部分の六～一〇軟条が細長く伸びて王冠のように見える点からニシンの王とみなされた（Minelli and Minell i1997）。リュウグウノツカイの属名であるレガレクス（*Regalecus*）も、ラテン語の王家（regalis）とニシン（alex）に由来する。なお、中国・台湾では「鶏冠刀魚」、「皇帯魚」とよばれる。

台湾で皇帝魚は明代の朱元璋が美味としたシタビラメを指す場合や、神仙皇帝魚としてタテジマキンチャクダイを意味することがある。後者は美しい模様をもち、熱帯鑑賞魚としても人気のあることから名付けられた。ただし、第7章でふれるように、『モルッカ諸島彩色魚譜』で本種はケイセル・ヴァン・イアパン（Keyser van Ia-

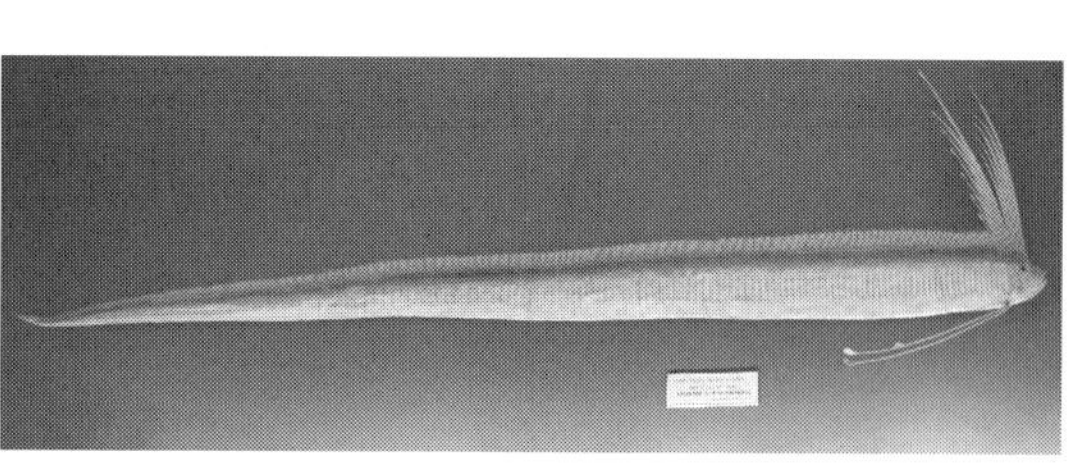

図５－２　リュウグウノツカイ（*Regalecus glesne*）
右はウィーン自然史博物館所蔵。左は富山県下の定置網に入網したもの。

pan)、つまり「日本の皇帝」魚とされており、一八世紀の清代皇帝にちなんだ命名ではない。英語ではエンペラー・エンジェルフィッシュ（Emperor angelfish）であり、インド・太平洋に広く生息する。近年、地中海南東部でも分布が認められており、おそらくスエズ運河経由で拡散したものであろう。

　高級な食用魚であり水族館でも人気のあるメガネモチノウオも大型種で二〇〇キロを越えるものがある。香港では蘇眉（ソーメイ）とよばれる高級食材魚である一方、二〇〇四年にワシントン条約の附属書Ⅱに掲載されている（金子 2016b）。英語でナポレオン・フィッシュとよばれる。

淡水域の魚の王

　意外にも、世界の淡水域では多くの大型魚が知られている。カスピ海や黒海に世界でも最大級になるオオチョウザメが生息している。一九世紀にボルガ川で捕獲された個体の体長は七・二メートル、体重は約一・四八トンであった。ただし、オオチョウザメは海にも生息するので、純粋な淡水魚であるとはいえない。

　世界で最大の淡水エイであるヒマンチュラ・チャオプラヤはインドネシア・ボルネオの河川に生息し、最大長二メートル、体重六〇〇キロ以上になる。南米産のピラルクは体長三メートル以上になる世界最大級の淡水魚であるし、メコン川集水域に生息するパーカーホーは世界最大のコイであり、最大長は三メートル、最大重量三〇〇キロに達する。

ナイルパーチはアフリカの河川や湖の淡水域に生息するスズキの仲間で、古代エジプトでは神の化身の魚としてミイラ化されて葬られた。ただし、食用魚として分布域を越えて放流された。肉食魚でもあり、在来種を駆逐する外来侵入種として注意が喚起されている。その好例がヴィクトリア湖への放流であり、在来のシクリッド(カワスズメで、東アフリカでおよそ九〇〇種が知られる)の多くを絶滅させた。ナイルパーチは最大長一九〇センチ、体重二〇〇キロに達する。近縁種のアカメは四国・四万十川の汽水域で漁獲されている。バラマンディも東南アジア、ニューギニア、北部オーストラリアで重要な食用種であり、おなじアカメ属(*Lates*)の魚である。

アハイア・グランデは南米のブラジル、アルゼンチン、ウルグアイ、パラグアイに生息する淡水エイで、ポルトガル語で「大きなエイ」の意味である。ヒマンチュラ・チャオプラヤ(タイに生息する淡水エイで、現地でプラー・クラベーン)についで大きく、最大のもので長さ二・五メートル、重さ三五〇キロになるという。レッドテイル・キャットフィシュはアマゾン川に生息し、ピラーラとよばれるナマズの仲間である。体長は最大で一・二メートル、体重は一〇〇キロ以上に達する。これと近縁のタイガーショベルノーズ・キャットフィッシュも体長一・二メートルになる大型の食用ナマズである。アリゲーターガーは名前からもわかるようにワニのような長く突き出た口が特徴の淡水魚で、メキシコ湾にそそぐミシシッピー川、リオグランデ川とその下流域を中心に分布する。最大長は三メートル、体重は一〇〇キロになる。

アムールイトウはシベリアやモンゴルの河川に生息するサケ科イトウ属の魚(*Hucho taimen*)で通称タイメンの名がある。タイメンという種小名について調べてみたが情報がない。ロシア語でカヤックのことをタイメンと称するので、外形が似ているからそう名付けられたのかもしれない。アムールイトウは最大長で二メートル、体重は九〇キロ程度である。北海道産のイトウ(*Hucho perryi*)も日本では最大の淡水魚であり、全長二メートルに達する漁獲の記録がある。なお、イトウの種小名であるペリイ（*perryi*）は、江戸末期、東インド艦隊司令長官のペリーが一八五三年に日本の開国を求めて来日したさい、下田から箱館に寄港した折に現地を調査し、イトウについて本国に報告したことに由来する。現在、イトウの個体数は激減しており、河川環境の劣化、乱獲などによる複合的な要因が関与している。イトウはアイヌ語でチライ（知来）とよばれ、知来の名前をもつ道内の地名から推定して、かつてイトウの生息した可能性が指摘されている。とくに海跡湖（かつて海であったが、外海から隔離されてできた湖や沼）のある湿原地域が重要な生息場所であったことが示唆されている（福島・帰山・後藤 2008）。アイヌ語で魚介名を示す地名はこのほかシペ（サケ）、サキペ（マス）、シュブン（ウグイ）、ヘロキ（ニシン）、トゥクシ（アメマス）、トゥカル（アザラシ）、セィ（貝殻）、ビバ（ヌマガイ・トリガイ）、フンペ（クジラ）、チェプ（魚）などがある。

マシール（mahseer）はふつうコイ科のトール属（*Tor*）一六種を指し、インドやパキスタンの淡水域に生息する。マシールには、サンスクリット語とする考えや、インド・ペルシア語族で魚を表わすマヒ（mahi）とシェール（sher）からなるとする見方や、「大きな鱗の」を意味するマハ・サルカ（mahā-śalka）によるとする考えとか、パキスタンのパンジャブ・カシミール地方で「大きな」を意味するマハ（maha）とライオン（sher）からなり、果敢にヒマラヤ山系の河川を下ることになぞらえたとするなどの説がある。マシールの代表がゴールデン・マシール（golden mahsee）であり、成魚の体色は金色となるコイ科の大型種である。

巨大ナマズの世界

インド北部の大きな河川の急流域には、グーンチ（goonch）とよばれるバガリウス属（*Bagarius*）のナマズが生息する。体長二メートル、体重九〇キロに達するが、かつて体長四メートル、体重二〇〇キロを越える大物が漁

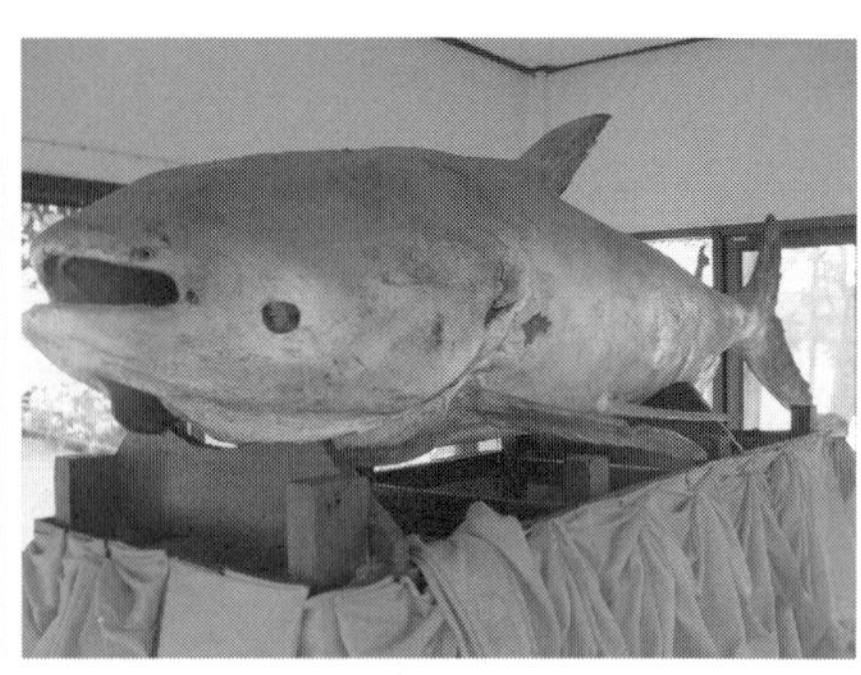

図5－3　ヨーロッパオオナマズ（*Silurus glanis*）（左）とメコンオオナマズ（*Pangasianodon gigas*）（右）

獲されたという。このナマズは「悪魔のナマズ」よばれるように人間をも襲うことで知られ、ネパール・インド国境のカリ川では、一九九八～二〇〇七年の間に三名の若者が命を落とした。

東南アジアのメコン川集水域にはメコンオオナマズが生息する。このナマズはメコン川の固有種であり、アジアで最大級の淡水魚である。メコンオオナマズは体長三メートル、体重は三〇〇キロに達する（図5－3）。本種はタイ語でプラー・ブック（pla beuk）とよばれる。プラーは「魚」、ブックは「大きい」の意味である。メコンオオナマズは美味な魚であり価格もよい。タイの華人社会で「孔明魚」と称され、珍重されてきた。メコンオオナマズは、三国時代の英雄、諸葛孔明（亮）の生まれ変わりと考えられており、食べると諸葛亮のように賢くなるとされてきた。タイ北部のチエンコーンのハートクライ村で聞いた話では、メコンオオナマズのオスがメコン川をさかのぼり、中国領内に入り雲南省の大理にある西洱海川（にしじかい）を経て洱海に達し、そこでメスと出会うのだという。この伝説と諸葛亮が平定した雲南省の史実が関係づけられている。なお、秋篠宮文仁殿下は、メコンオオナマズについてタイのチエンコーンで現地調査をおこなっている。わたしもその調査に参加した（赤木・秋道・秋篠宮・高井 1997）。

この魚はＩＵＣＮのレッド・リストやワシントン条約の附属書Ｉに記載されている。一九九〇年代中葉以降、プラー・ブックは激減し、ほとんど獲れない傾向にあった。二〇〇六年六月九日、メコン川の河畔にあるチエンコーンで、プラー・ブック漁禁止を確認する儀式がおこなわれた。このさい、プラー・ブック漁に従事してきた漁民が漁業補償を受けとり、プラー・ブック漁師組合のメンバーが漁船と網の数を制限したうえで、四月一二日から二六日の間、二頭にかぎりプラー・ブックを漁獲することが許可された。ただし、漁獲された魚は「キャッチ・アンド・リリース」が条件である。これにはプラー・ブック漁技術の継承をもくろむことが暗に合意されていた（秋道 2013d; 秋篠宮 2016）。

このほか、ヨーロッパ中心に広く分布するヨーロッパオオナマズも巨大魚として知られており（図5-3）、ウエルズ・キャットフィッシュ（Weles catfish）とよばれる。中央アジアのカザフスタンにあるイリ川周辺で体長二・六九メートルの個体が二〇〇四年六月に捕獲された。ただし、これはかつて放流されたもので固有種ではない。オーストラリア大陸にはマレーコッドとよばれる巨大な淡水魚が生息している。オーストラリア先住民族のアボリジニは「グードゥー」（大きな魚の意味）と称する。最大のものの記録は一八三センチ、一一三キロである。

サケの大助・小助

東北日本では、サケをめぐる信仰や儀礼がたいへん広く分布している。もちろん、北海道のアイヌの場合もそうだ。本州では、サケを王ないし主とみなす発想がある。サケの王や主は「サケの大助（おおすけ）・小助（こすけ）」とよばれる。サケの大助・小助は毎年決まった日に川を遡上するとされている。この民間伝承については、民俗学の分野で広く議論がなされてきた（矢野 1981, 2016; 大林 1983, 1997; 野口 1998; 野村 1981; 大友 1996; 岡 2005）。歴史に目をやると、一五世紀の室町時代に成立した『お伽草紙精進魚類物語』は野菜・豆・茸・海藻などの精進物と魚・貝・鳥・獣などの生臭い物（美物（びぶつ））が合戦を繰り広げ、精進方が勝つ想定になっている。美物側の最高指揮者であったのが越後国のサケの大介鰭長（ひれなが）である（大林 1997; 小峯 2010; 春田 2008, 2010; 高橋・高橋・古辞書研究会編 2004）。この物語に典型的なように、サケの大助はサケの王であり主とされるだけでなく、魚類全体の王とみなされていたことを示している。

サケの大助・小助の伝承はとくに青森県から山形県・新潟県にいたる日本海側の河川流域各地で報告されている。サケの大助・小助についてはさまざまなバージョンがあるが、重要な点は以下の二項目である。

1．サケの儀礼的禁漁

サケの遡上する時期が儀礼的な禁漁日とされている。その日は伝承によれば、旧暦の一〇月二〇日ないし一一月一五日とされる場合が多い。儀礼的な禁漁日の背景に、サケの祟りにたいする畏れが漁民にあった。サケが河川を遡上するさいに、「サケの大助、いま通る」と唱えながら河川を遡上する。そして、サケの大助の声を聞いたものは急死ないし数日以内に死ぬと恐れられていた。サケが遡上する日、流域のサケ漁師はサケの王である大助の声に接しないよう、太鼓や鉦を叩き、餅をついて大声を出し、あるいはサケの声を聞かないように家に引きこもり、川に行くことをひかえた。

最上川では、サケが「サケの大助いま下る」と言いながら川を下るとされ、大助の声を聞くと不漁となり、災いがいろいろ起こると考えられた。漁師の人びとは、河原に小屋を建て、酒を飲んで大声で歌をうたい、サケの大助の声を聞かないようにした。サケの大助だけでなく、大助と小助が声を張り上げ、「大助・小助、いま上る」とするバージョンもあり、大助と小助はサケの夫婦であるとされていた。信濃川河口部の沼垂(ぬったり)村では、漁を休む旧暦一一月一五日の前夜、大助が村の長者の夢枕にあらわれ、翌日、漁をしないでくれと懇願したが、その長者は漁に出て結局、大助・小助を捕獲できなかった。その長者はサケの呪いによって没落した（大林 1997; 神野 1996; 菅 1996; 駒込 1998; 藤沢 1988）。

サケの禁漁日はサケ漁の初漁日か終了日に相当する。民族学・神話論の大林太良は、日本ではサケの終漁時に儀礼的な禁漁がおこなわれる特徴があり、北海道アイヌや北米の北西海岸における先住民社会では、初漁時に儀礼がおこなわれる顕著なちがいのあることを指摘した（大林 1983, 1996）。

2．サケと人間の関係性

サケの大助・小助が川を遡上するさいにサケの声を聞かないようにするため、大騒ぎをして太鼓や鉦を打ち鳴らす所作以外に、耳を餅でふさぐふるまいを伝承してきた地域がある。餅や団子で耳塞ぎをする習俗はサケの場合にかぎらず全国的に広くみられる。死んだ知人や幼子が生者に呼びかけてくる。その声を聞くと、冥界に招き寄せられて死にいたると恐れられた。サケの大助・小助の場合も、サケの声を聞くと死にいたるとか災禍に見舞われるとされていた。このことは、サケが人間とおなじように霊魂をもつものとするアニミズム的な観念が通底していると考えることができる。この問題は、魚と人間との存在論として第7章第1節でふたたび取り上げることにしたい。いずれにせよ、日本の東北地方におけるサケの大助・小助は、大群を率いて川を遡上する。このように、サケが魚の王や主とされていることが民俗伝承から明らかとなる。

第2節　王の魚とは何か

王の魚とは何か。ある種類の魚のサイズが大きいとか美味である、貴重であるという理由だけで王に献上され、供物となる場合と、そうとはかぎらない場合がある。本節では、「献上魚」「供物魚」に着目して王の魚について検討してみよう。

魚の貢納品

日本の古代から中世にかけて、海とかかわってきた人びとを広く「海民」とすれば、生業形態や権力との関係で大きく三つに分けて議論を進めることができる（網野 1984, 1985, 2009）。第一の平民的海民は、浦・浜・嶋に根拠地をもつ農村の百姓と同様に年貢・公事を負担し若干の田畠をもつが、漁撈・製塩・海上輸送などに従事し、年貢として塩・魚介類・海藻などを納めた半農半漁民である。

第二の「職人的」海民は、古代に贄(にえ)を貢納し、専業的に漁撈、製塩、廻船などに従事した専業的漁民である。かれらは供御人(くごにん)、神人(じにん)として課役を免除され、海上における通行自由が保障されていた。

第三は下人的海民であり、平民的な海民である太夫や領主に服属し、梶子や製塩業に従事した。かれらは農地にしばられた農民とは異なり、河海を自由に通行して海上活動に従事し、しばしば海賊行為をおこない、海上での武士団として軍事力をもつようになった。

平民的な海民は全国に広く分布し、下人的海民は九州から瀬戸内海に分布がかぎられていた。また職人的海民は海部（あまべ・あま・かいふ）（郡・郷）などを拠点として活動した。それらの地域は全国に三四ケ所あり、西日本を中心としてあまねく分布している。

職人的な海民が朝廷に貢納した水産物には、タイ、サメ、イワシ、スズキ、アユなどの魚類、アワビ、サザエなどの貝類、ワカメ、コンブ、ミル（海松）、テングサ、ホンダワラ（馬尾藻、神馬藻）などの海藻類がふくまれていた。

貢納品の加工法

木簡にみられる魚介類を平城京、平安京へと遠路を輸送するため、どのような調理・加工法が施されたのかを「奈良文化財研究所木簡データベース」を元にタイ、カツオ、アユ、サメの場合について検討した。

タイは赤魚（二例）、多比（四八例）、鯛（五〇例）の合計一〇〇例のうち、楚割一三例、腊一〇例、荒腊八例、鮨五例、鮓四例である。あと、春鮓、味腊、醤が一例ずつある。

カツオは一七六例すべて堅魚とあり、堅魚七四例、荒堅魚六八例と多い。ついで麁堅魚一〇例、堅魚煎六例で、生堅魚、堅魚鮨、堅魚煎汁が各一例ある。堅魚煎は堅魚煎汁とおなじものであろう。

アユは年魚（四八例）と鮎（一八例）とあるうち、年魚としか記載されていない二四例のほかは鮨年魚と煮塩年魚が八例ずつある。のこりは押年魚（四例）、酢年魚（三例）、干年魚・干鮎が一例ずつ、のこりは醢年魚、乾年魚、塩漬年魚、生年魚、豎子年魚（小さなアユ）、塩鮎、日干鮎が一例ずつある。

サメは佐米とあり、四一例中、三九例が楚割で、佐米は九例、醤一例となっている。

「楚割」は細長く切って乾燥したもの、「腊」は薄切りの干物、「荒腊」は蒸したタイを薄切りにして干したもの、味腊は不明であるが、塩をふって乾燥したものかもしれない。

古代の木簡に表記された鮨と鮓は、現代の握り寿司やチラシ寿司とおなじものではない。

堅魚煎汁（いろり）は煮堅魚を作るさいの煮汁を煮詰めたもの、麁堅魚と荒堅魚は（粗い）製法の堅魚（五百藏・西念・三舟 2015）、春鮓は切身を飯の中で発酵させたものと、醢年魚は塩辛、豎子年魚はおそらく若いアユであろう。押年魚は鮨鮎の尾頭を切り取ったもので、元旦に出された。後代の『土佐日記』にも「唯おしあゆの口をのみぞ吸ふ。このすふ人々の口を押年魚もし思ふやうあらむや。」とある。

鮓と鮨

中国最古の分類辞典『爾雅』は秦代のもので、その釈器（解釈）に「肉謂之羹、魚謂之鮨」とある。「肉のシオカラを羹（＝醢）、魚のシオカラを鮨」という意味である。

『設文解字』（紀元一〇〇年成立）の解釈を試みた清朝中期の段玉裁によると、魚の身を薄く切って塩蔵したものを鮨としている。鮨は塩辛を指すことになる。

時代が下り、後漢末期（紀元二〇〇年ころ）の『釈名』には、「鮓滓也。以塩米醸之如葅。熟而食之也」とあり、鮓は塩と米で葅のように漬け、これを加熱して食べるものとしている。のち北魏時代（六世紀）の『斉民要術』でも「鮓は魚と米と塩で作る」としている。

『爾雅』の影響を受けた平安期の『倭名類聚抄』巻十六　飲食部　魚鳥類第二一二には、「鮨はキと読み、和名はスシ（須之）である。」としている。しかも、「鮓属也」とあるように、鮓は鮨の類語であるとしている（秋道 2016e）。

以上から、鮨は魚の塩辛であるが、のちに塩と米を使った乳酸発酵によるナレズシを鮨、ないし鮓と呼んでいたことがわかる。木簡の使われた奈良・平安時代に、鮨と鮓はともにナレズシを指したものと考えられる。この場合、魚の内臓を取り出し、そのなかに飯と酒を合わせたものを詰めて発酵させたもので、木簡の醤は塩辛であろう。

藤原京址の発掘資料から出土したサメの遺存体に骨がついていることから、貢納先の場所は不明であるが骨付きで輸送された場合も考慮すべきとされている（山崎 2013）。なお、多比荒腊は蒸したタイを薄切りにして干したものを指す。

貢納の種類としては、天皇、神社の神などに献上する諸国産の食物である贄、調（一七歳以上の男性に課税）、中男作物（一七歳以上、二〇歳以下の男性に課税）、庸（二一歳以上の男性に課税）、贄（延喜式）として記載されている。なお、木簡と『延喜式』の資料によると、古代にアワビ（鰒）が贄として貢納された地域は太平洋岸では常陸から安房、志摩、阿波をへて九州の豊後・日向まで、日本海側では佐渡から、若狭、隠岐を経て肥前・肥後までにおよんでいる（網野 1985; 今津 2012）。

朝廷に貢納された贄は「王の魚」にちがいなく、古代には全国規模で海民がその獲得に従事した。日本古代史研究の勝浦令子は初物を贄として献上する慣行は古代から日本社会にあったことにふれ、権力者への服属儀礼の一環と位置付けている（勝浦 1977）。

戦国時代の献上品

戦国時代、諸国の大名から宮中や公家に献上品を贈答する慣行があり、記録としても残されている。一例を示そう。近世以降の捕鯨業は、中世期から伊勢湾の知多半島先端部にある尾州師崎でおこなわれたクジラの突き取り技術に端を発する。戦国時代における戦乱のなかで、武器の大量生産と発達がみられた。捕鯨用の銛や解体具なども武器が応用されたものであったことが考えられる。鯨肉が献上品として多く使われたことは京の公家であった山科言継（ときつぐ）が一五二七（大永七）年から一五七六（天正四）年に残した日記『言継卿記（きょうき）』に散見することからもわかる。

また、室町幕府の官僚で歌人の蜷川親元（にながわちかもと）の日記『親元日記』には、一四六五（寛正六）年に伊勢から「鯨荒巻」が、一四八一（文明一三）年二月には尾張の織田氏が年始の祝儀として「鯨荒巻」を献上していることが記されている。「鯨荒巻」は、塩蔵したクジラを藁などで巻いて保存・輸送したものである。古代には「苞苴（つと）」とある。『親元日記』で鯨を献上していたのは、伊勢と尾張の武士のみである。のち、浄土真宗本願寺派の第一〇世宗主である証如の『証如上人日記』の一五三六（天文五）年の記述に、「勢州宮内大輔より当年祝儀として」クジラの荒巻が贈られている。織豊期の公卿である勧修寺晴豊の『晴豊公記』にも、一五八二（天正一〇）年に伊勢から「鯨桶」が宮廷に献上された記述がある。同年、天皇の日常生活や宮廷行事、皇族や女官の動きを記述した『御湯殿上日記』一月六日条には信長から宮中にその年の初鯨が献上されたことが記されている。正月に捕鯨がおこなわれ、朝廷や大名、領主などの公儀に献上され、また多くの人に「おすそわけ」がおこなわれた。日本の中世期にクジラを朝廷や公儀に贈答する慣行は、クジラが「魚の王」であり「王の魚」でもあったことが、クジラの贈答慣行からわかる。

のちの江戸時代でも、『料理物語』（一六四三〈寛永二〇〉年）には、一〇種の鯨料理が記述されている。太地からクジラは塩漬け、鎌倉漬け（三日間塩蔵した肉や脂を拍子木に切り、肉七・脂三の割合で、酒三・醤油七の漬け汁につけて樽で保存）として宮中や幕府への献上品とされた。

また、井原西鶴は『日本永代蔵』（一六八八〈貞享五〉年）のなかで、京の町で皮クジラのすまし汁や味噌汁が食されていた、と記している。江戸のまちでは毎年一二月一三日の「煤払い」行事のさい、大騒ぎをしたあと、鯨汁がふるまわれた。江戸時代には庶民もクジラを賞味していたのである。

近世後期に九州平戸で捕鯨をおこなった益富組の五代目益富又左衛門正弘の著した図録『勇魚取絵詞』上・下巻の付録『鯨肉調味方』（一八三二〈天保三〉年）には最上の尾身から鹿の子、赤身、黒皮、須の子、脂肪（コロ）、内臓、蕪骨、歯茎などや食べる価値のない部位まで七〇数種類もの調理法が記載されている（吉井編 1978）。にもかかわらず、江戸後期でもクジラが完全に「王の魚」から「庶民の魚」になったわけではなかったとする指摘もある（市毛・石川 1984）。

ハワイの王と魚

王や首長と魚との特別な関係性を示す別の事例がポリネシア社会にある。ハワイ王国では、王や首長だけがカツオ（ハワイ語でアク）とアジ（ハワイ語でオペル）の初物を食べることができた。しかも、王や首長は魚の眼玉を食べることが決められていた。なぜカツオとアジなのか。これには説話がある。

かつて、首長のパアオが船でハワイに向かおうとしたさい、仲の悪い兄弟のロノペレが嵐を起こしてパアオの船を沈めようとした。そのとき、カツオの群れが水面を泳ぎまわり、嵐を鎮めた。そこで、ロノペレはふたたび嵐を起こしたがパアオが祈りを捧げると、こんどはアジの群れが嵐を鎮めた。その結果、パアオは無事、ハワイに着くことができた。こうしたわけで、首長のいのちを救ったカツオとアジは王の禁忌魚とされるようになった。

ハワイのすべての人びとも、カツオとアジを一定期間食べることが禁じられた。すなわち、カツオは雨季（一一月～四月）のみに食べることができた。一般の人びとや王であってもアジを食べることができなかった。ぎゃくに、乾季（五月～一〇月）には、アジは食べることができたが、カツオを食べることは禁止された。もしこの禁忌を破った人は死をもって報いなければならなかった。魚の禁忌を破ることは極刑に値したわけだ。

季節の初物は司祭により神に捧げられたのち、王がその眼玉を食べた。つぎに、生贄とした人間の眼玉を食べた（Titcomb 1972）。眼玉には超自然的な力、マナが宿っており、神と王が供物である魚の目玉を共食する意味があった。生贄とされた人間は、別名でイア・ロア（ia loa：長い魚）とよばれた。生贄とするため、人間の肋骨の下の部分を開いて内臓を取り出し、塩をつめて塩漬けとされた。イアはハワイ語で魚を意味するが、それとは別に「人間の生贄」のことも指した。イア・ロアは、人間が魚よりも長い体躯をもつことに由来する。魚の初物献上儀礼においては、「魚が人間になり、人間が魚になる」互換性が具現化されていたことになる。また、目玉を王と神が共食する儀礼的な行為から、王・首長・生贄をふくむ人間と魚との関係性を考察するさいに、神（カミ）の存在を無視することができないこともわかった。神・人・魚の関係についての議論は第7章で詳しく取り上げることにしよう。

カロリン諸島の首長と魚

ミクロネシアのサタワル島では、首長に優先的に贈与される魚がある。それらは一括してイキウェ・アネル・サモーヌと称される。イキウェはイーク、つまり「魚」、サモーヌは「首長」、アネルは「食物」を指す。このなかには、スジアラ、大型のマグロ、メガネモチノウオ、アオウミガメの頭部、マギリノなどの大型魚がふくまれる。マギリノは「巨大な魚」を意味する。そのなかには、ハタ（マギリネン・アニ）、スジアラ（マギリネイ・サイヤウ）、同定不明の大型魚（マギリネイ・ヌヌノ、マギリネン・アニリムォンリチェナウ、マギリネン・クッチニウェニヨン）がある。こうした魚はかならず首長に贈らなければならない。サタワル島には三名の首長がいる。カヌー小屋を管理する男子の最年長者（サウ・ウット）にたいしてもサモーヌという尊称がもちいられる。これらの魚は前述のイキウェ・アネル・サモーヌと同様、首長に贈与される。

しかし、首長の魚が他の人びとへ再分配されるさいに、特別の儀礼的ふるまいがおこなわれた。まず、魚の口にはココヤシの外皮・イネ科の雑草・コプラの殻などがつめられる。そのようにして全長二メートル近くにも達する巨大な魚の口を封じてから解体がおこなわれる。魚の口にものをつめて解体するのは、カヌー小屋を管理する最年長者である。このような手続きをふまないと、人間が魚に食べられるとみなされている（秋道 1981）。

サメと首長

オセアニア地域のなかで、サメと人間とのかかわりを考える上で注目すべき文化的慣行や儀礼がある。なかでもポリネシア地域とミクロネシアのギルバート諸島では、サメは重要な食料とされている。これらの地域でサメに特別な価値が与えられている（秋道 1999b）。王権や首長制からなるポリネシア・ミクロネシア社会では、サメをはじめ、ウミガメ、大型のヒラアジ、サワラ、カツオ、マグロ、ハタなどが王や首長に献上された。ポリネシアのサモアでは、サメ、ウミガメ、大型のヒラアジはイア・サ（神聖な魚）とみなされている（Hiroa 1971）。ソロモン諸島東部のティコピア島でも、サメはイア・ガ・アリキ（首長の魚）とされ、捕獲されたサメは氏族の長に献上され、その氏族の成員間で再分配された（Firth 1967）。また、サメ漁は危険をともなうので、サメを捕獲した男性には栄誉があたえられる例がポリネシアのハワイ諸島やレンネル島（ソロモン諸島）、ミクロネシアのパラオ諸島で報告されている。このようにサメは重要な食料資源とのみ捉えがちであるが、人間とのかかわりで王・首長の魚とされている。

ナイル川のナマズと王

本節の最後に、魚と人間の王権との関係について古代エジプトの例を挙げておこう。古代エジプトにおいて下エジプトと上エジプトを統合した第一王朝の王はナルメルである。一八九八年に上エジプトのヒエラコンポリスの町で発掘されたナルメル王の化粧板（パレット）にはさまざまな図像や象形文字が描かれており、儀礼に使われたとされている。化粧板に描かれたナマズは紀元前三一〇〇年前の当時、ナルとよばれていた。また、メルは鑿（のみ）を表わしている。このナルとメルから、王名がナルメルになったとされている。このナマズはヒレナマズ科の種類と考えられているが同定はされていない。おなじ遺跡から発掘された象牙製の円筒印章には、ナマズが両手を縛られたリビア人捕虜をこん棒で打ちのめしている様子が表現されている。ナル（ナマズ）とメル（鑿）を組み合わせた名称はナマズが相手をたたく意味があり、ナマズの貪欲さを王の力に重ね合わせたとする説が有力である。

さらに、古代エジプトのナマズ絵を分析した萩生田憲昭（日本ナイル・エチオピア学会員）は、夜行性で底生のナマズは頭部が頑丈な骨板でおおわれ、体表面に鱗がないことなどの異常性をもつことや、ナマズの産卵期は穀物の収穫期に当たるナイル川の増水期と一致するという特質を挙げている（萩生田 2016）。魚のもつさまざまな属性が王権にふさわしいとされるためには、自然界の魚類の生態や行動、あるいは形態をどのように認識するのかに大きくかかわっている。

第3節　サウ（sówu）の禁忌魚と権威

前節でみたように、王や首長をはじめ、特殊な能力をもつ人や高い地位にある人は供物や貢納品を献上されることがある。第3章で取り上げたサタワル島の禁忌魚は、ふつうの人間が特定の魚介類を食べることを抑制することにより、個人の健康だけでなく、島の食料資源の安定供給と枯渇の回避など、島嶼における生存を保障するためのものである。ここで取り上げる禁忌魚は一般にイキピンと称される（秋道 1981）。ピンは「禁止された」の意味である。イキピンは、とくに島で特別の知識や呪文を習得した個人であるサウ（sówu）に適用される。サウには、船大工、航海者、カヌー小屋・家屋建造の専門家、嵐鎮めやサメ除けなどの儀礼を執行できる人や、カツオ、流木、魚、パンノキの実などの食料資源を島に呼び寄せる儀礼をおこなう個人が相当する。つまり、特殊な能力をもつ権威者の禁忌魚について取り上げることになる。以下、個別に説明を加えよう。

船大工の禁忌魚

サタワル島で優れた能力をもつカヌー造りの船大工はセンナップとよばれる。船大工の製作技術が悪いと、カヌーが沈没ないし破損することがあり、人命にもかかわる。したがって、センナップの技術は社会全体の要請を受けたものであり、その能力はつねに維持されることが期待される。センナップにたいする禁忌魚には、セナスジベラ、キヌベラ、リュウグウベラ、ハナエビス、シマハギ、ハリセンボンがふくまれる。

その理由として、船大工はカヌーの舷側部に横線を何本も引いて注意ぶかくけずりとる（Alkire 1970, 1972）。ハリセンボン以外の魚はいずれも体表面に独特の縞模様をもっている。体に縞模様のある魚を食べることと、カヌーに引かれた線を無視してけずりとることが隠喩としてむすびつけられている。ハリセンボンはゆっくりと泳ぐことと、ハリセンボンの体表面にある数多くの棘と関係して、船大工がハリセンボンを食べると、カヌーに鋭利な針やクギを刺したときのような穴や割れ目ができ、カヌーが破損する、と考えられている。

嵐鎮めの儀礼執行者の禁忌魚

カヌーで航海したさいや漁撈をするものにとり、海上で突然おそってくる嵐や大雨、竜巻などは航海や漁撈の安全のみならず、生命を脅かすものとして恐れられている。嵐や大雨を鎮め、災いを防ぐための嵐鎮めの儀礼に用いられる呪文はコーパルとよばれ、この呪文を習得した人は以下に挙げる魚を一生、禁忌とする。

たとえば、ポート（ヒラベラ）は、嵐や大雨の前兆として雲が多く発生したさい、その色が黒くなったり白くなったりする気象状態をイエ・ポトポトとよばれ、この魚の名前に似ている。セラ（トガリエビス）は、積乱雲のように高くもりあがった雲（セララ）が、セラという魚の背鰭や魚自体の名前もセラという雲の名前とにている。さらに、朝方に空が赤くなると嵐の前兆となる。赤い色の魚は空の色に似ている。ニヨロクニン（イロブダイの♀）とウンフォール（ブダイの一種）は、夜明けに小さなうろこ雲が空一面に浮かんでいるようなときは嵐が到来する。こうした雲は、前述した魚の斑紋と似ている。ネート（アオスジエビス）とルッカン（エビスダイの一種）は、背鰭棘部に黒い鰭膜をもつか、背鰭棘部に黒斑と白色縦帯をもつ。そうした背鰭の形状は、嵐の前兆となる雲と似ている。しかも、体色が赤く、嵐の前兆となる。キリキル（ブダイの一種）の場合、キリキル・トプゥは雲（トプゥ）がはげしく散っていく動きや状態をあらわし、こうした気象状態は嵐の前兆をしめしており、この魚はそうした気象とおなじ名前をもつ。モーセラ（アカブダイ）も嵐の前兆となるような赤い雲の色をもつ。

以上のように、特定の魚の模様・色、行動上の特徴だけでなく、魚の名称までもが嵐の前兆となる雲や気象の状態と類似していると説明されている。そうした魚を食べていけないのは、食べた当人による嵐鎮めの呪文が無効になると考えられているからである。

サメよけの儀礼執行者の禁忌魚

釣り漁のさい、鉤にかかった魚をサメに喰いちぎられた場合、その魚を食べた人がふたたび漁にいったさい、カヌーが転覆してサメに襲われる場合や遊泳中にサメに噛まれるとか、陸上で事故により深手の傷をうけることがある。航海中にカヌーが転覆した場合、サメが人間を襲うこともある。そのため、サメの害から自らをまもる術（ロゴン・ピャーウ）の知識をもつ人は、サウ・ピャーウとよばれ、ピャーウ（サメ）、アユ（ボラ）、アラフ（オニボラ）、アユワッチ（ボラの一種）、ピャワネル（ツバメコノシロ）、セラウ（カマス）、ヨロン（ヒラアジの一種）、ガーン（サワラ）を食べることを禁じられている。

アユ、アラフ、アユワッチなどのボラ科の魚はサメと眼や形態が似ているという。ボラはロゴン・ピャーウと

王朝貴族の葬送儀礼と仏事

日記で読む日本史10

上野勝之 著（奈良大学非常勤講師）

古代から中世へ――葬送儀礼のあり方とそこに携わる人びとの意識はどのように変遷してきたのか。当時の貴族たちの日記はもちろんのこと、これまで史料として用いられることの少なかった真言僧の著作などの読解を通して、仏教を中心として中国の文化・民間習俗などの影響も受けながら変化を遂げてきた当時の弔いの実態を明らかにする！

■四六判上製・256頁　三、〇〇〇円＋税

ISBN978-4-653-04350-8

琉球王国那覇役人の日記
福地家日記史料群

日記で読む日本史17

下郡 剛 著（沖縄工業高等専門学校総合科学科准教授）

近世琉球王家に仕えた那覇役人福地家。そこに伝来する日記史料群を、豊富な写真とともに紹介。事前に記されていた「未来日記」、後日改変された下書きの日記、同一の人物によって書き分けられた複数の日記など、謎多き姿の日記はなぜそのような形で残されたのか？　公と私のはざまに生きた役人たちの思想・心情や当時の社会の一面を解説する。

■四六判上製・216頁　三、〇〇〇円＋税

ISBN978-4-653-04357-7

魚と人の文明論

秋道智彌 著（総合地球環境学研究所名誉教授）

魚と人のかかわりのなかで、われわれ地球の文明はどのような歩みをたどり、どこへ向かおうとしているのか。身近な食物資源であると同時に、博物学・芸術・信仰の対象としても扱われてきた魚の多面的な歴史を、豊富な図版・写真を用いて解説。自然・人文諸科学の総合的な見地から、魚・人・カミのかかわりを軸とした新たな文明像を提唱する。

ISBN978-4-653-04118-4

同編集委員会 編

中世禅籍叢刊

（編集委員）阿部泰郎・石井修道
末木文美士・高橋秀榮・道津綾乃

全12巻

最終回配本 第12巻「稀覯禅籍集 続」

独自の発展を遂げた日本中世の初期禅宗。その謎多き思想の実態を物語る新発見の古写本や断簡類などをはじめ、真福寺・称名寺（金沢文庫）を中心に各地の寺院・文庫が所蔵するこの時代の貴重写本を横断的に紹介。それぞれの影印・翻刻に加えて、第一線の研究者による詳細解説を付す。

■第12巻　菊判上製・約600頁　予価二五、〇〇〇円＋税

12巻：ISBN978-4-653-0418
ISBN978-4-653-04170-2（セ

椎名宏雄 編（龍泉院住職）

五山版中国禅籍叢刊

全12巻

最終回配本 第12巻「注解・公案」

今日では散逸、あるいは閲覧困難な宋版・元版禅籍の本文・形態を伝える五山版禅籍の善本を各地から一堂に集成、影印版とし、編者による詳細な解題を付して刊行する。禅籍本文研究・禅学思想研究の一助とすると同時に、日本中世の禅学の学問体系、出版文化の系譜の究明に寄与する、仏教学・国文学・歴史等、関連各分野の研究者に必携の重要資料。

■第12巻　Ｂ５判上製・約700頁　二八、〇〇〇円＋税

12巻：ISBN978-4-653-04162-7
ISBN978-4-653-04150-4（セット）

國語國文

京都大学文学部国語学国文学研究室 編

大正十五年（一九二六）の創刊以来、実証的な研究を重んじる立場から画期的な論文を掲載しつづけ、国語国文学の分野に貢献してきた本書は、国語学国文学の最新の研究状況をリアルタイムで発信する好資料である。86巻12号で通巻1000号を迎え、87巻1号は千号特輯（テーマは『國語國文』のこの一篇）。

■86巻11号・12号　Ａ５判　50頁・58頁　各号九〇〇円

86巻11号：ISBN978-4-653-04299-0
86巻12号：ISBN978-4-653-04300-3

京都大学文学部国語学国文学研究室 編

京都大学蔵 穎原文庫選集 第5巻

近刊

近世語研究を畢生の研究とした穎原退蔵博士が生涯にわたって収集し学んだ一大史料群、京都大学蔵穎原文庫から、従来未翻刻のもので学術的意義の高い稀覯書を厳選して翻刻（一部影印、索引付）、巻末に詳細な解題を付して刊行する。第5巻は「俳諧Ⅲ・狂歌Ⅱ」。既刊1〜4巻。

■第5巻　Ａ５判上製・約360頁　予価一五、〇〇〇円＋税

5巻：ISBN978-4-653-04325-6
ISBN978-4-653-04320-1（セット）

いう呪文のなかでも言及されている。また、サタワル島の説話のなかにボラがカヌーに飛び込んでカヌーを沈める内容のものがある（土方 1975）。じっさい、跳躍力をもつボラは人間が網でかこんでも網を飛び越えて逃げることがある（Munro 1967）。かつてソロモン諸島マライタ島のラウ漁携民の調査から、サメとボラがラウの人びとに禁忌とされていることを知った。ラウの人びとによると、ボラは跳躍してカヌーのなかに飛び込み、その重みでカヌーを沈める。するとサメがやってきて人間を食べるからであるという。またエイも同様に、その胸鰭を使ってカヌーを転覆させるとして禁忌の対象となっている。

このほか、ツバメコノシロをあらわすピャワネルは「小さなサメ」を意味する。ネルは「小さい」ことを示す。ツバメコノシロの口部と頭部の形態がサメのそれに類似していると人びとは考えている。また、カマスはサメとおなじように鋭利な歯をもっている。それ以外の魚が禁忌とされる理由は不明であった。サワラの場合、魚を真中から半分に切った尾部側を食べてもよいが、頭部側を食べてはならないという。とくに、胸鰭の部分を食べることはもっともよくないとされている。また、カツオ、スマ、マグロ、カマスなどの魚の腹腔部分の肉も食べてはいけないとされている。

サタワル島のサメ除け儀礼の修得者によると、前記の魚以外に、ノーウ（オコゼ）、タユス（ハリセンボン）、ナムワァル・ヨフン（コショウダイ）などもサウ・ピャーウの禁忌食になるという。このうち、オコゼとハリセンボンについては、つぎのような説明をうけることができた。

カヌーが転覆したさい、サウ・ピャーウはカヌーのまわりを泳ぎながら、サメが海中の人間を襲わないようにとの願いをこめた呪文をとなえる。そのさい、オコゼとハリセンボンを大量にカヌーのそばにひきよせるという。なぜなら、オコゼのもつ背鰭棘やハリセンボンの棘がサメを人間のそばへよせつけない役割を果たしてくれるからだという。これらの魚は「海を濁らす」ことによりサメを人間のそばに近づけないともされている。

サウ・ピャーウは以上の魚を食べることができないが、条件がある。単独で食べる場合と、ロゴン・ピャーウを周知しているもの同士で一緒に食べる場合は例外とされている。しかし、それ以外の通常の島民と一緒に食べることは禁忌とされている。また、食べるさいの調理にはかならず魚を焼いて食べなければならなかった。そして、魚を焼くさいにナイフとか刃物で魚体を切ることは禁じられていた。ナイフや刃物はサメによる捕食と同様な意味があるとされたのである。

カヌー小屋・家屋建造の専門家の禁忌魚

サウ・プワァンは、カヌー小屋や家屋の建造に関する専門的知識をもつ人のことである。プワァンの意味はいまひとつ明らかにできなかったが、島では新しくカヌー小屋を建造するさいや、台風・嵐などで倒壊、破損したカヌー小屋や家屋を修復するさい、サウ・プワァンの知識が不可欠のものとして活用される。サウ・プワァンがカヌー小屋や家屋を建造中、カツオやマグロの尾部を食べることはできるが、他の可食部を食べることは禁じられている。その説明について考えてみよう。

カツオやマグロの尾の部分はペチャンまたはアレパンと称され、この部分以外は食べることが禁忌とされている。じつは、カヌー小屋の四本の柱（ヨウル）の上端（ケガン）は、桁（けた）をつけるように凹部になっており（浅川 1980）、ふつうの家屋では二股にわかれ、カツオの尾部に形が似ている。ここは桁の荷重がかかる家屋の重要な部分にあたる。一方、漁獲されたばかりのカツオやマグロは尾部をたたきつけるようにして暴れる。そのことは、尾部が非常に強いことを示している。つまり、強い尾部をサウ・プワァンが食べることにより、丈夫な家をつくることができるようにとの願いがこめられているのである。カヌー小屋や家屋が完成すると、こんどは逆に胴体や頭の部分を食べてよいが、尾部は食べてはいけないとされている。

以上のことから、サウ・プワァンの活動をカヌー小屋・家屋の建造中（＝非日常）と日常生活という二つの側

表5−1　サウ・プワァンの禁忌魚とカツオ・マグロ
＋は食べることができる、−は食べることを禁止されることをあらわす。

サウ・プワァン（sówupwang）の生活			
		非日常（カヌー小屋・家屋の建造中）	日常
カツオ・マグロの魚体	尾部	＋	−
	胴体・頭部	−	＋

面に、カツオ・マグロを尾部とその他の部分にわけ、食べてもよいことをプラス（＋）、食べることを禁止されることをマイナス（−）であらわせば、**表5−1**に示したようなパラダイムを想定することができる。

別の島民からは、サウ・プワァンがカツオ・マグロを禁忌とする点について異なる説明をうけた。もしサウ・プワァンがカヌー小屋を建造中に、男性たちがカツオやマグロを獲って島に戻ったようなさい、魚の尾の部分をサウ・プワァンに贈与する慣行がかつてあった。そのさい、サウ・プワァンはカツオやマグロの尾の部分を浜で焼いて食べなければならなかった。この贈与はペラニファンと称される。ペランは「尾」、ファンは「贈与」の意味である。また、カツオ・マグロ以外にサワラでもよいとの説明をうけた。カヌー小屋の建造中以外の日常時に、サウ・プワァンはカツオ・マグロのどの部分を食べてもよく、尾部に禁忌が適用されることはないということで、前述の説明と少し食いちがう。

パンノキの招来に関する専門家の禁忌魚

パンノキはマーイと称され、タロイモやココヤシとともにサタワル島の重要な食料資源である。パンノキの実の成熟には季節性があり、通常四〜九月が成熟期にあたる。収穫されたパンノキの実は日常の食物とされるとともに、一部はマール（貯蔵パン果）として地下に貯蔵され、一〇〜三月の端境期や年を越えて保存食として利用される。パンノキの実の収量は年変動が大きく、人びとはその獲得に大きな関心をいだいている。

カトー・マーイとよばれる儀礼は、パンノキの実が島にもたらされるように超自然的世界に働きかけるためのものである。その儀礼を執行する人はサウ・カトー・マーイと称され、以下に示したように、ウツボ、ウミヘビをはじめ、チョウチョウウオ、ニシキヤッコ、ハリセンボン、タテジマキンチャクダイ、ホンソメワケベラ、ブチスズキベラ、ミカドチョウチョウウオ、テングダイ、フエヤッコダイなど、体表面に鮮やかな模様をもつ魚が禁忌とされる。カトー・マーイの儀礼では、ウツボやウミヘビはトエル、すなわちバナナの繊維製腰布にくるんで海に放される。腰布はふつう綾柄の美しい織物であり、先述した魚は腰布に織り込まれる模様と類似した特徴をもっている。ただし、腰布と魚の模様がパンノキの実の招来とどのような関係にあるかは不明であった（石森 1980, 1985）。

カロリン諸島には、パンノキの実が「天の川」を伝って南方から島にもたらされるとする伝承がある。サタワル島の東部にあるチューク（トラック）諸島で調査をおこなった人類学者のグッドエナフによると、天の川はアネミメイ、すなわち「パンノキの道」とよばれ、パンノキは南の天空（ヨール）の主であるサウ・ヨールから天の川を通じてもたらされると考えられている（Goodenough 2002）。グッドエナフはチューク諸島のサウ・カトー・メイが特別に織られた褌を身に着け、模型のカヌーを用いてパンノキを島におよびよせる儀礼をおこなうとしているが、二〇世紀初頭に調査をおこなったドイツのハンブルグ調査隊のクレイマーに言及し、シームとよばれるシャコガイの一種、同定不明のトコトク、砂色のハゼ（ニップ）、ナマコの一種（ペニペン）、パンノキの実の形をしたウニ（トムウン）を食べることができないとしているが、詳細は不明である（Krämer 1932）。したがって、体の模様のある魚が禁忌とされる理由は依然として不明である。

伝統的治療師の禁忌魚

ローはサタワル島で伝統的におこなわれてきた治療方法のことであり、具体的には筋肉や骨の痛みをとるためにおこなわれるマッサージを指す。サウ・ローはそうした治療をおこなうために必要な知識と技術を修得した人のことを指す。サウ・ローが食べることを禁じられた魚がある。

このなかには、クーム（テングハギ）、プヌカネイ（ミヤコテング）、ムワァレファル（モンツキハギ）、ノーウ（オコゼ）、ナリノ（ミノカサゴ）、ウムノ（アイゴの一種）、モノ（ニザダイの一種）、ナエウ・チェップ・ヨロンなど（ヒラアジの仲間）のほか、魚の尾部や肛門近くの部分がふくまれる。

一般に体にするどい棘をもつ魚は、イキ・ファナファンとよばれる。ファンは「刺す」という意味である。サウ・ローの禁忌魚の多くはイキ・ファナファンである。なぜ、サウ・ローがこれらの魚を禁忌食とされるのかは、サウ・ローが体にするどい棘をもつ魚を食べると、治療をおこなうさいに病人やけがをした入の身体を突き刺し、傷つけるとされているからである。

遠洋航海者の禁忌魚

遠洋航海に出て他の島へ行き、ふたたび自分の島へもどってくるまでの間、航海者にとり食べてはならないとされる魚がある。魚だけでなく、ウミガメや貝類、タロイモやパンノキの実なども禁忌とされる。航海のさいの禁忌食ということで、これらの禁忌食は広義のピニー・ワーイと称される。ワーイは「航海」の意味である。このなかにふくまれる海産動物はイキピン、植物性の禁忌食はモゴ・ピンとそれぞれよばれる。モゴには「食物」全般のことを指すこともあるが、この場合は植物性食物を意味している。興味あるのは、イキピンとモゴ・ピンがそれぞれ一品目ずつをセットとした組みあわせから構成されている点であり、二七組五四種類の食物がふくまれている。ここでは、イキピンについて取り上げる。

二七種類の魚介類はいずれもサンゴ礁海域にふつうにみられる種類である。島民が航海のさいに滞在する他の島じまでもサンゴ礁が発達しており、その島の人びともふつうに利用する。しかし、カツオ、マグロ、サワラ、トビウオなどの外洋性魚類は禁忌魚のなかにふくまれていない。禁忌魚以外のサンゴ礁魚類は他の島において食べることができる。また禁忌魚のうちの一部は、漁獲尾数に応じて禁忌が解除される。つまり、約三〇尾以上漁獲された場合は食べてもよく、それより漁獲が少ないと食べてはいけないとされる魚がある。こうした魚は総称してイカイトルと称される。トルは「漁獲する」の意味である。イカイトルとされる魚種はヒラアジ、イセエビ、ダツ、モンガラカワハギ、メガネモチノウオ、ヒメフエダイ、テングハギモドキ、イスズミである。ただし、イカイトルのなかには、航海者の禁忌魚にふくまれない魚種がある。それらは、サイヤウ（スジアラ）、タクンノン（ヤガラ）である。また、ハタの仲間の総称であるアニーはふつうに食してもよいが、マヌクとよばれる成長段階に達すると（全長が片腕をのばしたさい、指先から肩の付け根までの長さに相当）、もはや食べることはできないとされている。

以上のべた禁忌魚は一体なぜ禁忌の対象として指定されたのであろうか。わたしがうけた説明によると、これらの魚や植物性食物はヤニュー・ワイー、つまり「航海の神」の食物であるからだという。もし人間がこれらの食物を食べると、セムワァユン・ヨーン・ワイーとよばれる病気になると考えられている。セムワァイは「病気」、ヨーンは「～によって引き起こされる」の意味である。五四種類の禁忌食物には、それぞれ食べた場合の対症療法となるサフェイ（＝薬）が決められている。

以上の禁忌は、航海者がふたたび自分の島にもどり、一種のなおらい（イナス）をするまで適用される。もう一つ重要なことは、これまでのべた禁忌魚は熟練した航海者であるパニューには適用されない。パニューはポーとよばれる航海術修得儀礼をへてのちに熟練の域に達した人びとを指している（須藤 1979; 須藤・Ssauchomal 1982）。パニューは伝統的に人間界と超自然界をつなぐ媒介者として位置づけられており、航海のさいにおける禁忌魚は適用されず、食べても病気になることがないと考えられていた。

カツオをよぶ儀礼の執行者の禁忌魚

島には魚を島に呼び寄せる特別の儀礼を執行する能力をもつ人がいる。なかでも、食料として重要なカツオをよぶ儀礼はカトー・アラガップ、そのための知識を習得し、儀礼をおこなう人のことをサウ・カトー・アラガップと称した。アラガップは「カツオ」を表す。

サウ・カトー・アラガップは、つぎの魚を食べることは禁忌とされている。そのなかには、カツオ、マグロ、タカサゴ、メアジ、ヒメジがふくまれる。人びとはタカサゴ、メアジ、ヒメジなどはカツオやマグロの餌であると考えている。

周知のように、カツオやマグロは外洋性の回遊魚であり、漁獲量の季節的・周年的な変動はサンゴ礁海域に棲息する魚にくらべて大きいと考えられる。そのうえ、外洋で漁撈をおこなうための自然条件（波浪や風）によっても、漁獲の多少が大きく左右される。カツオやマグロは群遊していると、一度に大量の魚が獲れる可能性もある。

流木を島によぶ儀礼をおこなう人の禁忌魚

サタワル島の沖合にはさまざまな漂流物が海流に乗って漂っている。なかでも流木の周囲には多くの魚が付いていることがある。ふつう、流木には浮遊生物（プランクトン）や甲殻類の幼生が付着することがある。そうした小型動物を餌とする小型魚や稚魚・幼魚が流木につく。さらに、小型魚を索餌する中型～大型魚がそのまわりに群れる。結果として、流木を中心として生態学的な食物連鎖系が形成される。

流木が接岸すると、島民はカヌーで漕ぎ出して釣りをするほか、大型の筌を流木に固定して魚を筌のなかに誘導する漁法がおこなわれる。一度に大量の魚を獲ることが期待できるので、流木は漁撈にとり重要な目安とされている。島では流木を島によびよせる儀礼がおこなわれる背景となっている。サウ・アペイペイは、流木を島によびよせるための儀礼や知識を修得した人のことである。サウ・アペイペイが流木をよぶ儀礼、つまりカトー・アペイペイをおこなうさい、いくつかの魚を食べることが禁じられている。それらは、モンガラカワハギ、ヒラアジ、イスズミ、ツムブリ、タカサゴ、ヒメジ、メアジ、ツバメウオの幼魚、カンパチの幼魚、カツオ、マグロなどである。

注意すべきことは、流木に付くすべての魚がサウ・アペイペイの禁忌魚とされているわけではない点である。たとえば、流木に付く魚であっても、シイラ、サメ、サワラ、ハギなどは禁忌魚として指定されてはいない。また、前述したサウ・アラガップの禁忌魚とサウ・アペイペイの禁忌魚は一部重複している。カツオ、マグロ、メアジ、ヒメジなどがそうである。もしもサウ・アラガップやサウ・アペイペイが禁忌魚を食べた場合、島にカツオやマグロ、あるいは流木がもたらされないと考えられている。

これまで、サタワル島における特殊な能力をもつサウとよばれる個人に適用される禁忌魚について詳述した。禁忌の理由はさまざまであるが、禁忌魚の生態や形態に関連して、それを食べることで特殊な能力が失われるとする感染呪術的な発想が大きな理由となっていることは明らかであろう。また、禁忌を守らないと島の食料が枯渇する、生命が危機に陥る、病気になるなど、マイナスの影響がおよぶとされている。

以上述べた事例で当事者となるのはサウとよばれる特殊な知識と呪文を修得した人びとである。かれらが順守すべき禁忌は、航海術、サメ除け、嵐鎮め、カヌーや家屋の建造、病気の治療、カツオ・流木・パンノキの実など島にとり重要な食料資源の招来などにかかわっている。この意味でサウが順守すべき禁忌魚（イキピン）は、島民の生存と深くかかわっており、サウの禁忌魚は、その権威と表裏一体のものといえ、王の魚の鏡像と位置付けることができる。

第6章　半魚人の世界―魚と神話

本章では、体の一部が魚で、のこりの部分が人間の「半魚人」に着目して人間と魚のかかわりについて考えてみたい。半魚人の分析をするにあたり、第1章でふれたように（1）言語による半魚人の分類、（2）半魚人を造形や図像表現として示されたアイコン（icon）の世界、（3）儀礼や呪術とその背景にある神話的な世界の三つの位相から取り上げてみよう（秋道 1988）。

まず、半魚人は言語的な位相からするとどのように位置づけることができるだろうか。人間と魚の両方の性質をあわせもつことを言語上で表す好例はあまりない。モンクフィッシュ（monkfish）やビショップフィッシュ（bishopfish）は「修道士の魚」、「司教の魚」の意味で、いずれも実在するカスザメを指す。人間と魚の両方の属性をもつというよりも、形態が修道士や司教に似ているという点から名づけられた。

魚ではないが、オセアニアのイースター島では鳥人（バードマン＝birdman）が知られている。イースター島では鳥はマヌ（manu）、人間はタガタ（tangata）と称され、鳥であり人間でもある鳥人はタガタ・マヌ（tangata manu）と言語表記される。図像的にも頭部が鳥で、四肢は人間的特徴をもつものとして描かれている。奇妙なことに、「天使の魚」の意味をもつエンジェルフィッシュ（angelfish）も実在する熱帯観賞淡水魚であるが、天使のエンジェルはキリスト教世界では「翼をもつ人間」、つまり鳥人として描かれる（秋道 2017b）。

つぎに、造形物ないしモノや図像として半魚人を表そうとすれば、人間としての属性と魚の属性をあわせもつ存在を表示しなければならない。するとかぎりなく人間に近いが一部、魚の特徴をもつものから、ほとんど魚であるがほんの一部が人間としての特徴をもつ場合まで図像学的には大きな変異がみられることになる（図6-1）。

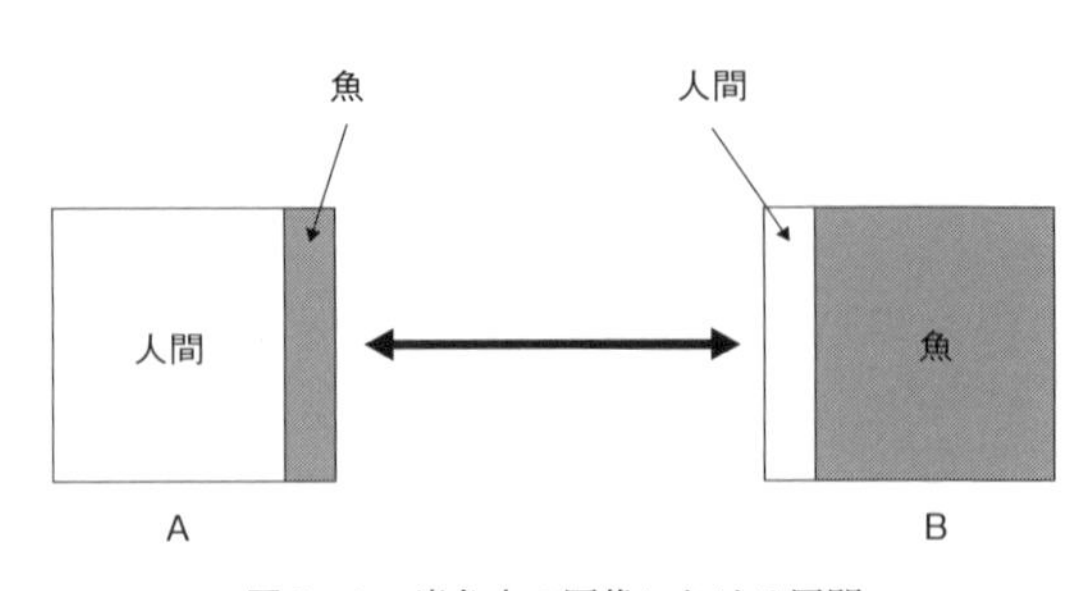

図6－1　半魚人の図像における展開
Aはほとんどが人間で、Bはほとんどが魚の図像であることを示す。

半獣人を怪物とみなす考えがヨーロッパにあった（松平 2012）。
第三は儀礼的な行為を通じて、人間が魚に変身する場合で、儀礼のなかで人間からの離脱から移行、そして統合の三つの過程を通じて人間が魚に変身することを指す。この考えは、英国の社会人類学者であるターナーの儀礼論に依拠したものである（ターナー 1996）。ただし、儀礼のなかで魚に変身したとしても、その存在はやはり人間であり、言い換えれば半魚人ということになる。以上の三つは半魚人についての異なった位相を示すものであるが、相互に関連するものである。本章では以上の予備的考察をふまえて、半魚人について古代文明から現代にいたるまでのさまざまな事例を検証してみたい。

第1節　古代文明の半魚人

半魚人は英語でマーフォーク（merfolk）、つまり「海の人」とされ、男性がマーマン（merman）、女性がマーメイド（mermaid）である。マー（mer）はラテン語のマル（海：mare）を指す。いまでは、半魚人の代表は上半身が人間の女性で、下半身が魚の尾鰭をもつ人魚とされるようになった。しかし、古今東西、半魚人のイメージと位置づけは地域や時代によってじつに多様である（ブレンダ 2009）。

古代メソポタミアの半魚人

古代メソポタミアの神話では、アダパ（Adapa）やアプカル（Apkallu）とよばれる半魚人の神が登場する。古代メソポタミア文明はチグリス・ユーフラティス川流域で生まれた。メソポタミアでは洪水の管理や水の供給は農業と文明にとり死活問題であった。神話的世界にも水や水中の魚とかかわった神が登場するのはごく自然のことである。

アダパは紀元前の二〇〇〇年～一六〇〇年ころの粘土板に記されたエピックス（叙事詩）に記された神話的な存在である。たとえば、エンキ（Enki）とよばれる神は淡水を支配し、シュメール文明最初の都市エリドゥで王権を司った。エンキは後のバビロニア時代のアプスー（淡水の神）の原型であるとされている。さらに時代が下ると、アッシリア帝国時代には都市エリドゥの守護神であり、智恵の神エア（Ea）ともなった。このエンキの息子がアダパであり、エリドゥで守護神エアへの祭祀をおこなう神官でもあった。アダパはシュメール王朝最初の王であるアルリム（Alulim）の助言者であり、半魚人の姿をした存在として描かれている（図6-2）。

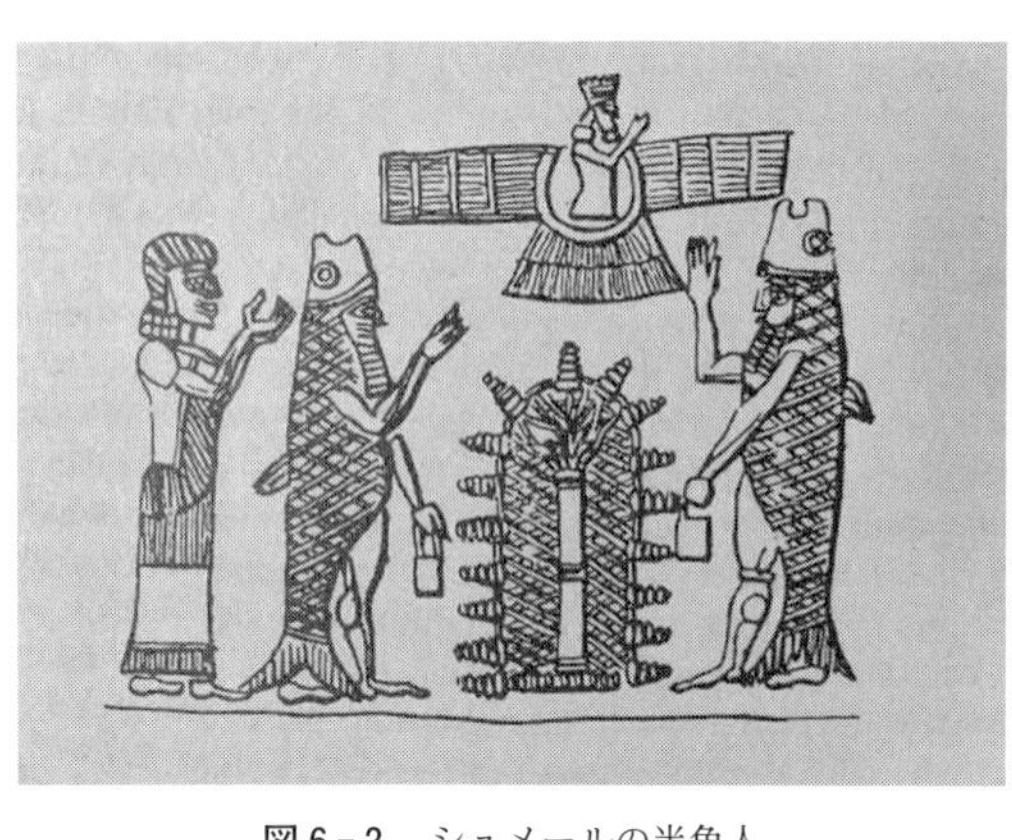

図6－2　シュメールの半魚人

つぎに登場する半魚人がアプカル（Apkallu）であり、シュメール語ではアブガル（Abgal）と記述される。アプカルはシュメール神話のなかで七人の半神半人を指し、前述したエンキが人間に智恵と文明を授けるために創造したとされる神である。遺物にあるアプカルの造形的な特徴は、腰から下は魚で、上半身は人間の姿をしている。もっとも、半魚人としてだけでなく、翼をもち、頭部が鳥で四肢は人間的なものとして描かれることもある。七人のアプカルのうち、最上位にあるのがアダパであり、ヘレニズム時代のベロッソスによる『バビロニア誌』ではオアンネス（Oannes）とされている存在でもあり、オアンネスの名はギリシャ時代に継承された（マッコール 1994）。エリドゥの寺院における発掘から、淡水魚の骨が出土しており、当時、淡水を司る神を崇拝する儀礼がおこなわれたと推定されている。

メソポタミアで発達した占星術では黄道一二星座が知られており、冬至点に位置するのが山羊座である。山羊座は古代バビロニアではスクル・マーシュとよばれ、その意味は「大きなコイ」である。スクル・マーシュは、上半身がオスないし若いヤギで、下半身はコイを表し、水を司る神エンキとされ、半獣半魚の姿をしていた（Black *et al.* 1992）。

古代エジプトの魚と神がみ

古代エジプトにおいて、ナイル川の魚は食用とされるとともにさまざまな意味づけをされてきた（Brewer and Friedman 1989; Redford 2001; Brewer 2001）。食料として重要であった魚は神格をあたえられる場合もあれば、食べることを不浄とする考えもあり、時代や地域によってその位置づけは多様である。たとえば、ナイル川河口部にあるメンディでは、「羊の神」のバ・ネブ・デデト（Banebdjedet）の妻であるハトメヒト（Hatmehit）は魚の女神とされ、魚の姿か、魚を冠にのせた姿として表現されている。この魚が何という種類に相当するのかについては議論がある。河川に生息するイルカ、ナマズの仲間（*Schilbe mystus*：African butter catfish）、コイ科バルブス属の魚（*Barbus bynni*）とする説がある。

古代エジプトの新王国時代、『洞窟の書』にナマズがあらわれる。これは古代のエジプト人が死後、冥界で永遠の生活を送るために必要な呪文などを記したもので、ふつう「葬祭文書」とよばれている。たとえば、第二〇王朝第五代のラムセス六世の墓室には頭部が二本の髭をもつナマズの神が描かれている。第二洞窟にはナマズの頭部をもつ神が四体、第三洞窟には七体が描かれている。しかも、ナマズにはオシリスという神の名前が付けられている。これらは半魚人というよりも半魚半神といえるものだろう（図6-3）（Thomas. 1818）。

ラトス（latos）、すなわちナイルパーチ（*Lates niloticus*）は、ナイル川に生息する五二種の魚類中最大の魚であり、ナイル川下流部のルクソール近くにあるラトポリス（現在のエスナで、ナイルパーチの町の意味）では女神であるネイト（Neith）を表す象徴的な存在とされていた。ナイルパーチは生贄としてささげられ、埋葬されたことがわかっている。ネイトはエジプト文明のなかでも初期の第一王朝時代から登場する女神であり、ナイル川河口部の三角州にある古代都市サイス（現代のサ・エル＝ハジャル）の守護神とされている。ネイトはメソポタミア文明におけるアプスーと同様、水を象徴するものとされた可能性がある。ナイルパーチも半神半魚としての性格をもっていた。ただし、ナイル下流域で小型のラトスは食用とされたが、上流部に遡上し、三〇〇ポンド（＝一三六キロ）ほどの大型になると地元の人びとは食べなかった。

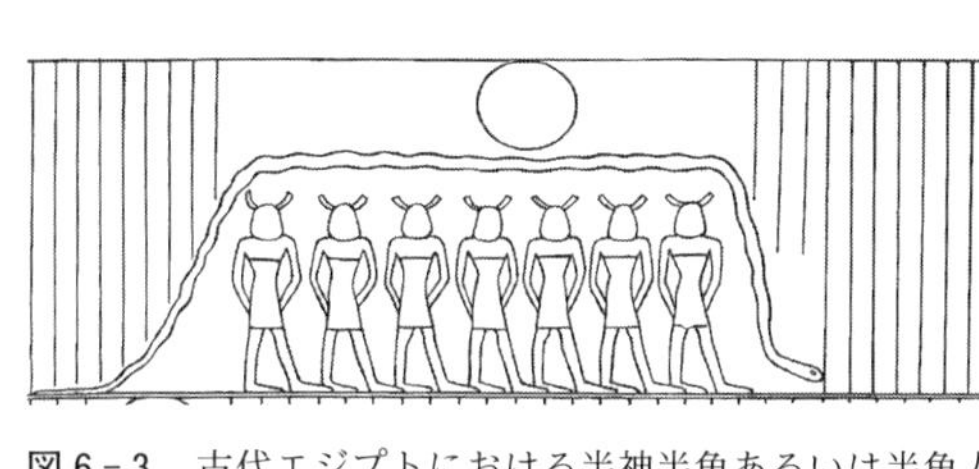

図6-3　古代エジプトにおける半神半魚あるいは半魚人。図に7体描かれている。

一九世紀の文献では聖なる魚としてレピドゥトス（ナイルコイ）、ラトス（ナイルパーチ）、オクシリンコス（ドルフィンモルミス）以外に、ファーゲル（phager）を挙げている（Thomas. 1818）。ファーゲルの種名にはいくつかの説がある。ナイル川を遡上する海産のボラであるとか、胸鰭と尾鰭が赤い特徴をもち、英語で red mullet という記載からするとボラではなく赤いヒメジに相当するとおもわれるが、海産のヒメジはナイル川をはるか上流までさかのぼることはない。また、ナイル川流域の住民は赤い色の魚を神話上の神であるセトの化身であるとして忌避し、海の魚を敬遠する傾向がある。ファーゲルがヒメジである可能性は依然として捨てきれない。

『ハリス・パピルス』（ラメセスⅡ時代のもので大英博物館所蔵、紀元前一三〇〇年代~紀元前一二〇〇年代）には、古代エジプトの首都テーベのカルナック宮殿に祀られたアメン神にナマズやボラの魚体が四四万一千尾献納されたとある。

不浄な魚・神聖な魚

紀元前七五〇年ころに、ヌビア人の王ピアンキがナイル川下流域に進出して第二五王朝を建国した。降伏した地元の王たちは魚を食べる習慣をもっていたが、ヌビア人は魚食を不浄とみなしたので、地元の王たちは宮殿に入ることがなかった。もっとも、魚を食べなかった王たちは宮殿に入った。第二五王朝二代目のヌビア人の王パイエ（Piye）も魚を食べる下エジプトの貴族たちと一緒に食事をすることはなかった。死者への供物に魚をそえることもなされず、特定種類の魚をいくたびか食用禁止とした（Ikram 2001）。ヘロドトスが『歴史』のなかで記載しているように、司祭階級が魚を食べることは厳禁とされており、鱗のないナマズなどはネコの食べ物とみなされていた（Helck and Otto 1977）。

ブートゥ（bu）、シェプ（shep）などは味がまずくエジプト人に敬遠された。このほか、ナイルフグは猛毒であるが、アスワン地域ではめでたい魚とされる。イズミダイ（ナイル・ティラピア：*Oreochromis niloticus*）は古代エジプトの太陽神ラーの乗る聖なる船の番人であるとともに、ハトホル女神の聖魚とされた。ナイルパーチは大きくなる魚で、エスナでネイ女神の化身とされ、ラトス（Latos）と称された。エジプトウナギはヘリオポリスの神アトゥムの聖魚とされていた。ナイルナマズは底生性であるが、このほかスキルベ（*Schilbe mystus*）とクララ（*Clarias lazera*）などのナマズが生息し、後者は古代エジプト語でナルメル王の名前を示すナル（nar）と称されるものの可能性がある。また、モコキデ科（Mochokidae）のナマズは九属約二〇〇種あり、サカサナマズの仲間である。索餌を水面上でおこなうため、仰向けに泳ぐ習性がある。英国の動物学者Ａ・Ｇ・ブーレンジャーは *S. nigrita* の例を詳細に示している（Boulenger 1907）。

このように、古代エジプトでは魚にたいして多様な観念があり、魚の女神とされる例や神聖性をあたえられたナイルパーチ、ナイルコイの一種、ボラないしヒメジ、エレファントノーズフィッシュなどがあった。また、ヌビア人が征服したさいには一部の魚を不浄とする観念も発達していた。アマゾン川についで長い六六〇〇キロ以上の流長をもつナイル川では下流のデルタから上エジプトまで、河川域の魚とのかかわりは多様であり、また氾濫と乾燥が季節的に繰り返すナイル川流域では、人びとと魚との関係も大きく変化した。古代エジプトにおいて、魚と人の多様な関係性があったことになる（Brewer and Friedman 1989; Bagnall 2005; Kamal 2009）。

古代パレスチナの半魚人「ダゴン」

地中海とヨルダン川、死海にはさまれた地域（イスラエル・ヨルダン、レバノン・シリア）は古代にカナンとよばれ、ペリシテ人が居住していた。『旧約聖書』の「創世記」一〇にその記述がある。かれらはダゴン（Dagon）とよばれる土着信仰に帰依していた。ダゴンはヘブライ語の魚を表す「ダーグ」と偶像を表す「アオン」の合成語であるとか、穀物を意味する「ダーガーン」によるとする説がある。魚が多産であることへの注目は古代メソポタミアでもみられたが、ここでは魚の多産性と農耕における豊穣が結合したとする考えが受容された。豊穣の神としてのダゴンは、至高神ヤハウェ（エホバ）を信仰するイスラエル人のユダヤ教の教義とは敵対するものであり、ペリシテ人は神をめぐってイスラエル人と闘争を繰り返した。

イスラエルの英雄サムソンがガザにあるペリシテ人の宮殿の前にユダヤ教の「神の箱」をおくと、ダゴンの神像の首と両手の部分が失われ、魚の形をした残骸が残ったとする神話がある。この神話はダゴンが半人半魚のイメージとしてとらえられる背景となっている。ユダヤ教、キリスト教、イスラーム教などの一神教は、異教徒の思想や信仰を悪魔扱いし、完膚なきまで破壊しようとした歴史をもっている。この考えは近代以降の西洋にも伝承され、一六六七年刊のミルトンによる『失楽園』は「創世記」のなかでアダムとイヴが楽園を追放される話に依拠した小説であるが、そのなかでもダゴンが海の怪物として描かれている（ミルトン 1981a, 1981b）。魚への信仰が一神教で排斥されがちな傾向があったとしても、キリスト教では魚とキリストを同一視する信仰が生まれたことは興味ある宗教史の出来事であろう。

古代ギリシャの半魚人

半魚人としてよく知られているのが、ギリシャ神話のなかに登場するトリトン（ないしトリートーン）である。トリトンは、神話のなかで海と地震を司る神のポセイドンとその妃であるアムピトリテ（大地を取り巻く第三のもの＝海）の間に生まれた息子を指す。トリトンは上半身が人間、下半身は魚の尾をもつ存在である。ただし、尾の部分は魚というよりも大蛇に似た細長い形状で、しかもトリトンは馬の脚をもっている。左手にホラガイをもち、女性を抱きかかえている。この姿はトリトンがホラガイを吹いて嵐を鎮め、好色な存在でもあることを表現している。

トリトンの娘たちはトリトニス（複数はトリトニデス）とよばれる女神である。アテネ国立考古学博物館にあるトリトニス像は紀元前一世紀頃に制作された。オリジナルのものは紀元前二世紀に制作されたが壊れたので、取り替えられた。発見場所はギリシャのペロポネソス半島中央部のアルカディア地方、リュコスラにあるデスポイナ神殿である。デスポイナ女神とはポセイドン海神とデメテル女神の娘神である。デスポイナ神殿では密議がおこなわれていた。その神殿内にはデスポイナ女神とデメテル女神が玉座に座り中央に安置され、両脇にアルテミス女神とアニュトス神の大きな像とデスポイナ女神のヴェールの彫刻、そしてトリトニスたち（トリトニデス）の彫刻が四体あった。

ポルトガルのリスボンにあるペーナ国立宮殿は一九世紀に建設され、世界遺産となっている。宮殿内の一角にトリトンの大きな像がある。大きなシャコガイの上に座り、髭づらのいかつい形相で体は人間であるが、膝から下部は鱗状の細長い脚で、その先端部は尾鰭になっている。尾が二つあることになる。ギリシャ時代のトリトンとは似ても似つかない姿をしているが、半魚人の基本的なイメージは二〇〇〇年を経てもかわらない。

南米の古代文明の半魚人

南米のボリビアにあるプレ・インカ文明の遺跡であるティワナク（the Tiwanaku）は紀元二〇〇～一〇〇〇年期にさかえたティワナク帝国の中心地であった。海抜三八五〇メートルに位置し、ティティカカ湖の南にある。ティワナクの中心地であったカラササヤ遺跡（Kalasasaya）は周囲を石積みの塀でかこまれた方形の敷地にある。復元された遺跡は元通りに修復されたものであるとはかぎらない。いずれにせよ、カラササヤ遺跡には移設された約三・五メートルの砂岩製の立像（高僧を意味するフライヤーの像）がある。別の場所にはおなじような安山岩性の立像（発見者の名により、ポンスの像と称される）がある。英国の作家であるハンコックは、これらの石像の全身に施されている細かい文様と腰帯に注目した。そして、ハンコックは腰帯の文様が魚の鱗を表し、魚の頭のデザインとして示されていると考えた（Hancck 1997）。古代文明における半魚人の表現について、ハンコックはかつてアンデス文明の調査をおこなったポツナンスキーの論を踏まえ、ティワナクの立像の起源を遠く離れた古代バビロニアにおけるアダパーである半魚人とおなじ性格のものと考えた（Posnansky 1945, 1957）。しかし、両者を

図6－4　モチェ文化における半魚人（左）とナスカ文化におけるシャチのデザイン（右）（右手に人間の首をもつ）。

結び付ける決定的な証拠はない。ハンコックは、カラササヤ遺跡の石像がたとえば半魚人を表すとして、その背景となる魚への信仰をティティカカ湖におけるチュルア（Chullua）とウマントゥア（Umantua）とよばれる神に注目した。ティワナクはティティカカ湖の周辺にあり、ティワナクの文明をになった人びとが漁業や魚と無縁であったとはおもわれないが、この点についても調査が不十分でカラササヤ遺跡にある立像が半魚人として位置付けられるかの明確な証拠はない。

一方、プレ・インカ文明期の海岸部にさかえたモチェ文化（Moche）では、魚とのかかわりが深いことを出土した土器の文様などから探ることができる。モチェ文化は紀元前後から七〇〇年ころにペルー北部のモチェ川、ラ・レチェ川流域からペルー中部海岸のワルメイ川流域までの五〇〇キロにわたる領域でさかえた。モチェの人びとは狩猟、農耕をおこなうとともに、アシ船で漁撈をおこなった。モチェ文化やチャビン文化で知られる鐙（あぶみ）型（がた）注口土器に描かれた図像に、鵜飼漁の様子が描かれている。一九九九年からの発掘調査で、ワカ・デ・モチェ遺跡から七体もの人骨が発掘され、人骨の分析からその多くが生贄であったとされた。神をなだめるために生贄とされた人びとは敵の捕虜か高貴な人びとと考えられており（Toyne *et al.* 2014）、敵の喉を切ってその血を飲み、首をはねて戦利品とする生贄儀礼がおこなわれたと推定されている。出土した土器には胴体が魚で人間とおなじ手足をもつデーモン・フィッシュの図像が残されている。半魚人のデーモン・フィッシュの像はツミ（tumi）と称される剣をもち、儀礼的な殺戮行為をおこなった存在と考えられている。文字をもたなかったモチェの人びとの世界観を探ることは容易でないが、魚の存在を殺戮者と結びつける発想があったと考えられている。ナスカの絵文字にも人間の首を下げたシャチの図像がある（図6-4）。モチェの土器にある魚はシャチやサメを想定することができる（秋道 1994a）。現に、モチェの鐙型（あぶみがた）注口土器には、歯を表した魚の土器がある。

古代中国の半魚人

中国では華北でさかえた新石器時代の仰韶（ヤンシャオ）文化（紀元前五〇〇〇年から紀元前三〇〇〇年）がある。陝西省・西安東部にある仰韶文化の半坡（ハンパ）遺跡（紀元前六〇〇〇年～紀元前四〇〇〇年）の二四七基におよぶ埋葬遺構から大量の彩色陶器（彩陶）が出土した。彩陶には、「魚紋」を内側に描いたものが数多く発見された。写実的な魚の図像は次第に抽象化されることもわかっている（NHK出版編 1997）。魚紋のなかには、顔が人間で胴体が魚のデザインの人面魚紋彩陶盆が一九五五年に出土しており、これは半魚人そのものといえる。西安半坡博物館の魯忠民によると、「人の頭の上の特殊な形は、ある種の宗教活動のいでたちだと思われ、少し歪み絵の技法を使ったように見える魚の文様は人格化した独立の神―「魚神」を代表すると考えられる。これこそが、人びとが魚をトーテムとして崇拝していたことを表している」としている。春秋・戦国時代の『詩経』、『周易』には、魚には隠喩として「男女の交わり」の意味があると記載されている。この点から「人面魚紋」には子孫繁栄の意味があると推定されている（陶 1900; 魯 2003）。半坡遺跡からは魚紋とともに、漁網を表すとされるものや中国語で「半坡陶符」とされる符号を描いた彩陶が見つかっている。当時、半坡人は農耕とともに漁撈や狩猟、採集をおこなっていたことがわかっており、彩陶の鋸歯文や線に突起をつけた符号は魚を表す可能性がある。

図6－5　古代中国における半魚人：陵魚。『山海経』「海内北経」に、「陵魚人面，手足，魚身，在海中」、海外西経」に「龍魚陵居在其（沃野）北」とある。

半坡遺跡よりもさらに古い大地湾遺跡が甘粛省秦安県五営郷で発見され、たいへん注目された。そのなかで、紀元前四〇五〇年～二九五〇年の仰韶文化早期の地層から出土した陶器製盆にも魚紋を描いたものが見つかっている。陶器に魚紋が多く描かれた背景として、魚を死者の再生の象徴とみなし、土器にその願いをこめたことが想定されている。

戦国時代から秦・漢代（前四世紀～三世紀頃）に成立した『山海経』には、半魚人を示す事例が豊富に存在する。たとえば、『山海経』「海内北経」には、「陵魚人面手足魚身、在海中」とあり、人面で手足があり、魚の形をして海中にいるのが「陵魚」であるとしている。これ以外にも、「人魚」、「赤鱬」、「氐人」、「互人」など、人面で魚の体をした怪魚が記載されている（張 2003）（図6-5）。

たとえば、「氐人国在建木西、其為人、人面而魚身、無足」とある。「氐人の国は建木の西にあり、その為りは、人のような面をして魚のような身をして、足はない」の意味になる。『山海経』「大荒西経」にある「魚婦」は死後も復活する神的な力をもつものとされている。『山海経』「北山経」には、「決決之水出焉、而東流注於河。其中多人魚、四足、其音如嬰児、食之無痴」とあり、河川にいる人魚が嬰児のような音を発することが記載されている。人魚はその形が鯢魚、ないし娃娃魚、つまりチュウゴクオオサンショウウオ（*Andrias davidianus*）に比定できるものとされ、死後に復活するのは冬眠後にふたたび動き出すことと関係づけられている。このサンショウウオは大きくなると七〇キロにも達する両生類で、死（＝冬眠）後に再生することが中国の古代世界では羨望と憧憬の目で見られたとしても不思議ではない。サンショウウオは成熟すると鰓呼吸から肺呼吸になり、水陸両方に生息できることも半魚人のイメージと結びつけられる論拠となった可能性がある。

戦国時代東晋の文人である屍子（名前は佼、紀元前三九〇年～紀元前三三〇年）は河川の人魚について記述している。夏王朝の始祖である禹は治水事業をおこなったことで知られているが、「禹理水、観於河、見白面長人魚身出、曰吾河精也」とあり、人魚が河の精であるとしている。のちの三世紀、西晋の宰相であった張華が著した『博物志』にも、かつて禹が見た河の精は、「所謂的河精、也就是河伯、是中国神話中的司水之神」として河伯、つまり水の神としている。この河伯が日本に伝来して河童になったとする説がある。そうだとすると、河童も半魚人として位置づけることができるだろう。

屍子と同時代の東晋で、干宝による『捜神記』は怪奇物を中心にあつかった小説で、そのなかに「鮫人」の記載がある。それによると、「南海之外有鮫人、水居如魚、不廃織績、其眼泣、則能出珠。〈鮫人故事也流布甚広、鮫人織成的〈鮫綃〉入水不湿、是難得一見的至宝」とある。南海の海中に棲む鮫人は織物を絶やさずに作り、泣くとその目の涙は珠となったという。前述した『博物志』によると、鮫人が人間の家で寓居し、その礼としてみずから織った水に濡れても防水効果のある絹織物（鮫綃）と明珠を贈り、報恩とした。その後も鮫人は人間とそれらの宝物を通じた交易をおこなったという。

時代は下るが、中国における鮫人説話が日本にも伝わり、江戸末期に幕臣であった向山誠斎（篤、源大夫）が著した『誠斎雑記』でも「海人魚」として記述されている。「海人魚状如人、眉目口鼻手足皆為美麗女子、無不懼足、皮肉白如玉、灌少酒便如桃花、発如馬尾、長五六尺」とある。つまり、人間の美女のような姿で、尾部はウマの尾のようで、五～六尺あるとしている。中国でも古代から半魚人が人びとの神話的な世界で再生の象徴とみなされてきたことがわかる。

第2節　中世の半魚人

人魚伝説の展開

古代ギリシャの神話的な世界のなかではトリトンが代表的な半魚人の例であることを前節でふれた。トリトンとともにギリシャ時代に起源するセイレーンは上半身が人間の女性で下半身は鳥で、翼をもつ姿をしている。ホメーロスの『オデュッセイア』のなかで、オデュッセウスがセイレーンの歌を聞こうとした下りが語られているように、セイレーンは魅力的な声で歌う。セイレーンは海に身を投じて、岩となった。それでも、セイレーンの歌声だけはのこり、それを聞いた船員の乗る船は沈没するとおそれられた。中世以降、半人半鳥のイメージは半人半魚に変化したが、航海術の発達がセイレーンのイメージに影響をあたえたとされている。セイレーンはヨーロッパ絵画のなかでよく画題とされる（松平 2005）。現代では、上半身が人間の女性で、下半身が二股の魚を表した図像がスターバックス珈琲店のロゴマークとして利用されている。

キリスト教がヨーロッパ世界を席巻する以前の時代、ヨーロッパ世界に広く分布していたのはケルト民族である。ケルトの世界でも人魚が知られている。アイルランドにはメロウ（merrow）とよばれる伝説的な人魚が伝承されている。アイルランド、マン島（英国の王室属領）、スコットランド西部には五世紀、ゲール語の話者であるケルト民族がいた。人魚はゲール語ではムールフ（murúch）とよばれる。メロウはその語からもわかるように、ケルト語系民族の間で広く知られている。語源からいくつかの説があり、古アイルランド語の murdhúchu, murdúchann が「海の歌い手」の意味であることから、ギリシャのセイレーンに由来するとする考えや、アイルランド語のモルーア（moruadh）かモルーハ（murúghach）で、海を表すムイル（muir）とモルーアの娘を意味するオイ（oigh）からなるとする説がある。

一般にメロウは美しい人魚の女性で、上半身は人間で下半身は魚であるとするイメージが定着している。メロウは人間の男性と夫婦になることがあるが、一生を人間と過ごすのではなく、海に戻るとも考えられた。そのさいに、コホリン・ドゥリュー（cohullen druith、あるいは cochallin draiochta）とよばれる大きなフード（帽子）をかぶって潜水した。この帽子がないと海に戻れないとされていた。男性のメロウもいたが、女性とは異なって醜く、人を襲って海中の籠に入れて楽しんだ。男のメロウは体全体が緑色で鼻が赤く、下半身は鱗でおおわれていた。また、尾をもち、腕は短くて鰭状になっていた。男のメロウはゲール語で murúch fir（人魚男）とか fear mara（海の男）と称された。メロウは伝説上の存在としてその語源や民話の伝承に関するケルト系古典文学の研究対象であるが、古代文明の半魚人にみられたような体系的な理解には達していない。

ドイツのライン川流域にはローレライとよばれる岩山がある。ライン川が湾曲する狭小な場所で船舶の航行上、危険視されていた。ローレライは古いドイツ語でルーエン（luen）、つまり「見る、潜む」とレイ（ley）「岩」に由来する。ローレライはライン下りの名所にあたる岩山とともに、岩山に棲む妖精を指す。ローレライは美しい歌声の持ち主で、恋に破れて絶望し、ライン川に身を投げた。周辺を行く船人や漁民がローレライの美声に聞きほれ、船ごと沈没してしまうとする伝承がある。この点で、ローレライは古代ギリシャのセイレーンに依拠した伝説であると考えられる（ド・ドンデ 1993）。

中世ヨーロッパの半魚人

アイルランドやドイツで上半身が女性の人魚像があるかとおもえば、それとは異なった人魚像がある。中世の西ヨーロッパでは、海の司教（Sea Bishop）ないし海の修道士（Sea Monk）とよばれる半魚人に関する民間伝承があった。海の司教や修道士は一見、人間の姿をしているが、よくみると脚は魚の尾鰭状で、手は魚の胸鰭状で先

図6－6　ビショップ・フィッシュ（左）とカスザメ（*Squatina japonica*）（右）（左図は、Zahn 1696による）

が鉤爪のようである。しかも皮膚に鱗があり、頭部は円錐形で魚としての特徴をもちあわせている。海の司教や修道士は海中に棲んでいるが、人間に捕まることがある。捕まっても陸上では直立歩行して生活することができたが、人間の言葉は理解できなかった。なぜ中世のヨーロッパ人はこのような半魚人が海にいると考えたのだろうか。少なくとも、地上とともに海中にも聖職者がいるとするキリスト教的な世界観が背景にあることだけはたしかだろう。

一六世紀におけるスイスの博物学者であるC・ゲスナーはその著『動物誌』（*Historiae Animalium*）のなかでビショップ・フィッシュ（Bishop Fish）としてバルト海西部で捕獲された半魚人に関する実例を挙げ、図も表わしている。ビショップ・フィッシュは前述した海の聖職者とおなじと考えてよい。ゲスナーの著作によると、捕獲された半魚人は司祭たちのもとへ連れてこられた。半魚人は手のような胸鰭を使ってどうぞ逃がしてくださいと司祭たちに訴えた。

司祭たちは半魚人の願いを聞き届けて海へ逃がしてやった。すると、半魚人は十字を切って礼をして海へと消えていった。海に聖職者がいるという考えがヨーロッパにあったことを示唆する逸話である。

では、このビショップ・フィッシュは架空の存在か、あるいは実在する魚なのか。一説ではカスザメと考える立場がある。カスザメは体長が一・五メートル前後で、体形は平たい三角形をしている。体色も暗褐色であり、この形態的特徴が当時の聖職者の服装と似ていることと結びつけられた可能性がある。じっさい、カスザメはモンク・フィッシュ（図6-6）、ないしエンジェル・フィッシュ（angelfish：天使の魚）ともよばれることがある。このほか、アザラシやセイウチに比定する考えもあり、人間の手に似た前鰭をもつ海生哺乳類の特徴と結び合わされた可能性がある。巨大なイカと考える説も頭部が三角形状をしている点から想起されたものであろう。

前述したトリトンやビショップ・フィッシュの画像については、一七世紀のカメラ・オブスクラ（投影機）原理の開発に尽くしたドイツのツァーンによる『物理・数学・歴史の万華鏡』に図が一括して掲載されている（Zahn 1696）。

第3節　日本の半魚人

古代・中世の人魚

日本にも古くから半魚人の伝説や説話がある。たとえば、伝承によれば、六〇五（推古一三）年、聖徳太子が近江国石寺の繖山（きぬがさやま）（滋賀県近江八幡市安土町）を訪れ、自ら彫った千手観音像を祀った。聖徳太子はそのさいに前世が漁師であった「人魚」の願いによって寺を建立した。その漁師は魚を殺して生きていたことで人魚に姿をかえさせられた。殺生をしてきたことで人魚になった男を弔うため、太子は観音正寺（かんのんしょうじ）を建てた。観音正寺にはかつて人魚のミイラがあったとされているが、寺が焼失したさいに散逸したという。

同時代の『日本書紀』の六一九（推古二七）年四月の条には、近江国の「蒲生河に物有り　其の形人の如し」、七月に「摂津国に漁父有りて、あみを堀江に沈けり　物有りて網に入る　其の形児の如し　魚にも非ず　人にも非ず　名けむ所を知らず」とある。

蒲生川は滋賀県近江市蒲生寺町にあり、現在の佐久良川である。この川の上流部にあたる日野町小野には人魚塚があり、蒲生川で捕られた人魚を祀るとする伝承がある。観音正寺と日野町小野の人魚伝説の関係は定かでないが、時代的にもちかく、聖徳太子が小野にお越しになったとする伝承や、小野にある天神社には太子が腰かけたとする石もある。

蒲生川で捕獲された人魚は地元で祀られるほか、遠く離れた和歌山の寺に人魚のミイラとしてのこされている。学文路（和歌山県橋本市）の仁徳寺（延命山西光寺が管理）にある苅萱堂に安置されているのがそのミイラである。伝承では、この人魚のミイラはもともと七世紀に近江国蒲生川で捕れたものとされている。

人魚をジュゴンとする説を当たり前のように考えがちだが、ジュゴンの分布からみても本州では考えにくい。古代における例をみれば明らかで、蒲生川は淡水域にある。また、摂津国で捕獲された人間でも魚でもない存在は難波の堀江で捕獲されている。当時、堀江は大坂湾と河内湖をつなぐ港市の位置にあった。『日本書紀』巻第一一の三二三（仁徳一一）年冬一〇月、「掘宮北之郊原、引南水以入西海、因以号其水日堀江。又将防北河之澇、以築茨田堤、……」とある。つまり、難波津における水運の利便性を考えて南の河内湖の水を西側の瀬戸内海に導入する掘削をおこない、その運河のある場所を堀江と称した。堀江は汽水ないし淡水域にあったことになる。堀江が海水に近い場所であるとしても、人でも魚でもない存在をジュゴンと考える根拠は何もない。

中世にも人魚をめぐる伝説は全国に広くみられ、歴史文書や寺院に伝わる伝承や人魚のミイラとしてのこされている。たとえば、一三世紀の説話集である『古今著聞集』巻第二〇には、「伊勢国別保の浦人人魚を獲て前刑部少輔忠盛に献上の事」とあり、平忠盛が伊勢国別保（べっぽ）で人魚を献上された下りの話を知ることができる。

地元の漁民は毎日網を引いていたが、ある日、奇怪な大魚が網にかかった。

頭は人間のようで、でも歯は細かくて魚そのものであり、一方、口は猿に似て突き出ており、頭部以外は普通の魚の形をしていた。三頭かかったのを二人で背負って運んだが、尾はなお土に引きずるくらいであった。

その魚に近寄ると大きく叫び、それがまるで人の泣き声のようである。また、涙を流すのも人間と同じであった。さすがに漁民も驚いて、うち二頭を忠盛のもとに持っていったが、忠盛は気味悪がって、すぐに漁民たちに返してしまった。そこで彼らはどうしたかというと、魚を切り刻んで食べてしまった。食べたけれど、だれにも別状なかった。味は、ことのほか美味であったという。

近世の人魚と八百比丘尼

「八百比丘尼（やおびくに）」・「白比丘尼（しろびくに）」伝説は日本全国に広がって伝承されている（大林 1979; 稲田・小澤編 1981; 九頭見 2011）。対象となる人魚は、魚であるのか海生動物なのか。一八〇五（文化二）年五月、越中国の放生津潟（ほうじょうづがた）（現在の富山県射水市）に人魚が打ち上がった。図6-7にあるように、顔面は鬼のような容貌の人間で角があり、下半身には鱗がある。想像をふくめて描かれた瓦版であるとはいえ、表情からして異界からの存在であると認識されたのだろう。

日本各地には、村の女性がたまたま人魚を食べて、年老いることもなく尼となって長寿をまっとうしたとする伝承がある。ふつう、八百比丘尼ないし白比丘尼として知られる伝承がそうである。富山県の中新川郡（なかにいかわ）では、白比丘尼はエイと関連づけられている。

村の者が謎の老婆にまねかれて滝の裏にある屋敷で一晩もてなされる。翌朝帰ってみると一年たっていた。土産にもらった包みにはエイのようなものが入っていた。みな気味悪がって食べなかったが、ある娘がそれを食べると老いなくなった。何度結婚しても亭主が先に年老いて死んでしまう。娘は尼になり白比丘尼と呼ばれ、やがて村を去って行ったという。

図６－７　放生津潟に打ち上がった人魚
1805（文化２）年５月。富山には、白比丘尼伝説や玉椿姫伝説がある。

ほかの地域における伝承でも、八百比丘尼は人魚やエイのようなものをたまたま食べたことで長寿になったとされている。人魚は人間と魚との両方の属性をもつ両義的・境界的な存在である。人魚を食べることは、一面で人間を食べる食人行為を意味するが、他方で魚を食べる通常の食事行為にほかならない。その両方の行為を実行したのが八百比丘尼にほかならない。そして、彼女は不老長寿になった。文化人類学の小野地健は、人魚を食べるという反社会的な行為をはたらいた八百比丘尼の運命について、日本における死生観の特質を洗い出した（小野地 2005）。

ふつうの生活で異界からやってきた人魚を食べることは社会の秩序を乱す行為とされている。しかし、外部者からのすすめや供応にせよ人魚を食べた八百比丘尼は通常の人間とは異なって不老長寿となった。しかし、自らの逸脱行為によって人間世界から排除されて生きていかざるをえなくなった。最終的に八百比丘尼は人しれずに洞窟のなかで入定するほかなかった。人間世界の「生と死」の観念を逸脱した、秩序の破壊者である八百比丘尼は村人から自らの死をも奪われた。小野地は、八百比丘尼は死んでも生きてもいない瞑想状態、永遠の境界状態で自らの安住の境地にいたると位置づけた。この論考は人魚のような半魚人と人間とのかかわり合いを考えるうえでたいへん示唆に富む問題提起となった。

人魚像と贋作

八百比丘尼入定の地が福井県小浜市の空印寺（くういんじ）にある。小浜の浜には人魚像がある。残念というか、これはヨーロッパ的な人魚像であり、日本土着の死生観を表したものとはいいがたい。富山市の岩瀬古志町（こしまち）にも人魚の像があり、おなじく西洋的な人魚像である。アンデルセンの童話『人魚姫』をモチーフにしたコペンハーゲンのブロンズ像の真似よりも、日本文化に根差した人魚像をみたいものだ。

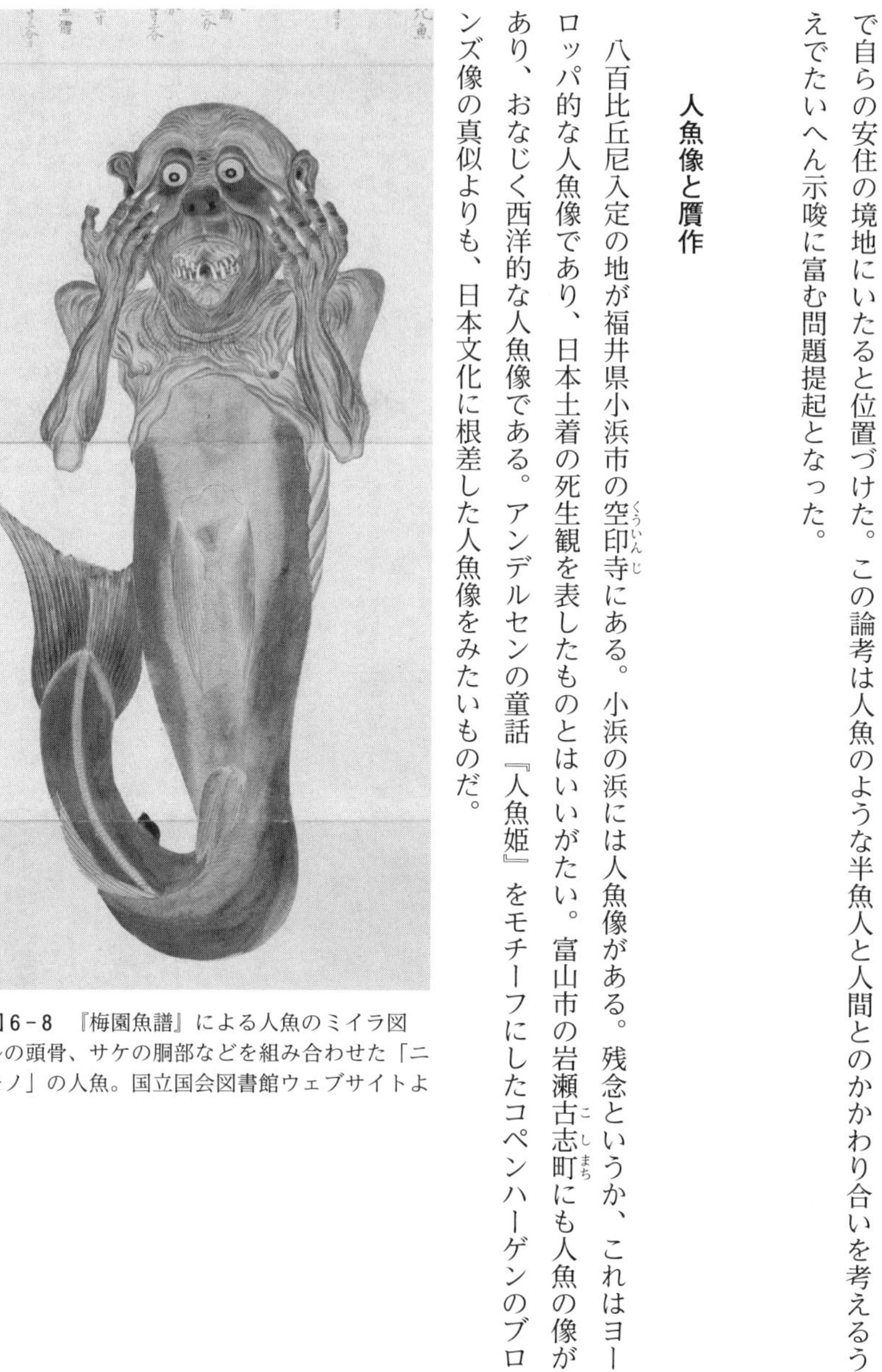

図６－８　『梅園魚譜』による人魚のミイラ図
サルの頭骨、サケの胴部などを組み合わせた「ニセモノ」の人魚。国立国会図書館ウェブサイトより。

江戸時代の一八〇〇（寛政一二）年、大坂西堀平野町の浜で体長約三尺の不思議な魚が釣り上げられた。上半身が人間で下半身が魚のものではなく、人面に似た顔でボラのような大きな鱗をもち、人間の赤ん坊のような声を出したという。これは何であったのか、興味がある。

江戸時代には贋作の人魚が作られた（山中 2017）。たとえば、同時代の一八二三年に長崎のオランダ商館に赴任したシーボルトは、日本国内で多くの生物・民俗資料を収集し、ライデンの自然史博物館に送っている。このなかにニホンザルと魚の死骸を組み合わせて作られた人魚のミイラがふくまれていた。この実物は国立民族学博物館（吹田市）で開催された特別展「シーボルト父子のみた日本」（一九九六年八～一一月）で展示され、同館における二〇一六年の特別展「見世物大博覧会」でも人魚が紹介された（山中 2016）。図6-8に、江戸時代後期の本草学者である毛利梅園による『梅園魚譜』の人魚図を示しておこう。

第4節　オセアニアと琉球の半魚人

ミクロネシアの半魚人

オセアニア世界でも半魚人の存在が知られている。オセアニアでは、海と人間とのかかわりはメソポタミアやヨーロッパにくらべてもっと深いはずだと考えてしまうが、意外と半魚人の実例は少ない。

まず、半魚人の言語的な観点からの位置づけについて、ミクロネシア・中央カロリン諸島にあるサタワル島の例を示そう。サタワル島では、魚は一般にイークと称される。このなかで、硬骨魚類やサメ・エイなどの軟骨魚類とともに、クジラやイルカなどの海生哺乳類もイークという概念にふくまれる。クジラはラーウ、イルカはクーと称されるが、別名でそれぞれイキン・ナップ、イキ・リックともよばれる。イキは「魚」、ナップとリックはそれぞれ「大きい」、「小さい」ことを示す。つまり、クジラは「大きな魚」、イルカは「小さな魚」という意味でよばれていることになる（秋道 1981）。

第5章で指摘したように、サメ、エイ、ウツボ、エイ、クジラ、イルカなどはイキンガウ、つまり「悪い魚」とよばれる。さらに、サメ、エイ、ウツボ、イルカなどは人間であるとも考えられている。この考え方を端的に示すいくつかの説話がサタワル島に伝承されており、イルカ、エイ、ウツボなどが人間として説話に登場する（土方 1975）。筆者自身も、イルカがその皮をぬぐと人間とおなじ姿をしているという内容の説話や、エイの娘が人間とおなじ姿をしており、ある男と結婚し、子どもを産むという説話を採集した。

サタワル島で男子が生まれると、その子をイルカになぞらえて、「キューイ、キューイ」と人びとがふれまわる習慣がかつてあった（染木 1937）。以下、その部分を引用しよう。

……出産無事に終り産児男ならば介抱の者先づキューイ、キューイと叫ぶ、其の意は海豚の意にて海豚は元気潑溂たる動物なれば海事を生命とする海島土人の男子に取りては憧憬の象徴たり、故に男子生るれば之を海豚になぞらへて祝ふ也。之を聞きつけたる近隣の者も又口を揃へてキューイ、キューイと叫び全島に男子出生を報知す。産児女ならば只黙す。……

この場合の「キューイ」は、イルカ、すなわちクーを指しており、イルカが人間、とくに男性の出産と結びつけられている。ただし、サタワル島では以下のような内容の説話が知られており、女性のイルカもいたことになる。

……イルカの姉妹が島の浅瀬で皮を脱いで水浴していた。その姿は人間であった。そこを島の男性に盗み見られてしまった。姉はそれに気づいて皮を身に着けて海に逃げたが、その男性が妹のイルカの皮を盗んで隠したために、妹は海にもどれず悲しがっていた。そこで男はその娘を説得して自分の家に連れてゆき、結婚した。子どもができてかれらは平安に生活を送っていたが、ある時、子どもが家で遊んでいたさい、体が柱にあたると、男が屋根裏に隠していたイルカの皮が落ちてしまった。それを見た妻は自分の夫にだまされたことを知った。嘆いた妻はその皮を身に着けて海に戻った。……

この例ではイルカは女性であり、イルカは男女ともに人間の姿をしていると考えられている。また、ウツボを意味するサウファンということばのサウは、「特殊な能力や知識を有する人間」にたいする称号でもある。ファンは「悪い」ことを指すが、それ以上の意味については、明らかにすることができなかった。

サタワル島とおなじカロリン諸島にあるチューク(トラック)諸島のファーナッカル島では、サメやイルカが人間(アラマス)として分類されているという報告もある(Caughey. 1977)。

メラネシアの半魚人

図6-9左は、一九世紀に英国の人類学者であるコドリントンがメラネシアの調査をもとに著した書(Codrington 1891)にある半魚人である。頭部は魚一尾分で、脚の指先が小さな魚からなっている。また、この半魚人は両手に魚をもっている。胸鰭が大きいことからおそらくトビウオであろう。また、左手の肘からは多くの小魚がつながった状態で描かれている。尻部は魚の尾からなっており、半魚人の背中には背鰭状の突起がある。

図像ではなく、半魚人の造形物の例がある。**図6-9**右は、サンクリストバル島で製作されたトビウオ漁用の木製浮きである。浮きの上部は半魚人を表している。半魚人の頭部はおそらくカツオかマグロで、右手にもって

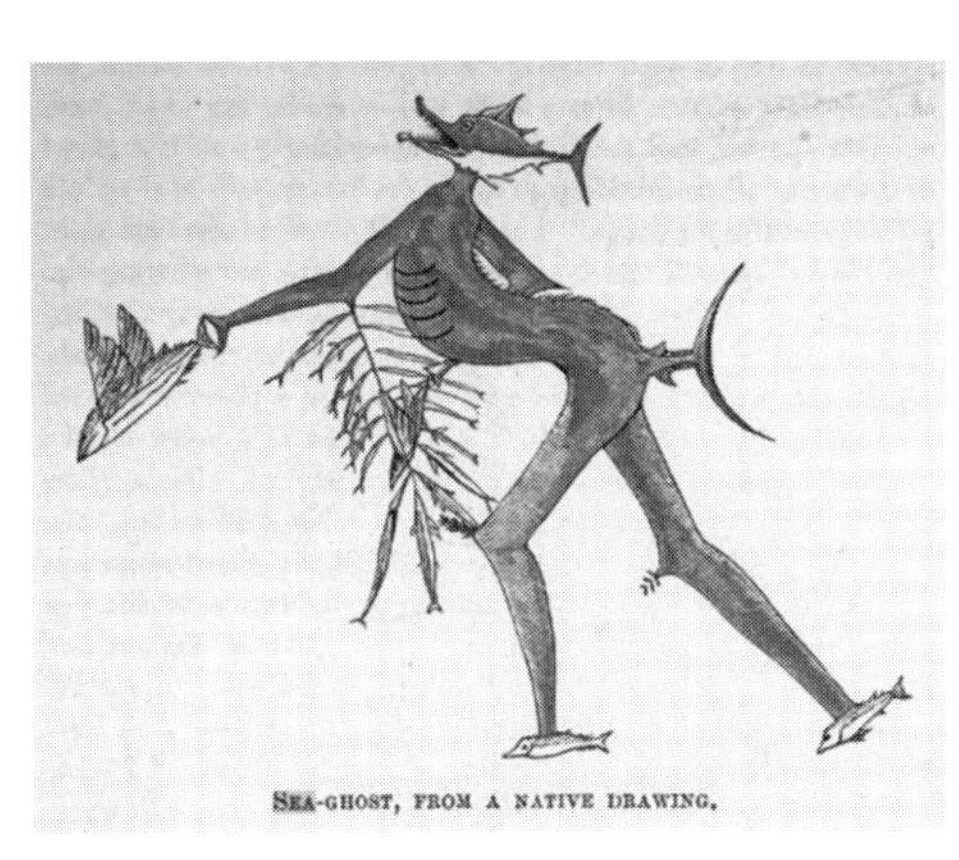

図6－9
半魚人の図（左：Codrington 1891, p. 259.）と半魚人のトビウオ漁用浮き（右：サンクリストバル島・ソロモン諸島）（国立民族学博物館所蔵）

いる小さい魚はその餌である。尻の部分は魚の尾をしており、突きだしたペニスに大型の魚の口吻が突き刺さっている。胴体と手足は人間の形をしている。

この浮きの下部には石の重りが取り付けられている。図では見にくいが、浮きに取り付けられたゴージ（V字形の木製のかかり）が半魚人の尻部の部分にみてとれる。このゴージにココヤシの果肉を餌として取り付け、漁具を海面に流す。トビウオが餌に食いつくと、浮きの動きでそのことがわかる。ミクロネシアの中央カロリン諸島でもおなじような原理でゴージとココヤシの果肉を餌に使うが、浮きにはココヤシ殻を用いる（秋道 1996, 2013c）。

このほか、オセアニア地域では、男性、女性ともに体に入墨をほどこす習慣があり、そのデザインやモチーフには魚やサメの歯（鋸歯文）、イルカなどが頻繁に用いられる。

魚やイルカを入墨のデザインとすること自体、その動物との関係を示唆するものであり、アイデンティティを表わす身体変工ともいえる。

ポリネシアのタヒチでは、海神から海の生き物が生まれたとする神話がある。

……タンガロアの手足の指の爪から鱗や甲羅をもつ、海の生き物が生まれた。タンガロアはまた鳥の羽のようなものをまとっていた。その羽をむしるとパンノキとパンダナスになった。こうして、タンガロアは緑色をした、根から水分を吸うすべての植物を創り出した。また、タンガロアの長い腸からは、エビやイセエビができた。……

タンガロアは半魚人ではないが、神話的にさまざまな海の生き物を産んでいる点は注目してよい。

物言う魚と半魚人

魚が人間のことばを話すことで、その魚は人間的な性格をもつといえる。動物がこうした属性をもつことを示す民族例はけっして少なくない。次章でふれるデスコラは、南米エクアドルの焼畑農耕民アチュアール(Achuar)の調査から、動物が人間とおなじような行動をもつと考える例を挙げ、無文字社会の人びとが周囲の環境にある動物の可視的な行動を人間に類似したものと解釈する例はふつうにみられるとしている(Descola 2013)。

ディズニー映画でミッキーマウスやドナルドダックが人間のことばを話す設定で物語が進展するのとおなじように、無文字社会の人びとは幼少のころから、人間とおなじことばを話す動物の存在を認知している。われわれにとって、そのような馬鹿なことはないと考えがちであるが、むしろ人びとは科学で常識とされる世界の限界を超えた世界に生きていると考えるべきかもしれない。南米の話は遠い場所のことであるが、日本にも類似の伝承があることを紹介しておこう。

津波と半魚人

琉球列島における伝承に登場する「物言う魚」はジュゴンであり、魚ではない。場合によってはシュモクザメが登場することもある。いずれも、一七七一年に八重山諸島で発生した明和津波に起因する（牧野 1981; 秋道 2016c）。

この大津波は一七七一年四月二四日（明和八年三月一〇日）に八重山諸島の海域で発生し、八重山諸島から宮古諸島で甚大な被害をもたらした。この津波の教訓として、八重山諸島や宮古諸島では人魚が津波の襲来を人間に伝えた伝承が残されている。石垣島北部の野底（のそこ）の伝承によると、上半身が人間の姿・形をした魚が網にかかったさい、三人の漁師がこれを持ち帰り、食べようとした。すると、その人魚は人間のことばで「わたしは人魚です。わたしを助けてくださったら、おそろしい海の秘密をお教えします」といった。漁師は相談の末、海に逃すことに決めると、その人魚は「明日の朝、おそろしいナン（津波のこと）が来るので山に逃げてください」と告げて海に去った。漁師たちはこの話を白保の村役人にしたが一笑にふされた。果たして翌日、津波が島を襲い、逃げなかった人は亡くなり、津波を信じた漁師と野底村の人びとは山に逃げて九死に一生をえた。この話にある人魚はジュゴンに相違ない。日本の古語で「なゐ」は「地盤、大地」を表わし、「なゐを振る」で地震の意味になる。

宮古諸島にもこれと類似したユナイタマ伝説がある。それによると、「昔、この付近の木（喜屋）泊村には二軒の家があった。そのうちの一軒に住む漁師がユナイタマ（ジュゴン）を捕らえ、身を切って隣家にも分けた。ユナイタマが海に助けを求めると、大波が三度押し寄せてユナイタマを運び去り、波が引いた後には、二軒の家があったところがぽっかりと池になっていた」。また別の話では、「漁師の名を後前（アトメー）タカッチャと云い、よなたま（ヨナイタマ）は人面魚体の人魚で、人間が食べるために炙られていた。そこで母の人魚に助けを求めたため、津波が起きた」という。

　これとおなじ内容の伝説が、明和の大津波より以前に書かれた『宮古島紀事仕次』に記載されている。このなかで、ユナイタマはジュゴンであるという記述はない。大正・昭和初期の郷土史家・稲村賢敷は、ユナ（海）・タマ（魂・精霊）で、海の精霊のこととしている（稲村 1957; 宮古郷土史研究会編 1976）。また、宮古諸島では、ジュゴンではなく現地でピナーシ（シュモクザメ）が人間につかまり火あぶりにされている現場で、海神が津波を起こしその魚を救助する内容の伝承がある。さらに、宮古諸島伊良部島の下地村では、「ヨナタマ」とよばれる魚が人間につかまって網のうえであぶり乾かせられていたところ、人間のことばで「早々にサイ（津波）をやりて迎えさせよ」といった。これを聞いた人間がこわくなって逃げ、翌朝、下地村にもどると、村は津波で消えていたという。柳田国男はヨナタマの「ヨナ」は沖縄における「海」の古語であり、ヨナタマが海霊をあらわすものとしている（柳田 1989）。宮古島の友利、砂川あたりでは海のことを「ヨナ」と称し、漁にいくことを「ヨナウリ」と称した。沖縄には、与那嶺、与根、与那原、与那国、与那城、与那浜、与那崎などの地名がある。ヨナないしユナは海浜のオオハマボウ（ユウナ）が生育する場所であり、ユーナギ、ユナギとして場所の名前が植物名になったとする富島壮英の説がある（富島 1989）。

　沖縄本島の美里間切古謝村（現、沖縄市）では、以下のような話がある。塩作りをしていた人が海に浮かんでいる一尾の魚を家に持ち帰ろうとすると、「一波寄せるか、二波寄せるか、三波寄せるか」と人間の声でつぶやいた。気味悪く思っていたところ、一人の無頼漢と会った。その無頼漢に事情を説明すると、その人物は一笑に付して魚を料理して食べた。そのとき、大津波がやってきた」。

　沖縄・八重山・宮古諸島における津波伝承とよく似た民話を指摘したのは柳田国男であり、さらに東南アジアにおける類似の事例を文化人類学者の後藤明が報告している（後藤 1999）。後藤によると、インドネシアのセラム島の説話では、「あるとき、二人の姉妹が川へカニ獲りにいった。そのとき、岩場でウナギをみつけたので、そのウナギを獲ろうとした。ウナギは人間のことばで姉妹のいったことばを繰り返した。結局、殺したウナギを村に持ち帰ろうとしたが、ウナギは重すぎたので村人の助けを借りてようやく村に運ばれ、切り刻んで食べられた。しかしウナギの肉は十分でなかったので村人が文句をいうと、ウナギは人間のことばでおなじことを繰り返した。その夜に川の水量が増して村は水に呑みこまれた。ウナギを食べた家族はおぼれ死に、食べなかった家族は一命をとりとめた」という。

ジュゴンやサメ、ウナギなどの海洋生物と津波や洪水とのかかわりについての教訓は人間への警鐘である。津波や洪水の災禍は人間がジュゴン、サメ、ウナギを食べようとしたためのたたりで、ジュゴンやサメの警告を聞いた人やウナギを食べなかった人が災難から無事、助かるというメッセージが示されている。これらの説話は自然の脅威にたいする人間の畏怖の欠落や傲慢さを戒めるためのものである（秋道 2016c, 2016e）。

半魚人と擬人主義

半魚人が人間と水界をつなぐ媒介者となることや、人間界と超自然的な世界のメッセンジャーとして登場すること、半魚人が多様な図像として可視化されていることが明らかとなった。

図像として表わされた半魚人は人間とおなじく霊をもつ存在といえるが、魚の部分自体に霊があることにはかならずしもならない。半魚人を「擬人主義」（anthropomorphism ないし personification）の用語で表すこともできるが、魚自体に霊を認めるかどうかについての課題は別問題である。次章でまずこの点から議論を進めたい。

第7章　魚と世界観―霊魂と身体

第1節　魚と人間の存在論

本章では、前章の半魚人に関する考察をふまえ、自然界の魚に魂があるのかという問題提起から論を進めたい。半魚人を単に擬人主義ではないかとする指摘を超えて考えたいからである。この点に関連して、哲学者の金森修は人間と非人間の境界論から議論を提起している（金森 2012）。さらに、フランスの作家であるパイイは動物が思考するのかと問題提起し、人間との共生を提唱している（パイイ 2013）。人間と動物のかかわりを人類学的な観点から論じる研究は最近注目されつつある（奥野・近藤・山口編 2012）。

動物に魂の存在を認める思考様式は古くからあった。それがアニミズム（animism）であり、一九世紀、英国のタイラーが『原始文化』のなかで定式化している（Tylor 1871）。アニミズム論では、無生物の石や水にも霊魂を認めるとされている。日本では、文化人類学者の岩田慶治が『草木虫魚の人類学』のなかで東南アジアの調査を踏まえてアニミズム論を展開している（岩田 1991）。

アニミズムにたいして、人間集団が特定の神話・儀礼の信仰体系を媒介として自然界の生き物と系譜関係をもつとする思考様式はトーテミズム（totemism）、対象となる動植物はトーテムと称される。北米先住民であるオジブワ族（Ojibwa）の研究から出発し、世界各地で調査が進められた。構造人類学者のレヴィ＝ストロースはトーテミズムの今日的な課題を提示し、無文字社会の人びとが自然を認識するうえで注目すべき「野生の思考」を育んできたことを豊富な事例から明らかにした（レヴィ＝ストロース 2000）。それでは、アニミズムとトーテミズムの論議だけで、人間と魚とのかかわりや思考体系を充足的に説明することができるだろうか。

デスコラの存在論

ここでフランスの人類学者デスコラが提起した存在論（ontologies）にふれておこう。デスコラは、人間と自然界の動植物の関係を探るうえで、自然界のとくに動物の身体（外面）性と内面性に着目し、人間と動物との類似性と異質性から、四つの項にそれぞれアニミズム、トーテミズム、類推主義、自然主義をあてはめ、新しい存在論として提起した（**表7-1**）。デスコラは南米エクアドルのアマゾン川上流部に居住する焼畑農耕民アチュアール（Achuar）の調査をもとにこの論を立案した（Descola 2005, 2013）。

表7－1　存在論のパラダイム（P. Descolaによる）
身体性（Physicality）と内面性（Interiority）の異同性をもとに人間と比較したもの。

		内面性	
		類似	異質
身体性	類似	トーテミズム Totemism	自然主義 Naturalism
	異質	アニミズム Animism	類推主義 Analogism

アニミズムとトーテミズムはともに自然物に霊魂を認める思考様式であるが、デスコラは自然物に霊魂を認めない発想には二つあり、人間と外面（身体）性においてたがいに異質とする考え方を類推主義、つまりアナロジズム（analogism）とした。これは宇宙中心主義の立場ともいえる。これにたいして、人間と自然界の生き物はたがいに因果関係をもつ類似の存在とする考え方を自然主義、ナチュラリズム（naturaism）と称した。参考までに、自然主義の説明上、遺伝学の考え方を参照しておこう。遺伝学では、表現型（フェノタイプ）と遺伝子型（ジェノタイプ）を区別するが、表現型はデスコラのいう外面性で、遺伝子型は内面性とおなじ意味を指すのではない。遺伝学における表現型は、遺伝子型が形質として発現したものにすぎず、魂の存在を指すものではない。

古代ギリシャの哲学者であるアリストテレス（紀元前三八四～前三二二年）は、

生物はすべて霊魂をもち、石や大気、水などの無生物と区別されるとした。また、感覚と運動能力をもつものを動物、もたないものを植物と二分し、さらに人間は理性をもつことで他の動物とは区別される、としている。

デスコラの主張する存在論の枠組みで、生き物を外面性と内面性の属性にわけ、人間との関係で、ある・なしの二律背反的な基準によって類別化することが果たして現実の諸事例に妥当かつ合理的な説明をあたえるのだろうか。デスコラは、ある社会のなかでも四つの存在論が併存するとしている（Descola 2013）。西洋の思想的な枠組みからすると、規範となる原理・原則は絶対視されるが、規範からの逸脱や異質なものの同居ないし共存については、別の観点からとらえ直すことができるのではないか。

デスコラによると、アニミズムとトーテミズムは人間との類似性・異質性から類別されるものと規定したが、両者が果たして二元論的に峻別できるだろうか。類推主義と自然主義についても、内面性では両者ともに人間存在とは異質で、外面性については自然主義が類似で、類推主義が異質と二元的に類別することが妥当なのか。これらの点をくわしく検証する必要があるのではないかと考え、以下の論証を進めたい。

生き物と仏性

東洋には「一切衆生悉有仏性」（あらゆる生き物にはすべからく仏性がある）、「草木国土悉皆成仏」（草木や無機的な環境世界はすべて成仏する）の思想がある。ただし、古代インドの仏教では「衆生」のなかに植物はふくまれていなかった（岡田 1999, 2002; 岡田・中峰 2012）。大乗仏教の世界でもこの考えは根強く、ほとんどの場合、草木はいのちあるものとは見なされなかった。しかし、仏教が中国に伝来した段階で、唐代における天台宗の僧侶、荊渓湛然（七一一―七八二年）は、草木にも仏性があると主張した。日本の最澄は海を渡り、天台山で湛然の弟子である道邃と行満のもとで天台教学を学んだ。これを契機として日本の天台宗に草木成仏思想と悉有仏性論が伝わった。

成仏や仏性は仏教用語であり、この思想は仏教伝来後のものであることにちがいない。しかし、「草木国土悉皆成仏」の思想が仏教固有のものであるとはかならずしもかぎらない。『日本書紀』（神代上）巻一第五段には、伊奘諾尊（イザナギノミコト）と伊奘冉尊（イザナミノミコト）が創造した事物についてつぎのような下りがある。

「次生海。次生川。次生山。次生木祖句句廼馳。次生草祖草野姫。亦名野槌。既而伊奘諾尊。伊奘冉尊共議曰。吾已生大八州国及山川草木。」

イザナミとイザナミが海、川、山、木の精、草の精、野の精を生んだ。二神は話し合って、「わたしは大八州国と山川草木を生んだ」と語った。

神が創造した世界に国土と山川草木がふくまれているわけで、しかも「木祖」「草祖」など生き物の祖先ないし祖霊を創造したことが語られており、生き物を霊的な存在とみなすアニミズム的な思考があったことをうかがわせる。大八州国山川草木は、仏教でいう草木国土とじつは同質の考えといえるのではないだろうか。

あらゆる生き物は成仏すると位置づけた思想は大乗仏教の世界だけでなく、のちに狂言や能楽・謡曲などの日本の芸術分野にも色濃い影響をあたえた。たとえば、狂言歌謡のなかに「かいぐん成仏道」（六十五　魚説法）、「願以此功徳普及於一切　我等与衆生　皆共成仏道」とある（六十九　啼尼）。また、漁師の網で捕獲されたタコの幽霊が最期を語る懺悔の謡がある。「或は四方へ張蛸の　照る日にさらされ足手を削られ　塩にさゝれて　暇もなき苦しみなるを　妙なる御法の庭に出て　仏果に至る有難さよ。唯一声ぞ南無阿弥陀物仏　唯一声ぞ生蛸と　かき消すやうに失せにけり」（百廿二　鮹）

タコが人間によって捕獲され、苦しんだ挙句、仏僧によって弔われる下りがわかる。

以上の点を踏まえれば、日本に固有のアニミズム的な思想が仏教の伝来する以前からあり、その後、仏教と融合した形で展開したとみなすことができる（吉田 1991）。

以下、第２節と第３節では、魚の霊魂とカミ観念について検討しよう。第４節はさまざまな図像として表わされた魚を、自然科学と芸術のはざまでもつ意味を考えたい。そして、第５節では魚が霊魂をもつかどうかに関する包括的な議論を提起したい。

第２節　魚の霊魂をめぐって

生き物に霊魂があるとする考えはアリストテレス以来の古くからあった議論で、人類学の分野ではアニミズムとトーテミズムがその代表的な説明理論とされている（Firth 1938, 1939）。そこで、魚に霊魂があるとか、人間の祖先が魚であるとする事例をもとにこの問題を考えてみたい。

サメと死霊

メラネシア地域のソロモン諸島やニューヘブリディス諸島（ヴァヌアツ共和国）における調査によると、一般にマナ（mana）とよばれる超自然的な力が日常・非日常生活で絶大な能力を発揮すると信じられている。マナはとくに石に宿るとされ、男性だけが入ることのできる聖所にうずたかく積まれていることがある。しかも、マナを発揮させるには霊的存在の介在が不可欠である。生者と死者ともにその霊を有している。死霊（ghost）は人間が死んでからも生き続ける霊的な存在であり、メラネシアの多くの地域でティンダロ（tindalo）とかアガロ（agalo）と称される（Codrington 1891; Rivers 1914）。

メラネシアのいくつかの社会では、サメが霊魂をもつと考えられている。たとえば、ソロモン諸島マライタ島北東部に居住する漁撈民ラウ（Lau）の社会には、クヌフィアとよばれる祖先の背中にあったオデキ（＝卵）が身体から離れて海に落ち、海中で八日後にふ化してサメ、つまりバエクワァ（baekwa）になったとする説話がある。つまり、サメはラウの祖先そのものとされている。海で潜水するさい、サメに襲われないために、ブタを供犠としてサメにささげる儀礼が一九七四年に現地を訪れた時におこなわれていた。

マライタ島南部のサ・ア（Sa'a）の社会では、サメは人喰いザメであるワシ（wasi）と、祖先の死霊であり守護神でもあるパエワ（paewa）に区別されている。パエワは人喰いザメから人間を守るとともに、海上安全を保証し、サ・アの人びとにとり重要な食料であるカツオをもたらす。カツオ釣りの名手は死後、サメに化身して人びとにカツオをもたらし、海上安全を約束するとされていた（Ivens 1927, 1930）。サ・アのパエワは、ラウ社会のバエクワァと同根の語彙である。パエワは人間が変身した存在であり、人食いザメのワシは人間の霊魂をもたないであるとしても、仮に人間が人喰いザメに捕食された場合、そのサメは人間的要素をもたないと考えるのか、という疑問が生じる。

ソロモン諸島西部では、死者はふつう水葬にふされる。ただしショートランド諸島では、首長氏族の女性は火葬にし、その灰は決まった場所の川や海に投げ入れられた。人間の灰は、氏族のトーテム動物であるサメやヘビなどに食べられると考えられていた。おなじソロモン諸島西部のサヴォ島では新生児が生まれると、その子どもが陸ないし海の属性をもつものかによって、埋葬するか水葬にするかを決める。海の属性をもつ個人は水葬にされ、その人間はサメに食べられると考えられていた（秋道 1999b）。つまり、サメが人間を食べることにより人間としての要素をもつことになり、サメが人間のトーテムになるといえる。神話的な世界に遡及するまでもなく、サメが人間を襲って食べる現実がトーテミズムの背景となっていることがわかる。しかし、サメがトーテムとして人間社会で果たす役割については十分納得のいく説明はない。

ポリネシアのハワイ諸島には、この点を考える重要な例がある。ハワイではサメは一般にマゴ（mango）とよばれる。このうち、食用とされるサメはマゴ・イア（mango i'a）、人食いザメはニウヒ（niuhi）とよばれ、食されない。さらに、サメを家（アウマクア：aumakua）のカミとして決して食べない場合がある。そうしたサメはマゴ・カナカ（mango kanaka）とよばれ、サメを父として、人間を母とする夫婦から生まれたとされている。カナカは「人間」の意味である。そうした家系の人びとはバナナやミルクフィッシュなどの供物を海岸にもっていき、家のカミであるマゴ・カナカに捧げる儀礼をおこなう。このサメは人間が海でおぼれるようなさいに、無事に岸まで運んでくれると考えられていた（Tlitcomb 1972）。ハワイではサメは食用とされる種類と食用とされない人食いザメ、家の守護神となるトーテム的な意味づけをされた非食用のサメがいることになる。ある社会でも魚と人間との関係は一元的ではなく、重層化していることがわかる。

トンガでは、テニファとよばれる人喰いサメは、タウファ・イ・タヒとよばれる「海の神」の化身とされる。人間がテニファに食べられるようなことがあると、それは神の怒りにふれたためと考えられ、人びとは儀礼をおこなってその怒りを鎮めようとした。この場合、サメと人間だけでなく神の存在が浮上してくる。

ミクロネシアのギルバート諸島では、サメをトーテムとする氏族の成員はサメを食べることは禁止されている。ギルバート諸島におけるバケオ（Bakeo）氏族の創始者はサメ（＝バケオ）であり、その祖先から後継者となる人間が生まれ、一族を構成するようになった。この場合、サメはバケオ氏族の成員にとりトーテムであり、通常、サメを殺すことや食べることは禁じられている。なぜなら、殺すことや食べることは近親者を殺めて食べることを意味するからである。バケオは氏族の名前であるとともに、サメ自体を指す言葉である。サメ以外にも、ウナギをトーテムとする氏族もあり、ウナギは食されない。また、トーテムとして食べない個人だけでなく、儀礼執行者や新規にウナギ漁用の大型の筌を製作した人も食べることはできない（Luomala 1981）。つまり、サメと人間との関係はトーテミズム論だけで完全に説明できるわけではない。

図7－1　魚の被り物で扮装した踊り手（ポートモレスビー）

淡水魚と霊魂

　パプアニューギニアのニューブリテン島北部のガゼル半島に居住するバイニング族（Baining）はパプア語族であり、周辺のオーストロネシア語族であるトーライ族（Tolai）よりも古くからこの地に居住してきたとされている。バイニング族は根栽農耕と狩猟・採集・漁撈をおこない、主要な三集団に分かれて居住している。かれらは異彩をはなつ仮面舞踏をおこなうことでつとに知られている。このうち、女性の舞踏儀礼は昼間におこなわれ、農作物の成熟と豊作を祈願するためのもので、ゆったりとした性格のものである。

　これにたいして、男性による舞踏儀礼は夜間におこなわれ、狩猟や採集・漁撈の成功に関する激しくダイナミックな舞踏をともなう。注目すべきは、男性が身に着け、あるいは頭からかぶるヘルメット式の仮面の多くは狩猟・漁撈の対象となる獲物の霊を表すものである。そのなかには野ブタ、サイチョウ、野ネズミ、淡水魚、コウモリ、森のさまざまな鳥類がふくまれる。魚の被り物の仮面は淡水魚（serikka）の霊を表わしている。漁撈の成功を祈る舞踏において精霊を表象する被り物が使われることから、バイニング族の人びとは野生動物に霊魂を見出す観念を有していることを理解することができる（Corbin 1976, 1979, 1982, 1984, 1986）。

パプアニューギニアの首都ポートモレスビーで国の独立を記念した盛大な祝祭が一九七五年九月に開かれ、多くの民族集団が集結して歌と踊りの祭典を繰り広げた。その現場にたまたま居合わせた時、長さ一・五メートルほどの白く彩色した魚の模型を頭にかぶって踊る男性の姿をみた（図7-1）。いまからすれば、あの仮装した男性はニューブリテン島のバイニング族であったにちがいない。

サケの送り儀礼と霊魂

魚に霊があるとする事例として、サケに大きく依存してきた北海道アイヌの場合を取り上げよう。アイヌは河川を遡上するサケを獲るさいにサケの頭部を魚たたき棒（イサパキツニ）でたたいて絶命させる（萱 1994）。魚叩棒はヤナギやミズキの枝を削ったもので、神の国にサケの霊を送り出すためのイナウ（木幣で、日本語の御幣に相当）にほかならない。サケの霊はこのイサパキツニを口にくわえて神の国に戻り、神に人間世界（アイヌモシリ）で丁重に扱われたことを告げる。神はそれを受けて翌年もサケを人間世界に送り届ける。

アイヌや東日本における例以外にも、サケの回遊は河川流域に住む人びとの大きな関心事であった。とくに、初漁のさいには特別な儀式をおこなう民族が多い。漁撈の開始時期に豊漁（猟）を祈願する儀礼がおこなわれる。回遊魚を支配する「神」あるいは「主」が人間世界に送ってくれたものとする観念は、北方の狩猟採集民社会に広くみられる。アイヌや北米・北西海岸一帯の先住民社会では、サケにたいする特別の儀礼や観念が発達している。北米・北西海岸の住民にとり、サケは「サケの国に住む人」であり、この世の人間が獲ったサケは正しい取扱いによってふたたびよみがえり、「サケの国」から再訪することができると考えられてきた。

サケのたたき棒はカムチャツカ半島やアムール川流域などでも知られているが、とくにニブフや北西海岸の先住民のものは再生儀礼の呪具としての意味をもっていた。トリンギット（Tlingit）、ハイダ（Haida）、クワックワックワカ（かつてのクワキュートル）（Kwakwak'waka）の社会では、意匠化された彫刻をほどこしたたたき棒が用いられた。たたき棒にはシャチをデザイン化したものが多く、サケだけでなくオヒョウ、アザラシ、ラッコなどを殺すさいにも使用された（Gunther 1926, 1928; 渡部 1996, 1997, 1999）。

ナマズと死

人間が自然界の生物と特定の系譜関係をもつとする考えがトーテミズムである。オーストラリアの先住民アボリジニに関する民族誌的研究によると、ナマズは死の観念と結びつくものとされている。オーストラリア北部のアーネムランドに居住するヨルング族（Yolngu）社会のグパプイング（Gupapuyngu）グループでは祖先崇拝のジャルンブ（Djalumbu＝中空の丸太で棺を表わす）儀礼がおこなわれる。この儀礼では、始原の時代にムラヤナとよばれる特別の地位をあたえられた人間（スピリットマン）が中空の丸太から作った棺とヨルング族のトーテム動物である鳥のウ（ブララ：Burala）の木彫とマランジリ（Marrandjiri）とよばれる柱を製作したとする神話がある。その後、人びとはナマズを食べ、その骨を製作された中空の丸太のなかにいれる。ウがナマズを食べるしぐさを人間がすることで、死者が生から死へと変換する様子を表現する。

この儀礼がおわると、男性たちは祖先霊であるナマズ（マンビリ：manbirri）の模様を身体に描き、丸太の棺を水場の深みに投げ込む。雨季の後半にあたる三〜四月になると、下流からナマズが産卵のために上流にやってくる。氾濫原では多くの魚を獲ることができた。この時期、ゴンズイ科のナマズでジンジニー（gingimy）とよばれる魚が産卵し、ふ化した幼魚が豊富な餌で成長する。ジンジニーの幼魚は体が半透明で、ヘリンボーン状（ニシンの骨）の背骨もクッキリと見える段階にある。ジンジニーは死者や生まれる前の胎児の霊を表すものとされ、水底にある木のうろに生息し、ウによって捕食される（Keen 1978）。ウがナマズを食べて持ち去るように、瀕死の人びとの霊が死とともに飛び立つと考えられている。ウが首を下げて水に首をいれるしぐさは生から死を意味するメタファー（隠喩）とされている。

ジンジニーのヘリンボーン模様は樹皮画や中空の棺に描かれる。芸術家であるウルルはこのナマズを描くことのできるアボリジニの第一人者とされている（図７-２）。ダーウィンにあるノーザン・テリトリー博物館美術館のラーソンによると、ゴンズイ科のナマズの尾にある模様が死の観念と関係するという。ナマズの骨は死者の肉体と魂を表すものとされている。以上のように、トーテミズムの背景に人間の死を自然とどのように結びつけるかの発想が根底にあることがわかる。

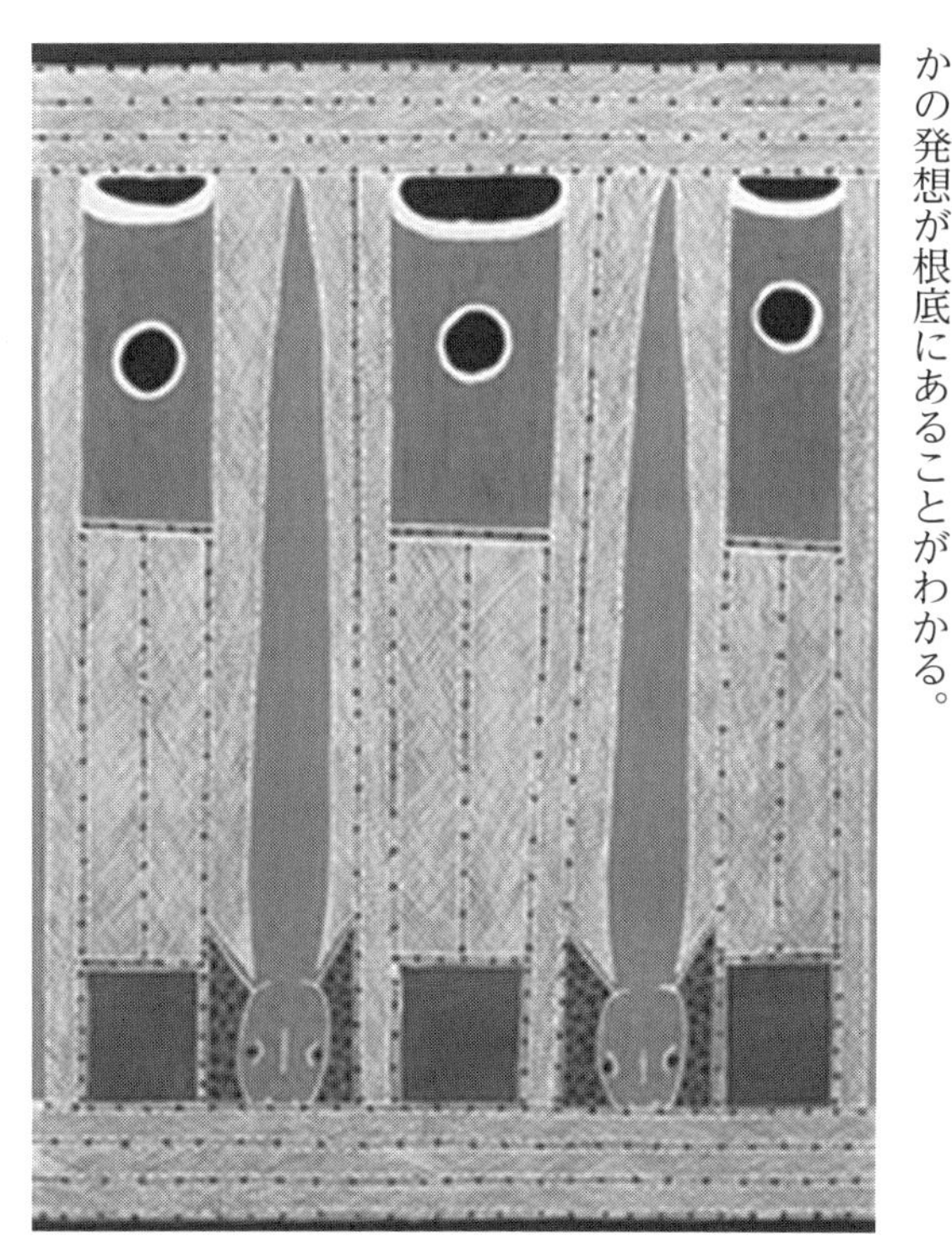

図７－２　アボリジニの作家ウルルによるゴンズイ科のナマズ（eel-tail catfish）とそのヘリンボーン（矢筈）模様をデザインした樹皮画

第3節　魚のカミと供養・供犠

それでは、魚が霊魂をもつことを従来のアニミズムないしトーテミズムであると規定し、その点だけから魚の霊魂についてすべて説明することができるだろうか。ここでは、さらに日本のエビス（恵比須）信仰と魚霊の供養を中心に考察を深めたい。

クジラ・サメ付群と漁業

サメはカツオの群れをともなって発見されることがある。現代の漁民によって知られているサメ付き群であり、ジンベエザメが相当する。漁民はジンベエザメだけでなくクジラ、流木などに魚群が随伴する現象も漁の目安としている。ニタリクジラはカツオの群れをともなうことが鯨類研究者の加藤秀弘により指摘されている。ニタリクジラが餌とするイワシなどの小魚はカツオの餌ともなることから、ニタリクジラとカツオは共生関係にある。なお、ニタリクジラとイワシクジラは同属の近縁種である（加藤 2000）。クジラとその餌となるイワシ、人間との間には、食う・食われるをめぐる三つ巴の関係がある。メラネシアのソロモン諸島では、サメは海の幸であるカツオを人びとにもたらす存在でもあると考えられている。その場合、サメは人間のトーテム、つまり人間に恩恵をあたえる系譜関係にある存在と認識されている。

メラネシア地域以外でも、サメやクジラが人びとに恩恵をもたらすとして畏敬の念をもって向かえる例がある。たとえば、日本では多くの魚をともなって出現するクジラは「エビス」として畏敬の対象とする漁民の民俗がよく知られている。ただし、エビスは漁業のカミとしてだけでなく、漂着神、海神、福神など複合的な意味をもち、「えびすさん（戎、恵比須、蛭子、胡、夷）」として知られる七福神以外に、人間との関係がそれほど明確に規定された存在ではない（吉井編 2007）。

日本のエビス神は霊的な存在やトーテムとして厳密に規定されたものではない。むしろ、恩恵を人間にもたらす存在であり、人間との系譜関係や霊性が主要な関心事とはされていない。日本のエビス信仰と類似の事象がベトナムの南シナ海沿岸においても報告されている。ベトナム中南部でジンベエザメはクジラなどとともにカー・オン（cá ông：魚の翁）とよばれ、信仰の対象とされている。ジンベエザメやクジラは魚群をともなっていることがあり、漁民に多くの魚を地域にもたらすので畏敬の念をもって崇拝されている。ベトナム中部のニャチャン周辺の小さな島に鯨骨を祀る廟がある。この廟はヴァンチャイ（Van Chai）とよばれ、地域ごとに漁業資源を管理する組織でもある（秋道 1994; Nguyen and Ruddle 2010）。北ベトナムのナム・ハ県ハイ・チュオン村で、地下一・二メートルから体長一八メートル、体重一〇トンのザトウクジラの完全骨格が発見されている。その場所が海岸から四キロ内陸部にあることから、クジラが人手を通じて埋葬されたものとおもわれる。ベトナムでは、クジラを手厚く葬る観念のあったことがわかる。

日本各地にある鯨墓、鯨塚に関連して、漂着クジラが沿岸住民の飢饉を救った、クジラが沿岸に魚群をもたらした、あるいは沖で遭難した漁民の船を岸まで無事に運んだとする伝承がある。噴火湾のアイヌの人びとはシャチをカムイ・フンペ、つまり「神のクジラ」とよんで崇拝している。シャチがクジラを追って沿岸に追い込むことからそう名付けている。

クジラやサメが人間に恩恵をもたらす存在であるとして、カミの世界から人間世界に遣わされたものであるとか、カミそのものとする信仰があり、トーテミズムやアニミズムとは一線を画する位置づけがなされている。人間と魚のかかわりを考察するさい、第三項としてカミや神的な存在を想定する思考様式の介在することになる。この点を深化するため、供養、供犠における魚の霊について考えてみよう。

魚の供養と供犠

日本では魚を殺したあと、供養する営みが実践されてきた。文化人類学者の田口理恵は全国の漁業協同組合へのアンケート調査と現地調査を踏まえて、魚の供養に関する広範な情報を収集した。その結果、供養の動機や目的が魚を殺したことへの反省と追善、うしろめたさの浄化、個人や団体の属する会社の繁栄を祈願するためなど錯綜し、時代とともに揺れ動いてきた実態を明らかにした（田口 2012）。

日本の供養は死者や祖先霊を追善し、成仏を願う行為とされている。しかし本来、インドのヒンドゥー寺院でおこなわれる供養（プージャー）は、シヴァやビシュヌなどの神がみを迎え、供物を差し出して神を崇拝する行為を指している。ヒンドゥー世界では、神がみにくらべて魚や動物には低い位置しかあたえられていない（立川 2012）。殺戮への「負の」経験を正当化する供養のなかで、殺した魚にどれだけ「聖なる意味」がこめられているのだろうか。

民俗学の菅豊は日本における供養が魚をはじめとする野生の動植物を犠牲にした「負い目」を合理化し正当化する思想と行為が何の抵抗もなく受け入れられてきたことにたいして疑義をもった。そして、大川（新潟県村上市）でサケ漁に従事する人びとへの調査から、サケ漁師が自らおかす殺生は「エビス様に供えるんだからしかたねえ」といわしめる行為と観念は供養ではなく「供犠」にほかならず、サケが特定の家に達するための殺戮行為であることを見抜いた。そして、自らおかした罪悪感を供養、回向という行為と儀式化を通じて合理化する発想とは根本的にちがうと明言した（菅 2012）。供養はメモリアル・サービスとしての追善行為であり、供犠はサクリファイス、つまりカミへの供物とする行為である。菅によると、鮭漁師がサケを絶命させるとき、手にした「恵比寿棒」を振り下ろすさい、「エビス！」と吐露することがその証左であるとしている。ここでもカミ観念が介在していることを確認することができる。

では、大川の鮭漁師はサケに霊があることを認めているのだろうか。サケも生き物である以上、殺すことで命を絶たれることがあっても、サケに霊があることを明示的に示されてはいない。初鮭（ハツナ、最初の魚の意味）をエビス神の前にそなえて、まな板に敷いた藁の上で解体する。血まみれになった藁は終漁期の大助・小助の当日、自分の漁場に持参して流し、来年の豊漁を祈る。供養のなかで魚霊を弔うのではなく、サケの回帰を願う行為のなかでサケの霊が人びとに意識化されるのである。

魚霊と再生儀礼

もっとも、仏教的な供養の思想の延長で、サケの供養塔が建立されることがある。新潟県や山形県には供養塔や供養碑が数多く残されており、死んだサケの霊がいわば供養という行為のなかで対象化されている。この点にこそ、魚霊が仏教の供養思想のなかに埋め込まれる前提にされたと考えられる。

捕鯨で知られる宮城県石巻市鮎川の調査で地元の観音寺を訪れた。本堂の仏壇におかれていた位牌には「魚霊鯨霊　諸霊」と刻まれていた。大阪市東淀川区上新庄にある瑞光寺は、和歌山の太地とかかわりが深い。江戸時代の一七五六（宝暦六）年、捕鯨地の太地で不漁の折、たまたま行脚していた瑞光寺住職の潭住（たんじゅう）が豊漁祈願を依頼された。殺生を戒める立場にあったが村人の懇願におうじて祈禱し、クジラが獲れたことで村人を救った。このことで、太地から五〇年ごとにクジラの骨を瑞光寺に寄進する慣行が生まれた。寺の境内には鯨骨で作った雪鯨橋（せっげいきょう）があり、本堂に安置された位牌には「鯨亡魚鱗各々靈位」とある。クジラを供養し、追善するにはその対象の霊をイメージ化する必要があったのではないか（秋道 2017a）。

大助・小助の儀礼のさい、サケが人間的な存在として「声を出す」点に再度注目すれば、サケが「物言う魚」とみなされていることは明らかである。岩手県陸前高田市の竹駒（たけこま）には、ワシによって遠く玄界灘まで連れ去られた男が、老人姿をしたサケの大助の背に乗って無事、ふるさとまで運んでもらう伝承や、ワシに拉致された竹駒の美少女が上空から川の淵に落とされ、水中の老人が助けて家に連れていく。この老人はサケが扮装したものであり、のち二人は結婚した。生まれた子は決してサケを食べなかったとする説話がある。サケが人間の姿に扮装する好例であろう（大林 1997）。

アイヌの世界では、神の国からカミがサケに扮装して人間世界にやってくるとみなされ、そのサケをもとの神の国に送り返す再生儀礼がおこなわれる。日本でも初漁のサケの切り身を川に流す慣行が山形県庄内地方にあり、新潟県村山市の大川ではサケの皮をエビス神に祀り、それを川に流す風習のあることはすでにふれた。サケの皮や肉を川に流して再生を祈る発想や行為はアイヌや北米・北西海岸の先住民社会でも共通してみられる（菅 2012; 渡部 1997, 1999）。

以上のように、サケに霊があるとする観念とともに、人間がサケとともに暮らし、子孫をもうけるトーテミズム的な観念の存在も地域によって散見される。これらの事例を通じていえるのは、アニミズムとトーテミズムの考えは決して対立するようなものではなく、むしろ補完しあい、あるいは人間との関係で影響を及ぼしあうものと位置づけることができる。そのほうが、魚と人間との関係性を包括的に理解することができるのではないか。もちろん、日本でも民俗的なサケ観は、時代によって変貌し、仏教や神道、修験道などの影響を受けてきたことも事実であり、一九世紀以降に定説化したアニミズムやトーテミズムの概念だけに固執する必要はさらさらない。本節では、アニミズムとトーテミズムが相互に変換する性質をもつことを大きな帰結としたい。ここまでの議論で、魚と人の融合した半魚人を擬人主義とみなすとらえ方を超える地平に立つことができた。

第4節　魚の図像学からみた自然と芸術

魚の図像学

世界には魚の図像が絵画、岩絵、彫刻文様、装飾などとして数多く残されている。時代をさかのぼると、著名な魚の壁画がエジプト文明にあり、第五王朝のマスタバ墳墓には三三種類の魚を網で獲っている情景が壁画に描かれている。描かれたのはナイル川の魚であり、図像から種類までが同定されている（萩生田 2016）。口吻がゾウの鼻のように長く伸びた魚の彫刻品もオクシリンコスに相違ない。

タイ国のパーテーム国立公園内にある岩壁画には口ひげをもつ巨大な魚が赤色の顔料で描かれており、秋篠宮文仁殿下はメコン川に生息するメコンオオナマズではないかと推定している。時代はおよそ三〇〇〇年前のものとされている（秋篠宮 2016）。韓国南部の蔚山にある川前里岩画と大谷里岩画には捕鯨や陸上での狩猟を示すペトログリフ（岩面陰刻画）がのこされており、描かれたクジラにはザトウクジラ、セミクジラ、コククジラ、マッコウクジラ、コビレゴンドウ、シャチ、スナメリなどとして同定した研究がある。時代は青銅器時代から初期鉄器時代のものである（朴 1987）。時代は不明であるが、巨大な石像モアイで知られるイースター島にはウミガメや魚、イルカなどのペトログリフが残されているし、マルケサス諸島ヌクヒヴァ島の岩壁にも赤い顔料で描かれた魚の図像がある。

先史・古代において、魚を描いた動機や意味は宗教的な崇拝の対象、豊饒のシンボル、漁撈の成功の祈願などさまざまであろう。しかし、近世・近代以降の時代には自然史的な興味や研究の記録として、あるいは中国の本草学の一環としての魚の図譜が盛行した。現代では、写真やディジタル画像を通じてかぎりなく実物に近い魚の図像に接することができる。魚そのものを実物大の図像として残す魚拓（ぎょたく）は魚体に墨を塗り、その上を紙でおおい、バレンを使って正確に魚の形を写しとる表装（ひょうそう）にほかならない。現代では、ディジタル技術を駆使した電子魚拓が登場している。

前章で魚に霊を見出す思想の地平に到達したとして、図像としての魚に霊魂を見出すことは可能だろうか。結論からいえば、半魚人の例では人間的な要素をもつことから霊をもつとア・プリオリにいえるかもしれない。しかし、古今東西のさまざまな魚の図像に霊の有無を精査することは不可能に近い。むしろ、魚の図像におけるさまざまなメッセージ性を検討したい。それは魚を模写した図像がどれだけ自然あるいは文化を可視化しているのかという問いである。本節では日本の近世期以降における魚の図像を中心に検討しよう。

自然史とシュールリアリズム

魚の実物を描く絵画的な手法はどのように発達したのであろうか。さいわい、世界には魚類を写生と肉筆で表現した図譜が数多く残されている。それらの多くは魚類の自然史（誌）的な記述研究の一環としておこなわれてきた。一九世紀のドイツの哲学者、生物学者であるヘッケルの著した『生物の驚異的な形』（原題は一九〇四年刊の *Kunstformne der Natur,* 英語は *Art Forms of Nature*）には、海の動物の彩色図が豊かに示されている（ヘッケル 2009）。

一八世紀当初、インドネシアが蘭領東印度の統治下にあった時代、マルク地方のアンボイナ（現在のアンボン）に宣教師ファレンティンが滞在していた。ファレンティンは現地にいたファロワズという画家に魚類を描かせた。全部で五二八枚の彩色魚類図譜はアンボイナ州の商館長に提出された。さらにその図譜はオランダのルナールという出版業者が出版し、いまに伝わる『モルッカ諸島魚類彩色図譜』となった（Renard 1718 or 1719）。日本では荒俣宏の解説による図集が『極楽の魚たち』として出版されている（荒俣 1991）。

それらを眺めると、とても実物に即して描かれたとは思えない奇抜な彩色と模様をもつ魚類や甲殻類が大多数

①セグロチョウチョウウオ

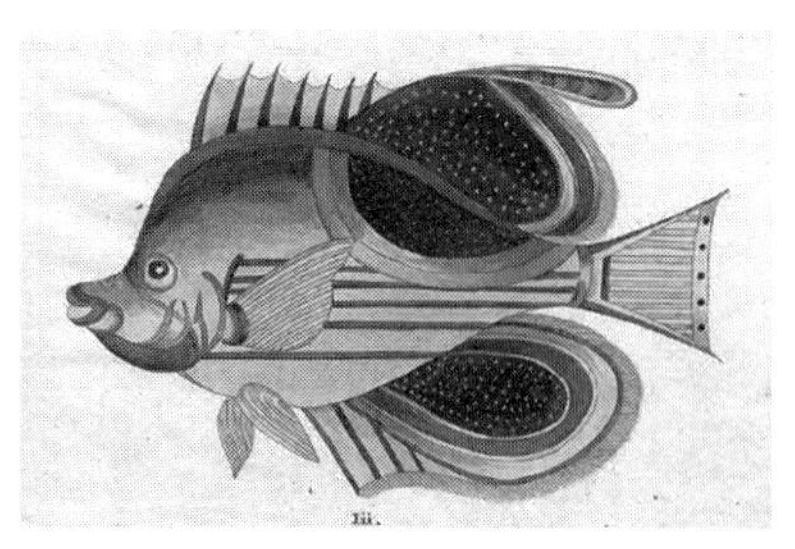

②タテジマキンチャクダイ

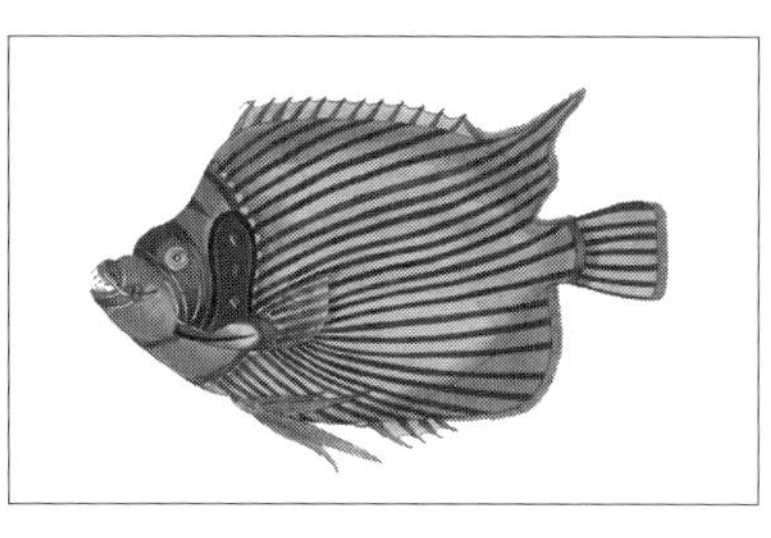

図７－３　ファロワズの彩色画（右）と実物（左）

を占めている。これを写実による自然主義的な描写の成果とみるか、デフォルメされた非写実的な誇張表現とみるかについて議論がある。アンボイナにいた画家のファロワズは実物を見て描いたことはたしかなようだが、これらの図像をどのようにとらえることができるだろうか。

初版本の出版は一八世紀初頭の一七一八～一七一九年であり、リンネによる『自然の体系』（*Systema Naturae*）の成立する一七三五年と同時代のことであった。たとえば、**図７-３**の①はセグロチョウチョウウオ、②はタテジマキンチャクダイである。色や模様からして、想像ではなく実物を見て描かれたとおもわれる。唯一、実物を観察して描かれたものではない例が人魚である。マルク海からアラフラ海にかけての地域を勘案すれば、人魚の実態はジュゴンである可能性がある。しかし、ジュゴンに該当する特徴は人魚の図にはまったくない。上半身は人間の裸の女性で、下半身は魚となっている。人魚には第一、第二背鰭と腹鰭が描かれている。しかも、植物性の腰帯をつけている。この図は、当時ヨーロッパで流布した人魚のイメージに依拠したものである可能性が大きく、ファロワズが伝聞によって人魚の存在を知っていたとして実物のジュゴンに接したかどうかは疑問である。

いずれにせよ、自然物の特徴に即して描かれたものが多いことは明らかであり、見たままの自然ではなく、図像としての表現を誇張して特徴を示す技法が用いられたことがわかる。荒俣宏はファロワズの図譜にふれ、「実物を目の前にしながらの幻想画」と評している。自然主義に裏付けられたシュールリアリズムとでもいえよう。

江戸時代の魚譜とシーボルト

日本では近世期に魚に関する図譜が数多く出版された。そのほとんどは絵筆によって描かれたものであり、写実性において目を見張る傑作もおおい。

一六六六（寛文六）年、京都の儒学者であった中村惕斎（なかむらてきさい）編による『訓蒙図彙（きんもうずい）』二〇巻が刊行された。その一一巻に「龍魚」として魚類、クジラ、クラゲ、エビなどの図と名称が六〇種類紹介されている。カニ、カメ、昆虫、貝類などは「蟲介」として記載されている。蟲介のなかには「鱟」つまりカブトガニも記載されている。元禄年間に長崎出島に来日したドイツ人博物学者のケンペルは、『訓蒙図彙』を自国に持ち帰り、その図の多くを『日本誌』（*Geschichte und Beschreibung von Japan*）に転載している。また、フランス語版も出版され、当時の百科全書派の知識人の間でジャポニスムの隆盛するもととなった。のちに来日したシーボルトにも影響をあたえることになった。一八世紀はヨーロッパで百科全書派とともに、スウェーデンのリンネによる自然科学的な生物分類学が進展する時代である。博物学的な興味から、世界の東西が書物を通じて交流を実現したことになる。

『訓蒙図彙』の刊行された江戸前期は、一六九七（元禄一〇）年に人見必大により著された『本朝食鑑（ほんちょうしょっかん）』や、一六四三（寛文二〇）年刊の料理本『料理物語』があり、魚介類に関する情報は流布していたといえる。図版の正確さと写実性についていえば、魚類の場合、遊泳する様子が描かれているものの、魚を側面から実写したものではない。ただし、カニ、カメ、貝類などは実写された可能性がある。

江戸中期、高松藩五代藩主の松平頼恭（よりたか）は一〇代将軍徳川家治の命を受けて動植物画を集成し、幕府に一七六二（宝暦一二）年に献上した魚介類の画集が「衆鱗手鑑（しゅうりんてかがみ）」である。これには四六一種の魚介類が記載されている。松平頼恭は献上本を転写改訂した増補版を『衆鱗図』として編纂し、そのなかで魚介類六五二種を網羅した。当時の高松城は瀬戸内から海水を引き込んだ三重の堀により囲まれており、海水域と汽水域の魚を写生する画家にとり、絶好の場を提供したようだ。

献上本は江戸城の火災などで行方不明となっていたが、東京大学三崎臨海実験所でパネル画三三枚一二七種分が博物画研究の磯野直秀により発見された。魚のトゲを台紙に張り付ける技法を踏襲していること、高松にのこされている『衆鱗手鑑』の魚類目録と一致したこと、絵の出来ばえ、魚名の漢字表記法などから、『衆鱗手鑑』の原本ないし写本と同定された。つまり、江戸中期には彩色画による精巧で完成度の高い魚介類の図鑑が確立していたことになる（磯野 2008）。また享保年間刊行とされる神田玄泉（かんだげんせん）著の『日東魚譜（にっとうぎょふ）』は本邦初の魚類図譜であり、二八五枚の図を網羅した漢文の著作であるが、内容をふくめた吟味も必要とされている。

江戸時代後期に、幕府の旗本であった毛利梅園は自ら動植物を写生した図集を多く残している。梅園の活躍したのは一八二〇〜四〇年代である。写生画のなかの『梅園魚譜』にも多種類のクジラをはじめ、魚類について多くの写生図がある。彩色で写実的に描かれた図は八七葉におよぶ。梅園は実写か模写か、写生かなども記述しているが、寸法が記載されていない点が磯野直秀により指摘されている（磯野 1992）。たとえば、ママカリと記載された図をみると、背鰭の棘条は八〜九本描かれており、九〜一一本という科学的な記載とほぼ一致する。図の説明では、『大和本草』、『和名抄』などを引用しているが、漁民から八月にもらい受けたものを実写していることから、江戸湾で獲れたものと推定される。また、体表の上部に小さな黒い斑点が列状に並んでいること、鰓蓋の後ろに大きな黒い斑点があること、サッパ（ママカリ）は西日本中心に生息し、東日本でふつうにみられないことから、この魚はママカリではなくコノシロとおもわれる。コノシロの背鰭の最後の軟条は顕著に長い特徴をもつが、それほど明確に長くは描かれていない。梅園自身も「上鬣一ノ長ヒレナシ」と記述しており、上鬣は「上部のタテガミ」つまり背鰭に長いヒレがないことから、コノシロとは異なると認識していた。この問題の解決は今後の課題である。なお、エビ、カニ、カメ、貝類などは『梅園介譜』にある。

幕府の医者である栗本丹洲が自筆の掛け軸『鳥獣魚写生図』を五軸のこしている。そのなかにある「ウチハ魚」は一七九四（寛政六）年、志摩国波切浦（現在の三重県大王町大王崎）で漁獲されたもので「袋ブカ」とよばれた。腹部が膜状に大きく膨らんでいるのが特徴であり、腹部の黒い大きな斑点も描かれている。深海性のフグでまれにしか獲れない貴重な種類であり、江戸時代に漁獲、記録された点でも希少である。先にふれた『モルッカ諸島魚類彩色図譜』でもウチワフグが描かれている。ただし、写本によっては黒い斑点を三つ描いている。誇張かどうか不明であるがこれは間違いである。

前述した栗本丹洲の描いた深海の珍しい魚を奥倉魚仙という江戸の八百屋が転写して『異魚図賛』を出版している。このなかには、イトウ、チョウザメ、リュウグウノツカイ、アカナマダ（種不明）などの図があり、貴重な博物誌画となっている。

江戸後期の一八二三～一八二八年、一八五九～一八六四年に、オランダの医者・博物学者であるシーボルトが長崎出島に赴任し、全国各地で精力的に自然史や歴史・民俗学的資料の収集をおこなった。その収集資料は本国へ送られ、分析をへて一八三〇～一八五〇年にかけて『FAUNA　JAPONICA』（『日本動物誌』）全五巻が刊行された。第四巻の魚類篇（一八四二～一八五〇年）については、図版ありの二八七種、図版なしの六二種を加えた計三四九種類の魚類の記載がある。図版の多くはシーボルトが滞在中に知りあった長崎の絵師である川原慶賀の描いたものが使われている。標本資料がなく、写生図のみからの分析をおこなって学名を付けたのがライデン自然史博物館のテミンクとシュレーゲルであった。両者は全部で三五九種の日本産魚類を記載した。その一例が序章でも述べたウミヒゴイ（*Parupeneus chrysopleuron*（Temminck et Schlegel, 1844）である（図7-4）。日本ではすでにオランダの博物学者であるホッタイン（Maarten Houttuyn）が一七九二年に日本産の魚種三六種を記載した。このなかに、ヒメジ（*Upeneus japonicus* Houttuyn 1792）がふくまれている。この日本産魚種はオランダの博物学者であるツュンベルクが日本から持ち帰ったものである。ツェンベルクは『日本動物誌』を著わし、日本産魚種五三種を記載した。一八世紀末から半世紀ほどの間に魚の標本や図像が日本とヨーロッパを行きかうなかで魚類博物学の研究が大きく進んだわけで、とくに川原慶賀による詳細な魚類図譜が大きな貢献を果たした。

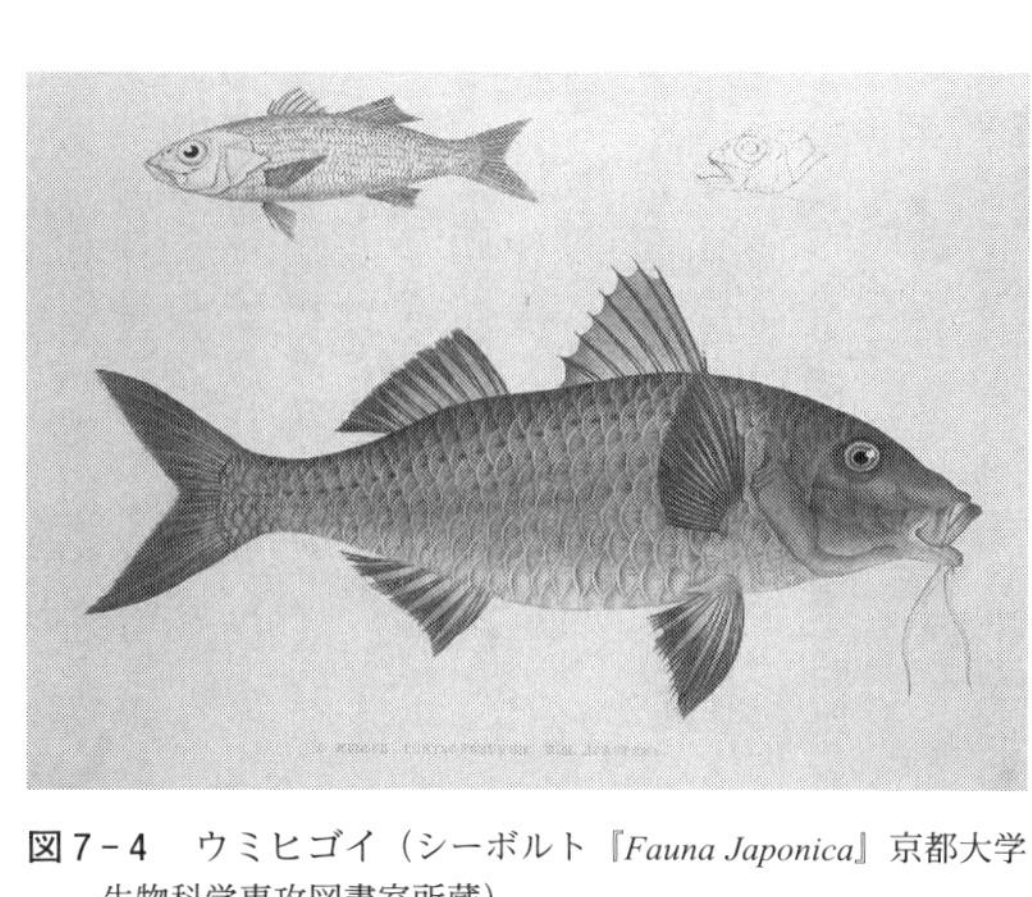

図7-4　ウミヒゴイ（シーボルト『*Fauna Japonica*』京都大学生物科学専攻図書室所蔵）

近代以降の魚譜

江戸時代以来、幕府や藩の大名、さらには本草学者を中心とした動植物の図譜や諸国産物の集成、江戸、大坂、京を中心とした料理本の出版事業が進められた。宝暦年刊の『日本山海名産図絵』（全五巻）や一連の料理本の出版などがその例である。

明治時代から近代の道を歩み始めた日本では、産業振興と富国政策が国家事業としても積極的に進められた。水産部門では農商務省を中心として、漁業技術の発展と普及、水産製造物の市場開拓を図る目的で、一八八三（明治一六）年に東京・上野公園で第一回水産博覧会が開催された。全国から一万四六〇〇点もの出品数が寄せられた。

この水産博覧会に出品するため、当時の鹿児島県令が物産研究者の白野夏雲に魚類図譜をまとめるように命じた。白野夏雲は、錦江湾に生息する魚介類の作画を絵師の木脇啓四郎と二木直喜に依頼してできたのが三冊本の『麑海魚譜』であり、三二五種の魚介類が原寸大で描かれた精巧で美的にも秀逸の図譜となっている。「麑」は鹿児島を表す（白野 2006）。

美術史学を専攻し、『麑海魚譜』を研究する小濱亜由美は、『麑海魚譜』を編纂した白野夏雲の緒言と凡例解説に、本書がシーボルトによる『日本動物誌』魚類篇の記載に準拠した、と明言している。じっさい、魚類は水中を遊泳する姿ではなく側面から見た静止像として、しかも背鰭や胸鰭を立てた状態として描かれている。現在でも魚類の写真を撮るさい、虫ピンで背鰭などを立てた状態に固定する技法を絵画で示したものである。小濱はアカグツの例を挙げ、上部から見た図ではみえない尾鰭がシーボルトの図譜では描かれている点を取り上げ、西洋の科学的な記載のあり方を鹿児島の日本人も学んだとしている（小濱 2013; 本村 2011）。

シーボルトから少し遅れて、ほぼ同時代に実業家で水産学者であった倉場富三郎を中心として、五人の画家が長崎魚市場に水揚げされた魚種を実写して制作された『グラバー図譜』（日本西部及び南部魚類図譜）や、戦前期から制作されてきた木版画集『大日本魚類画集』の作者である大野麦風は水族館に通い、実物の魚の動きや生態を観察して参考にしたようだ。また、紀州・熊野の魚類を丹念な図譜として完成した福井正二郎の『日本魚類図譜紀州・熊野採集』は、魚類分類学者の望月賢二を監修者としたもので、科学的にも信用のおける図譜である（福井 1999; 福井・渡邊・飯田 2008）。

このように、江戸時代から明治・大正・昭和を経て現代にいたる日本の魚類図譜の変遷をみると、想像と思い付きから描かれた時代から、実写と科学的な観察に裏付けられた図譜までがある。ただし、いかに正確な模写であり、金箔、銀箔を使った技法を駆使したとしても、描かれたものは自然そのものではない。実物以上の迫力があり、また美しいとさえいえる表現は芸術ないし美術作品との境界を接することになる。この点で、魚の図譜の系譜は科学と芸術の間を往還するものといえるだろう。

第5節　魚食と身体論

本章の最後に、第2章で取り上げた魚食の問題にふたたび注目し、魚食と健康の問題を栄養学と東洋医学の観点から包括的に論じてみたい。というのは、魚と人間のかかわりあいを考える場合、魚を食べることと、魚を消費することによって影響を受ける人間の身体の問題は避けて通ることができないからだ。

魚介類のうま味と栄養学

日本の水産物は多種類にわたり、栄養成分の組成も魚種ごとに変異に富む。しかも成分組成は季節・地域・部位（とくに脂質）・飼料（養殖の場合）などにより異なる。魚介類のタンパク質含量は種類にもよるが畜肉とくらべて同等ないしやや少ない傾向にある。マグロの赤身やカツオで二〇％前後、イカの仲間でも一五～一八％、ハマグリ、アサリ、ナマコなどは数パーセントと低い。脂質含量は魚介類の種類と部位によって相当異なる。たとえば、マグロの大トロ（二七・五％）、サンマ、キチジでは二〇％以上で、マグロの赤身で一・四％、タコ、カニ、アワビ、カキ、ホタテガイなどの無脊椎動物で一％台、内臓やスジコ（一七％）、イクラ（一六％）、カズノコ（七％）などの魚卵で高い。ウニ（四・八％）とタラコ（三・三％）でやや低い。

水産食品学の白井隆明は、魚介類のうま味が多様な形で発現することを指摘している。魚介類が咀嚼されるさい、唾液中に魚介類のエキス成分が溶出する。そのうちの遊離アミノ酸であるグルタミン酸ナトリウムやグリシン、アラニン、アルギニン、メチオニンなどが水産食品の甘味や苦味の元になる。魚介類の筋肉が死後硬直により分解されるさいに蓄積されるイノシン酸もうま味成分となる。脂質自体も魚介類の種類ごとに独特の味をつくりだす。サケ・マス類、カニ・エビ、ウニ、イカ・タコ、貝類などのうま味のちがいにはそれぞれ異なった組成や量の脂質・アミノ酸がかかわっている。カツオにはイノシン酸・クレアチニンが、エビ・カニにはグリシン、アラニン、プロリンが、ウニにはグリシン、アラニン、イノシン酸、グルタミン酸、バリン・メチオニン（苦味）が、タコには遊離アミノ酸は少ない。また、イカにはグリシン、アラニンが、貝類にはコハク酸、グルタミン酸・グリシン（クロアワビ）が特徴的なアミノ酸・うま味成分となっている。遊離アミノ酸には、うま味アミノ酸（グルタミン酸）、甘味アミノ酸（グリシン、アラニン）、苦味アミノ酸（アルギニン、バリン、メチオニン）があり、これらの組成がうま味に反映する（白井 2005）。

魚介類と健康

魚介類はうま味成分とともに、健康にとり大切な成分をふくんでいる。とくにイワシ、サバ、マグロ、ハマチ、サンマなどいわゆる「背の青い魚」に多くふくまれる不飽和脂肪酸のエイコサペンタエン酸（ＥＰＡ）とドコサヘキサエン酸（ＤＨＡ）は体内の悪玉コレステロール（ＬＤＬ）値を下げ、善玉コレステロール（ＨＤＬ）を増加させる。ＨＤＬコレステロールは動脈硬化予防につながる。善玉と悪玉のコレステロール比はＬＨ比（LDL ÷ HDL）ないし動脈硬化指数とよばれる。この値が一・五以上の場合が要注意となる。また、総コレステロール値で二四〇 mg/dl 以上、ＬＤＬコレステロール値一四〇 mg/dl 以上、ＨＤＬコレステロール値四〇 mg/dl 未満が目安として治療域とされている。

魚を食べることは血圧、血糖値を下げ、動脈硬化や脳梗塞、高血圧などを予防するはたらきがある。もっとも、青魚をたくさん食べれば健康に良いというわけではない。不飽和脂肪酸が酸化されやすいことから、料理法次第で脂肪酸が失われる。焼き魚よりも、鍋物や煮物、ムニエルなどの調理法が適しているのはそのためである。アミノ酸のタウリンも血圧を正常にし、肝臓の解毒作用やインスリン分泌を促進する作用があり、生活習慣病予防に役立つ。タウリンを多くふくむタコ、イカ、貝類などの摂取がすすめられる。

一方、魚介類の食品には高塩分のものがある。塩辛、佃煮、魚卵、塩昆布などは塩分を多くふくんでおり、過剰摂取は魚のもつEPAやDHAの機能とトレードオフの関係にある。ビタミン過剰摂取症（ハイパービタミノーシス：hypervitaminosis）は身体に異常をきたす。イシナギの肝臓を過剰に摂取するとビタミンA過剰摂取による食中毒を引き起こす。魚油を過剰に摂取するとビタミンD過剰症を引き起こす。

カルシウムを過剰に摂取すると、血中カルシウム濃度が上昇し、血管、腎臓や脳などにカルシウムが沈着し、悪心（おしん）、嘔吐、多尿、口の渇き、昏睡やけいれんが誘発され、骨にも異常が検出される。

魚食の病理学

魚食と栄養学をつなぐもうひとつのキーワードとなる病理学の知見についてふれておこう。北米の北西海岸に居住する先住民はサケをはじめとして魚類を多く摂取してきた。遺跡から出土する骨にみられる病変がビタミンD過剰症によるものとの指摘があり、パレオパソロジー（古病理学）の研究が進められてきた（Lazenby and McCormack 1985）。わたしが学んだ一九七〇年代の時代には、古人骨にみられる虫歯や梅毒などの病変や、栄養失調によるハリス線の解析などがさかんであり、定性的な分析が中心であった。

しかし、最近では人骨のコラーゲンを用いて、窒素と炭素の安定同位体比の計測により食生活の診断をおこなう研究が主流となっている。つまり、海産物への依存度を定量的に知ることができるようになった。古人骨の安定同位体比を検討した北海道大学の南川雅男や生態学者の湯本貴和が総合地球環境学研究所におけるプロジェクト研究のなかで明らかにしたように、縄文時代の食生活では、北海道の人びとが海獣や海産物に大きく依存していたことがわかった（南川 2014）。あわせて、ビタミンD過剰症などについての病変を非定量的（ノン・メトリカル）に解析する手法もあわせて実施すべきだろう。

古人骨とともに現代人の毛髪をもとにした食生活に関する分析結果が最近出た。それをみると、都道府県ごとの窒素と炭素の安定同位体比はたいへん小さく、同位体比の大きな地域差が確認されている縄文時代の食性とは大きく異なることがわかる。さらに、一九八〇年代の日本人の食性と比較すると、窒素同位体比が低く、海産物への依存率が減少していることも明らかになった（Kusaka *et al.* 2016）。

以上述べたように、魚介類の栄養価と成分は多様であり、それぞれの成分が果たす役割が健康にさまざまな影響をあたえる。栄養学と病理学の知見にあるように、魚に関する自然科学的な知識は魚食を正確にとらえたものである。その点からは、オーバーユース（過剰摂取）をおさえ、アンダーユース（過小摂取）を是正するバランスのある食生活が推奨される。しかし、魚介類は多様な種類をふくんでいるので、個々の要素還元主義からの分析だけでは食の全体像がみえてこない。そこでつぎに、東洋医学の考えから、魚食と身体全体とのかかわりあいについて考えてみたい。

東洋医学と魚

東洋医学には、特定の食物が体の異変に効能があるとか、病気を未然に防ぐ役割を果たすという医食同源の思想がある。魚介類についても、それぞれの種類ごとの薬効は異なる。中国では、自然界の動植物を摂取することが人間の健康におよぼす影響について体系化した医食同源の思想が発達した。後漢から三国時代に成立したとされる本草書『神農本草経（しんのうほんぞうきょう）』が最古のもので、三六五種類の植物、動物、鉱物を、上品・中品・下品にわけ、上品は無毒で長期服用することができるもの、中品は毒にも薬にもなるもの、下品は毒性が強く長期服用することができないものとしている。このなかで、水産物の割合は非常に低く、上品では牡蠣と亀甲の二種類、中品では鼈甲・鮀魚甲（ワニ）・蠡魚（カムルチー）・鯉魚胆・烏賊魚骨（コウイカ）・海蛤・文蛤、下品には馬刀（マテガイ）・蟹が挙げられている（陶編 2008）。その後、多くの本草書が出版され、明代の一五九六年に李時珍による『本草綱目』は、そのなかでも歴代本草学の集大成と言える書物で、一八七一種類の薬種が記載された。魚については鱗部「魚類」と同鱗部「無鱗魚」として五九種が記載され、魚類以外にイルカ、エビ、タコ、クラゲなどもふくむ。この書に依拠して日本で編纂されたのが『本朝食鑑』であり、一六九七（元禄一〇）年に人見必大により著された（人見 1980）。

中国の五行思想では、色、方位、四神、季節をセットとして体系化する思想体系がある。中国における四神（四獣）と方位・色・季節・五行（ごぎょう）などとの連関関係がある。つまり、（方位・色・四神・季節・五行）の五つの概念群は本来、関係がない独立したものであるが、相互に連関するものとして（北・黒・玄武・冬・水）、（東・緑（青）・青龍・春・木）、（南・赤〈朱〉・朱雀・夏・火）、（西・白・白虎・秋・金）のセットが配置されるとするもので、デスコラのいう類推主義の典型例である。

五行思想は東洋医学においても独自の体系として組み込まれている。つまり、自然界を陰と陽の二元的な区分により、陽として天・熱・火・上・左・背中・上半身・表・外・昼・気（力）と、陰としての地・寒・水・下・右・腹・下半身・裏・内・夜・血液に区分するもので、二元思想といえる。五行思想では、万物を木・火・土・金・水の五要素にわけ、それらのダイナミズムから世界が構成されているとされる。これらの五要素はそれぞれ、色、人体の臓器とともに食物の五味に対応するものと位置づけられている。つまり、木（肝・緑・酸味）・火（心・赤・苦味）・土（脾・黄・甘味）・金（肺・白・辛味）・水（腎・黒・塩味）となっている。

五味は、辛・甘・酸・苦・鹹（塩味）を指す。五行説を基盤として発達した漢方では、食材や薬が体を温めるものか、冷やす性質のものかに応じて、四性ないし古くは四気に区分された。熱・温・涼・寒がその基本で、熱と温は程度の差であり、さらに「大」、「微」をつけて大熱—熱—微熱として区別することがある。また、熱温と涼寒の作用が顕著でないものにたいしては、「平」を位置づけた。

食物の味や成分は経験知による蓄積や科学的、栄養学的な分析によるものである。五味の辛・甘・酸・苦・鹹が、色との連関で白・黄・緑・赤・黒に対応することは一種のアナロジーによるといえるが、五味にそれぞれ相当する食物の種類とどのような関係にあると考えればよいだろうか。

『本朝食鑑』と五味

この問題を考える材料として、近世期の『本朝食鑑』における記載を取り上げよう。魚介類については、「鱗部之二　江海有鱗類」（三五種）と「鱗部之三　江海有鱗類」（三七種）を参照した。対象とした魚介類の五味、四性（気）に着目すると、五味としては、甘い味のものが圧倒的に多く六三種類に達する（全体の九一・三％）。内訳は、甘（八例：鱸、はぜ、鰹節、鯨脂、ふか、ふぐの子、えい、かまぼこ）、甘温（二四例：鯛、このしろ、鰊、まながつお、やがら、たちうお、さめ、しび、鰹、鰆、鰺、いぼせ、八目鰻、ふぐ、乾燥ふぐ、うきぎ腸、おこぜ、白魚、氷魚、するめいか、たつのおとしご、えび、あみ、なます〈鱠〉）、甘酸（五例：鰤、鯖、クジラ肉、わに、すし〈魚鮓〉）、甘平（一六例：鱈、石持、きすご、なよし、こち、ひらめ、あかお、めばる、藻魚、あいなめ、はたしろ、あさじ、あんこう、鱧肝、とびお、しゃくなげえび）、甘鹹（七例：いか、ほしうお、塩うお、魚醤、鰯・小鰯、たこ、いいだこ）、甘寒（鱧）、甘冷（さより）、微甘（鉄頭魚（かながしら））それぞれ一例となっている。

五味のうち、鹹味、つまり塩辛い味のものには、烏賊甲＝いか骨、熬海鼠＝いりこ、伊留加＝いるか、海月＝くらげ（鹹平）、海鼠＝なまこ（鹹寒）、老海鼠＝ほや（鹹冷）がある。辛味のものは魚醤だけであり、甘鹹で微辛とされている。また、食べると大きく体温が上がるとされる大温のものには、鯨＝くじら肉、鯨＝くじら脂、鱶＝ふか、布久＝ふぐの子がある。

毒性についてみると、無毒のものが多いものの、三割ほどは毒があるとされている。ふぐには大毒がある。ふぐ以外の有毒のものとしては、わに、かながしら、くじら脂、ふか、ふぐの子、鮫＝さめ、鮪＝しび、鮩＝あみなどがあり、場合により、鰊＝かど（ニシン）や鰹＝かつおが有毒となることもある。魚醤の古臭いものも有毒となる。

小毒のものとして、鰆＝さわら、鰤＝ぶり、鯖＝さば、波世魚＝はぜ、鰶＝このしろ、乎古之＝おこぜ、鰕＝えび、氷魚＝ひうおなどがある。白魚＝しろうおは場合により小毒がある。ひうおは、多食すると長期の病やもろもろの痒みを起こす。なお、わには『和名抄』にある伝説上の四足動物でじっさいには存在しない。

五味と魚の相性

江戸期の魚介類にたいする五行思想の位置づけは、かならずしも類推によるものではない。多様な種類の魚介類の五味、寒熱、毒性、臓腑への影響などを総合化し、魚介類を食べることで人間が受ける影響を考える実践的な哲学といえよう。人間が特定の魚を食べることによりその影響を受けるとする考えは生理学のみならず感染呪術的な思考を基盤としている。漢方からみた魚と人との関係は五行思想と生理学の混淆したものとみなすことができる。

現代では魚介類にふくまれる各種のアミノ酸やビタミン類などの栄養成分が同定され、薬効や効能が科学的にも明らかにされている。

手元の『東方栄養新書』でも、漢方の知識が臨床実験を通じて多くの食材に適用されている。魚介類では、マダイ、マフグ、イラメ、カレイ、サバ、サンマ、タチウオ、ベニザケ、サメ、ハモ、ウナギ、ナマズ、ドジョウ、コイ、フナ、スッポン、アワビ、ホタテガイ、アサリ、ハマグリ、バカガイ、イカ、エビ、タコ、ウニ、カニ、クラゲ、ナマコ、マガキの三〇種類について詳細な記載がある。

体質を気血両虚（気と血が虚損し、生命活動の物質的基礎が不足し臓腑機能が衰退すること）、食積痰湿（暴飲暴食により、胃腸に消化不良があり、「痰」や余分な水分（湿）などの老廃物が体内に溜まった状態）、肝陽亢盛（肝血虚の症状のほか、頭痛・目の充血・口と咽の乾き・のぼせ・イライラ・怒りやすい・不眠・耳鳴り）、気滞うっ血（気のめぐりが悪く、血行の良くない状態）に四区分すると、魚種ごとに体質との相性が異なる。

気血両虚で相性の良い魚介類はマダイ、ドジョウ、マフグ、フナ、ヒラメ、カレイである。食積痰湿ではクラゲが、肝陽亢盛にはクラゲとハモが、気滞うっ血にはイカ、エビ、カニがそれぞれ相性の良い魚介類である。一方、相性の悪い魚介類は三〇種類のうち、気血両虚で九種類、食積痰湿で二〇種類、肝陽亢盛で八種類あるが、気滞うっ血には相性の悪いものはふくまれていない。体質により相性の良い場合と悪い場合が同居しているのは、マダイ、ドジョウ、マフグ、フナ、ハモ、イカ、エビ、カニである（梁晨 2014）。

魚介類の種類と体質の相関関係を相性として類別化する見方は魚と人のかかわりを総合化する思想といってよい。

以上、本章では、魚と霊魂、カミ観念、魚の図譜と自然史（誌）、魚をめぐる食と健康などの問題について取り上げた。魚と人間とのかかわりを古典的なアニミズムとトーテミズムの思想から検討した。デスコラの定式化によると、アニミズムが身体性において人間と魚が異質であり、トーテミズムでは類似するものとして差異化されている。しかし、メラネシアにおけるサメ信仰ではアニミズムとトーテミズムの異同性を峻別する必要のない場合があった。すなわち、人間がサメによって捕食された結果、サメに人間の要素が取り込まれ、身体性では人間と類似した存在に転換する。神話上、人間の祖先とされるサメはトーテム的な性格をもつが、別の種類の人喰いザメは人間存在とは関係のない海の捕食者とされていた。

類推主義と自然主義の議論にしても、デスコラは魚と人がたがいに身体性と内面性で異なる存在としているが、五行思想と魚食の関係のように両者が融合し、あるいは相互に影響しあう場合があった。

魚を模写する図像学の分野では一八世紀以降、自然主義の系譜が踏襲されてきたが、実物以上に実物らしい図像が一九世紀中葉以降に登場し、自然科学における記載を超えた芸術の世界につながるものとなった。

第６章でふれた半魚人は、デスコラの存在論における四つのパラダイムになじまないことがわかった。半魚人が人間と魚の両方の属性をもつ点で身体性では類似しており、人間の言葉を話す半魚人は内面性でも人間と類似した存在である。とすれば、半魚人はデスコラ論によると、すべからくトーテミズムの範疇にはいることになる。古代中国の仰韶文化における半坡遺跡出土の彩色土器にある半魚人の文様はトーテミズムを示唆するものである。

しかし、中世ヨーロッパにおけるモンクフィッシュは、海にも陸とおなじような海の司祭がいるとする類推にもとづいていながら、その実態をカスザメとみなす自然科学的な思考も同時にあった。日本の人魚や八百比丘尼には、エイや人魚を食べた人間が長寿として死にきれなかったために入定した説話もあり、身体性と内面性の異同性だけから自然と人間のかかわりを考える枠組みにはどうしても無理がある。半魚人の論考がこのことを証明する有力な事例となった。さらに、古代バビロニアにおけるアプスー（アッカドのエア）は、頭部がヤギで胴体が魚の存在であり、ときには半神半魚の身体で表象されていた。自然と人間とのかかわりを考える場合、既成の枠組みではなく自然、人間、カミの三元的な世界の枠組みで考えることがもっとも重要となる。

終章　魚と人の文明論―統合知の地平

第1節　魚・人・カミの三極モデル

魚と人の関係性

地球上の魚と人間との長いかかわりの歴史について、これまで序章をふくめて八つの章で考察をくわえてきた。第1章と第5章のなかで、人間が魚をどのように分類し、秩序ある世界として構築してきたのかについて検討した。リンネの人為分類とは明らかに異なる、じつに多様な民俗（族）分類のあることを例証した。民俗（族）分類は人為分類からすれば非科学的な思いつきによるものではない。サタワル島のサメとボラの形態学的特徴を器官の相同性としてとらえた例は科学を超えた民俗知であろう。魚の民俗（族）分類は単に自然を秩序づけるだけのものではなく、人間と超自然の関係や、社会における人間の地位、ジェンダー、年齢、病い・気質などの個人の状態・性癖などを参照したものである。民俗（族）分類は自然のみを分類する人為分類を超える「野生の思考」としての人間の科学にほかならない（レヴィ＝ストロース 1976）。

魚の民俗（族）分類には、人間世界における優劣性や階層性、個体性などとの複合的なかかわりが介在しており、「王・首長の魚」、「男性の魚」、「子どもの魚」などの存在がその端的な例であった。さらに人間と魚、人間とカミの世界との特別な関係性を示す例も世界の方々にあった。台湾のヤミ（タオ）族の例がその代表である。

人間はどのように魚を扱ってきたのか。この問いにたいしては、第2章で魚食と美食の実態に言及し、魚介類の調理法が先史・古代から現代にいたるまで多様な展開を経てきたことを古代以来の諸文明の例をもとに明らかにすることができた。珍味と称されるものがうま味成分を多くふくむ食材であり、けっして外観だけにより決まるものではないこともわかった。

第3章で魚食のタブー論について取り上げ、大宗教圏や文明社会だけでなく漁撈を生業とする小規模な社会にいたるまで、それぞれ独自のタブー理論のあることがわかった。その反面、理由はともあれ特定の魚を食べると悪い影響が生じるのでタブー視する感染呪術の思考や、美味であるからとか巨大性や稀な性質をもつ魚が献上品・貢納品となることも明らかとなった。鱗の有無や「赤い魚」は食のタブー上、重要な指標とされており、人類に広く共通した魚への認知のあり方を示すことがわかった。

第4章では、魚を食用以外の目的で使う事例に焦点をあて、魚の皮、骨、歯、棘などが多様な技術と知恵を総動員して加工されてきたことがわかった。サメの歯やエイの尾棘のように人間同士の殺戮用武器として使われる場合から、闘魚を使う娯楽や鑑賞魚を飼育する水族館の例まで、魚のもつ多様な形態学的特徴や属性を人間が創意工夫をこらして利用・操作してきたことが理解できた。

なかには、刀剣のエイ皮製鞘（さや）や貝殻の螺鈿細工のように芸術品・国宝となったものもある。食べると中毒を起こし、人間を死にいたらしめるか幻覚症状を誘発する魚介類があり、海は恩恵だけでなく災禍をもたらすことも世界で広くみられた。東南アジアの漁民が貧困ゆえに青酸カリを使い、サンゴ礁を破壊してまで熱帯鑑賞魚を獲る実態もつまびらかになった。貧困と環境破壊の問題は現代世界の光と陰を示すものであり、そのことをまったく知らずに熱帯鑑賞魚をめでている先進国の人間の無自覚を垣間見ることもできた。

魚への認識のしかたと利用のあり方は、あくまで人間を中心にすえて魚とのかかわりを考えることにほかならない。ここでは、詩人の金子みすゞが無慈悲に魚を殺戮する行為に冷ややかな視線を投げかけ、人間と魚を同列において相手の魚を「かわいそう」と考えた視座はない（秋道 2017a）。

魚が人に、人が魚に

資源としての魚を利用する立場と、殺戮される魚をあわれとみなす日本人の自然観だけで人と魚のかかわりに関する論は完結しない。というのは、「魚が人になり、人が魚になる」両者のダイナミズムが凛然としてあるからだ。この問題は第6章の「半魚人の世界」と第7章の「魚と世界観」のなかでつぶさに検討した。そのなかでわかったことは、魚と人間との境界的な存在としての半魚人が時代を超えて見出された点である。エジプト、メソポタミア、中国、ギリシャ、アンデスの諸文明のみならず中世・近世の民間伝承において、人間と魚の融合した存在がカミの世界との媒介者として登場し、畏敬の念をもって扱われてきた。

半魚人の考察から、魚と人間が相互に交流し変換するとみなす観念のあることも了解できた。魚はあくまで自然の一部とし、人間とは峻別されるものと考える西洋の人間中心主義からは異質の発想といえよう。この視点は民族学者の岩田慶治が『木が人になり、人が木になる。アニミズムと今日』のなかで展開しており（岩田 2005）、筆者も本書のなかで「魚が人になり、人が魚になる」事例を古代以来の諸文明や無文字社会のなかに確認することができた。

第6章で、魚に霊魂を認めるのかどうかについて議論した。この考えは古くからあり、人類学のなかではアニミズムやトーテミズムとして定式化されてきた。しかし、古代文明から今日の民族誌における諸事例を精査すると、魚に霊魂を認める発想の意味は、古典的なアニミズムやトーテミズム論だけではすまないことがわかった。とくに魚を供養する仏教的な発想が野生の動植物を犠牲にした「負い目」を合理化し正当化する思想と行為であり、魚に霊を認め、供犠として扱う事例は魚の霊を浮かび上がらせた。

第7章で取り上げた魚の図像学は、観察により自然を描くことだけを意味しない。幻想と創造の入り混じった世界観を図像として描き出し、芸術分野とも境界を接するものであることを魚類図譜から知ることができた。近

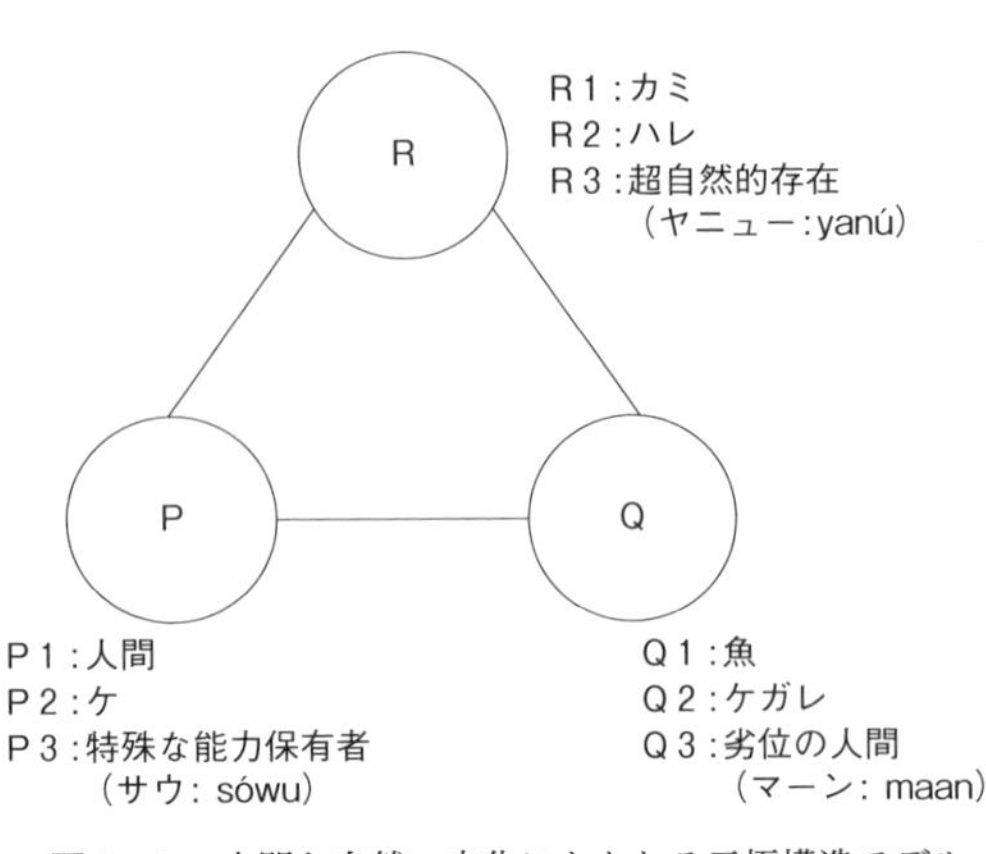

図8－1　人間と自然・文化にかかわる三極構造モデル
（P1, Q1, R1）、（P2, Q2, R2）、（P3, Q3, R3）がセットとなる。

世末、日本人絵師の川原慶賀による水彩魚譜をシーボルトがオランダに持ち帰り、標本ではなくその図譜を解析した分類学者のテミンクとシュレーゲルにより学名が記載された。博物学と図像学の出会いと融合が日本とオランダ間で実現した歴史も学ぶことができた。

　第6章と第7章の議論から、魚に霊魂を認める場合であっても、人間と魚の二項だけでなく第三項としてカミの存在を組み込んで考えることが有効であることを見出した。わたしはこれまで三極構造をもつモデルについて、枠組みは異なるがいくつかの例を提示してきた。**図8-1**には、P、Q、Rからなる三極モデルを示し、このなかにいくつかの項目をセットとして設定した。本論では、P=人間、Q=魚、R=カミを例としているが、これ以外に、（人間・自然・超自然）や（ハレ・ケ・ケガレ）を想定することができる。サタワル島の事例では、特別な能力保有者であるサウ（sówu）、異常な状態にある人間を指すマーン（maan）、超自然的存在であるヤニュー（yanú）の三項からなる食物規制のモデルを提示した（秋道 1981）。三極モデルの有効性はその安定性にある。P、Q、Rのいずれかの項が変化し、その影響が他の極におよんでも、緩衝作用により全体の構造が大きく異なることはない。

　以上のような諸側面を束ね、貫く地平から魚と人の全体論が描き切れたといえるだろうか。しかし、これだけですべてよしということにはならない。というのは、まだ大きな論点がのこされているからである。それは、「魚はいったい誰のものか」という問いかけであり、魚の所有論から新しい文明論に迫る最後のチャレンジとなる。

第2節　魚は誰のものか

最近とみにさかんなコモンズ（共有地、共有財産）論では、自然界の事物は本来、誰のものでもないとする前提から出発する。無主地のことをラテン語ではテラ・ヌリウス（*terra nullius*）と称する。だからといって、世界中のすべての人間がわれ先に無主地にいる魚を奪いあってきたわけではない。とくに沿岸域の場合は地元主義とでもいえる主張があり、目の前にいる魚や海藻・貝類は自分たちのものと考えられてきた。外部の人間が地元の海に「侵入」するような事態が発生すると、きまったように紛争が発生する。このような事態はこれまで世界中で起こっており、魚は誰のものかについて考えるヒントになる。

沿岸域の領有

たとえば、インドネシアでは一九四五年八月一七日にスカルノ大統領は独立宣言のなかでインドネシアの領海は国民みなのものであると宣言した。ところが、現在までの七〇年あまりの間、国内のさまざまな海域では外部者が侵入したことでいざこざが発生している。スラウェシ島とボルネオ島の間にあるマカッサル海峡では、回遊魚の移動路にあたるためこれを漁獲するため、ロンポンとよばれる集魚装置を用いて魚を釣る漁法が広くおこなわれてきた。この装置はフィリピンでパヤオ（payao）とよばれるもので、日本では沖縄近海でマグロ、カツオ、サワラなどを獲る。ロンポンは筏の下にココヤシの葉をつけ、長いロープを下して魚が集まるように工夫されている（図8-2）。

問題が発生したのは一九八〇年代のことで、スラウェシ島南東部沖にあるスラヤール島の漁民がスラウェシ島西岸のマジュネ地域にロンポン漁のために遠征してきたことが発端となった。マジュネのマンダール漁民は目の

図8－2　ロンポン漁業の竹製筏（スラウェシ島西部・マカッサル海峡）

前の海は慣習的に自分たちの海とし、ロンポン漁をふくむ漁撈活動をおこなってきた。ところが、外部者の入漁によって混み合いが発生し、ロンポン漁のロープが絡みあう面倒な事態が起こった。憤慨したマンダール人の漁民はスラヤール島漁民によるロンポン漁を妨害するために、ロープを切断するなどの措置をとった。緊張関係が高じて、スラヤール島民とマンダール漁民の間で係争がもちあがった。高裁における裁判の結果はスラヤール漁民の勝訴となった。判決の主文は「インドネシア国には二つの法は要らない。国法に準拠すべきである」とするもので、海はみんなのものとするスカルノ大統領による原則が認められたことになる。マンダール漁民の慣習法をもとにした権利の主張はしりぞけられたが、わたしはそれでも国法を慣習法に優先するものとする紋切り型の主張を超えて、地域住民の主張を認める一定のルールづくりが必要であると考えている。

国全体を視野においたコモンズの主張は原則的には許容できるものであるが、地域住民と海との長いかかわりを前提とする地域のコモンズ（ローカル・コモンズ）の否定は決して国益にはならないうえ、新たな「コモンズの悲劇」を生むおそれがある。この場合、真の意味でのコモンズであれば、入漁や漁具の制限など、いろいろな条件設定がなされるのがふつうである（Feeny *et al.* 1990; 秋道 2016b）。

広域におけるコモンズのあつかいについては次項で検討するとして、マカッサル海峡における入漁問題と紛争の経緯については、米国の人類学者であるザーナー（C. Zerner）による一連の論文や著作に詳しい（Zerner 1990,

1991, 2003)。

日本では沿岸域の利用について、江戸時代中期の一七四二(寛保二)年に『評定所御定書』のなかで、「磯は地付き根付次第、沖は入会」との原則が示され、磯漁は地元主義と明確に示されている。沿岸域を占有する権利はその後明治以降の近代にも踏襲され、現代にいたっている(秋道 1995b, 1999a, 2016b)。こうした法令が発布される背景には、当時すでに各地で入漁に関する紛争が発生していたことがある。もっとも入会の状況は全国でおなじような状況にあったのではない。沿岸漁業の先進地域である近畿、瀬戸内海沿岸域で入会、入漁に関する紛争や協議が多く知られており、東北、関東ではそれほど問題が顕在化していなかった(河野 1962)。

魚が誰のものかという問いにたいして、カミがすべてを所有するとみなす神話や宗教的な教義がないわけではない。さらに、民族誌的・歴史的な事実として、漂着したクジラを王や貴族がア・プリオリに所有を宣言するハワイ諸島の例や(Tlitcombv 1972)、カツオ、ボラ、イワシなどの魚の所有権が特定父系集団に帰属するとみなすパプアニューギニアのマヌス州にあるポナム島の例にある(Carrier 1981)。ポナム島では、先述した魚種のいずれも大きな群れを形成する点は注目してよい。というのは、漁場空間を占拠ないし独占利用することで自動的にその海域の魚は特定の集団に帰属することになるが、沿岸域にせよ漁場にかかわらず特定の回遊性魚類を所有する例は稀である。

公海の魚は誰のものでもないか

では、外洋や公海に生息する魚の場合はどうか。すでに一九五〇年代に水産学者のゴードンは公海でアクセスが自由であればいずれ資源が枯渇すると予言した(Gordon 1954)。論文公表はコモンズ論で知られるハーディンが「共有地の悲劇論」を発表する一九六八年よりも一四年早いことになる(Hardin 1968)。また、米国のトルーマン大統領は一九四五年九月二八日、「大陸棚宣言」をおこない、自国の水深二〇〇メートル以浅の海域における地下と海床の天然資源の主権的な利用権を謳った。同時に、米国の沿岸域に接続する公海において、従来からおこなわれてきた、ないし将来的に利用可能性のある海域における漁業活動についてもこれを維持・管理するために保存水域を設定することを宣言した。当時はまだ二〇〇海里排他的経済水域（EEZ）が設定されていない時代であり、領海外における外国の母船式漁業の台頭をけん制する意味もあって公海の海洋資源を取り込む政策がいち早く宣言されたわけだ。その後、この宣言に同調する国ぐにが増えた。

ゴードンの論文発表の四年後の一九五八年に開催された第一次国連海洋法会議ではこうした動向を受けて、大陸棚条約とともに公海条約、領海条約、公海生物資源保存条約が採択された。さらにのちの一九八二年の第三次国連海洋法会議で領海を基線から一二海里、二〇〇海里を排他的経済水域とすることが採択された。二〇〇海里時代にある今日、公海は大きく減少し、国の権限が領海の外側に大きく拡大する時代となった。トルーマンの提唱した大陸棚論も二〇〇海里案に統合されたことになる。

公海論を一七世紀にさかのぼって考えると、当時、オランダの法学者であるグロティウスは「自由海論」（マレ・リベルム：Mare Liberum）を一六〇九年に発表した。グロティウスの説では、海岸から三海里までは国の管轄権下にあるが、その外側の海は自由に航行、利用できるとするもので「広い公海」を謳ったものである。これはオランダによる北海方面でのニシン漁の漁業権益を正当化するものでもあった。ニシンを国益のものとする私物化の論理が背景にあり、魚を誰のものでもないとする汎世界的なコモンズ思想があったわけではない。

一方、英国のセルデンは、鉱物資源を例として埋蔵資源を自由に採掘すれば、資源が枯渇するとみなした。さらにセルデンは古代ローマ時代に淡水域の利用権が一部、個人に委譲されていたことや海域の利用権も囲い込まれていたことを挙げている。一七世紀当時、英国はアイルランド、北米のニューイングランド植民地、東インド会社によるインドなどに植民地を拡大していた時代である。オランダは北海を念頭においていたが、世界の海を席巻する大英帝国は広大な版図を自国の権益とする論を正当化するさきがけとなる説を提示した。それが英国による「海洋閉鎖論」（マレ・クロウズム：Mare Clausum）である（秋道 1995a）。一七世紀以降、領海の範囲をめぐる各国の意見は集約されることなく、現代にいたっている。

領海の外延にある公海上の漁業資源が誰のものかについての論争が繰り返されてきたといってよい。そこでは、二国間の漁業をめぐる暫定協定を基盤とした合意による操業がおこなわれてくるのがふつうであった。では、公海の資源はどのように考えられてきたのか。

タラ戦争

第二次大戦後、英国とアイスランド間におけるタラ戦争はよく知られた例である。ある国の漁業権は海岸から何海里を領海とするかによって決まるため、領海侵犯が係争の火種となった。アイスランドでは大量の英国漁船が周辺海域においてタラ漁をおこなっていたので、これを排除するために領海をつぎつぎと拡大する措置をとった。タラ戦争は一九五八年から一九七六年まで続き、三次にわたって北の海が紛争の場となった。一九五〇年代、アイスランドの領海は四海里であったが、第一次タラ戦争（一九五八年）では、英国漁船による漁獲を懸念して一二海里に拡大した。しかし、英国漁船はこれを無視したので、英国の底曳船とアイスランドの監視船が衝突する事態が勃発した。その後、両国間で一応の合意がなされた。

ところが、一九七二年に発生した第二次タラ戦争では、アイスランドが新たに五〇海里案を設定し、英国底曳船のロープを切断する作戦を展開した。英国漁船とアイスランド沿岸警備船との衝突で英国漁民が拿捕され、保釈金は二万六五〇〇ポンドであった。結局、五〇海里内での操業では年間の漁獲量を最大で一三万トンとする合意が両国でなされたが、その後、一九七五年一一月一三日に失効した。

一九七五年以降は第三次タラ戦争とよばれる事態に展開した。国連海洋法条約（ＵＮＣＬＯＳ）をうけて、アイスランドは自国の二〇〇海里排他的経済水域を宣言し、このことを契機として英国駆逐艦とアイスランド監視船の衝突が五五回発生している。

ヨーロッパの北方海域では、回遊性の底生資源であるタラをめぐり、以上のような漁業紛争が起こった。ヨーロッパ社会ではそれほどタラが食料として重要であったことや、タラが産卵時期に大きな群れをつくる傾向のあることが漁場紛争を先鋭化したのである。

サケ・マスの占有をめぐって

沿岸域であれ、広大な外洋域であれ、繁殖期と索餌・成長期をサイクルとする回遊性魚類や鯨類の存在が知られている。なかでも、緯度・経度を越えて広域を回遊する魚種が漁業の対象とされてきた。たとえば、太平洋サケ（シロザケ・キングサーモン・ギンザケ・ベニザケ・カラフトマス・サクラマスの六種類）は北太平洋・ベーリング海における一〜五年の索餌回遊をへて太平洋西岸域の河川を遡上して産卵する。回遊中のサケが沖獲りされることで産卵のために河川にもどる資源が減少することを沿岸の母川国が訴えた。母川回帰の習性を踏まえてサケの管轄権を主張する立場を母川国主義とよぶ。遡河性魚類（アナドロマスフィッシュ：anadromous fish stock）がその対象であり、この権利は国連海洋法条約（一九八二年）にも条文化されている。

ロシアはすでに一九七六年一二月、二〇〇海里を漁業区域とする案を提示しており、日ロ漁業交渉もその影響をうけ、一九七八年四月二二日に調印された日ソ漁業協力協定にもとづき、公海における日本のサケ・マス漁獲量が大きく制限された。その後、一九九二年に日本によるサケ・マス類の沖獲りは停止されている。翌年の一九九三年、日ロ加米四ケ国による四ケ国条約により、北太平洋の公海におけるサケ・マス漁は禁止となった。結局、日本とロシアの二〇〇海里内における漁業のみが暫定的に認められることになった。二〇一六年、ロシア上院は自国のEEZにおけるサケ・マスの流し網漁を翌年一月から全面禁漁とする法案を可決している。サケ・マス以外のアカイカ、サンマ、クサカリツボダイなどの資源管理を北太平洋漁業資源保存条約（二〇一二年採択）に準拠して協議する北太平洋漁業委員会が設立され、公海上の資源が「長期的な保存と持続可能な利用」の対象として明文化されるようになっている。戦後だけにかぎっても、領海外の公海がせばめられ、国の利用できる権限は増加したが、結局、サケ・マスなどの遡河性回遊資源は母川国主義による主張と、海鳥、イルカなどの混獲の弊害、資源の持続的な利用が大きな論理として国際的に合意されるなかで、回遊性資源を二国間、国際的な協定などを通じて限定された「コモンズ」として扱う議論が台頭しているのが現状である。

クロマグロと世界

クロマグロは大型の広域回遊魚で、食用としても重要魚種である。以下クロマグロについて取り上げよう。

1．クロマグロ（*Thunnus orientalis*）

本種は春にフィリピン・台湾海域や黒潮域にある琉球列島から伊豆諸島域で産卵する。一部は黒潮続流（ぞくりゅう）を経て北米西海岸に達する。成長後、産卵をひかえて太平洋をふたたび横断し、太平洋西岸に回帰する。クロマグロは黒潮の分流である対馬暖流域に入り、一部が夏に日本海域で産卵する。日本海での産卵は近年の海水温上昇にともなう影響が指摘されている。マグロ漁で有名となった大間（青森県下北郡）では昼間はマグロ一本釣り（ひきなわ）漁が、夜間にはえなわ漁が操業されている（図8-3）。かたや津軽海峡をはさんだ北海道の戸井（函館市）では、はえなわ漁がおこなわれる。また、北海道の噴火湾では大型定置網漁がおこなわれる。日本海側では富山湾の氷見における大型定置網漁による夏季のマグロ漁は中世後期以来の伝統をもつ（山口 1939）。氷見の定置網では、春のイワシ、夏のマグロ、秋・冬のブリ漁で知られている。江戸末期の元治元（一八六四）年の資料をみても、定置網は春網（一五ケ統）、夏網（六ケ統）、秋網（五ケ統）とその他の沿岸域の網（一六ケ統）の四五ケ統が設置されていた。定置網の設置場所によって入網する魚の量に大きな差が生じる。場所をめぐる紛争が何度

図8－3　青森県下北郡大間におけるクロマグロの模型

も発生したこともあり、漁場の場所をくじ引きで決める申し合わせが江戸期に確立していたことがわかっている。例外的に網入れの場所をどうしても譲らない網元もあった。わたしは定置網漁の全国大会が京都であった時、講演のなかでそのことについてふれた。たまたま会議に出席されていた方のなかに、江戸時代に網入れの場所を譲歩しなかった網元の末裔の方が参加されておられ、当時の話が現代でも語り継がれてきたことを知った。

現在、日本海側の境港（鳥取県境港市）ではクロマグロの水揚げ量の大きいことで知られているが、ここで水揚げされるマグロはまきあみで漁獲されたものである。一本釣りや定置網にくらべて、まきあみは魚群を一網打尽にするので、資源管理上もよくないとされている。しかも、若年魚や産卵群は本来、獲るべきではないだろう。

2．タイセイヨウクロマグロ（*Thunnus thynnus*）

本種は大西洋をはさんで北はノルウェイ海、バフィン海から、一方で北海、地中海、黒海、アゾレス諸島、西アフリカまで、他方ではニューファンドランド沖からメキシコ湾、カリブ海、ブラジル中部まで広域に分布する。このクロマグロは北極圏の寒冷域から熱帯域にいたる海域で体温を調節しながら生存することができる。脂の乗った肉質もよく市場価格は高い。本種の産卵域は大西洋をはさんで地中海域とメキシコ湾・カリブ海に二極化されているが、二つの個体群の相互の交流も認められている。まさにトランス・アトランティックな回遊魚といえる。

古代ローマ時代から地中海域で定置漁具によりマグロの回遊群が漁獲されてきた。ジブラルタル海峡域にあるアンティポリス（現在のスペインのサン・フェルナンド）やガディタナ湾（現在のカジス湾）産のマグロから製造された魚醤ガルム（第2章参照）はローマへ輸送された。また、スペイン沿岸域の定置漁具はふつうアルマドラバ（armadrava）とよばれ、三〇〇〇年の伝統をもつ。地中海では、スペイン東部のバレアーレス諸島、イタリアのシシリー島周辺、アフリカのチュニジア・リビア沖、トルコ南部のキプロス島周辺、シナイ半島沖などが産卵場とされている。

現代ではまきあみやはえなわにより未成魚や産卵群が産卵前に漁獲されることや、沿岸の定置漁具に代わり、高速で移動するマグロ魚群を追跡する近代漁法が圧倒的に多く操業され、未成魚を蓄養して主に日本へと輸出するマグロ蓄養業が生産を伸ばしている。結果として、タイセイヨウクロマグロ資源の乱獲と資源量の減少が顕著になっている。また、メキシコ湾で二〇一〇年に起こった原油流出事故による海洋汚染と事後処理のための中和剤の散布による海洋汚染がマグロ産卵場の破壊につながり、今後ともにマグロの生存上、重篤な危機を向かえることが懸念されている。

コモンズとしてのマグロ

世界中でマグロが乱獲により資源枯渇が懸念されているなかで、漁獲量を制限し、資源を適正に管理するための国際的な委員会があり、総量規制、海域別の禁漁区が決められている。マグロ類の国際的な管理については、現在、五つの海域別管理委員会（ＲＦＭＯ）がある。それらはＩＣＣＡＴ（大西洋まぐろ類保存国際委員会）、ＩＯＴＣ（インド洋まぐろ類委員会）、ＩＡＴＴＣ（米熱帯まぐろ類委員会）、ＷＣＰＦＣ（中西部太平洋まぐろ類委員会）、オーストラリア海域のＣＣＳＢＴ（みなみまぐろ保存委員会）である。ＷＣＰＦＣはマグロとともにカツオ資源の管理をふくんでいる。二〇一六年八月にもマグロ資源の管理規制についてのＷＣＰＦＣ委員会が日本であったが、日本以外に中国、韓国、台湾、米国など主要な漁獲当事者国・地域との間で合意は得られていない。

ＦＡＯ（国連食糧農業機構）の資料によると、全世界でマグロ（クロマグロ、ミナミマグロ、メバチマグロ、キハダマグロ、ビンチョウマグロの五種類）の総漁獲量は二〇一一年の統計で一八八万トンである。そのうち上位ではインドネシア（二三・一万トン）、日本（二〇・五万トン）、台湾（一五・四万トン）、フィリピン（一三・四万トン）、スペイン（一二・七万トン）、メキシコ（一〇・九万トン）以下、一〇万トン以下では韓国、エクアドル、フランス、米国とつづく。

魚種別では、キハダマグロ（*Thunnus albacares*）が一二二・二万トン（六五・〇％）、メバチマグロ（*Thunnus obesus*）が三八四万トン（二〇・四％）、ビンチョウマグロ（*Thunnus alalunga*）が二三・四万トン（一二・五％）となっており、圧倒的にキハダマグロが多い。これにたいしてクロマグロは二・一万トン（一・一％）、タイセイヨウクロマグロも一・二万トン（〇・六％）にすぎない。

ただし、日本は海外から二二万トンものマグロを輸入しており、日本人は世界の総漁獲量の四分の一程度を消費していることになる。ＦＡＯの最新統計資料では、二〇一五年度における日本における生・冷凍マグロの流通量は三五・三万トンであった。二〇一四年度には三六・二八万トンであり、三・〇％減少している。このことをもって、若者を中心とした魚離れが日本で進んでいると即断できるかどうかは別問題であろう。また、ミナミマグロ（*Thunnus maccoyii*）は絶滅危惧ＩＡ種となっている。このほか、小型種のコシナガ（*Thunnus tonggol*）やタイセイヨウマグロ（*Thunnus atlanticus*）が知られている。

二〇一二年三月に開催された会議で、タイセイヨウクロマグロをワシントン条約附属書Ｉに掲載に関する案がモナコ公国から出されたが否決された。附属書Ｉでは絶滅の危惧のある種の商業取引を禁止することになっている。否決されたものの、ＩＣＣＡＴによる管理体制が十全ではないことも指摘されており、国際機関であるから大丈夫であるとの考えには慎重に対応すべきであり、主要な輸入国である日本がこの問題を歓迎するとばかりの声明文を出すことにも問題があり、むしろ真の資源管理を達成するための国際的な発言力を強化する立場を強調すべきであろう。

マグロ資源の管理を種ごとにせよ世界全体で広範な議論を喚起する必要があり、この線上でコモンズとしてのマグロを考える視点が共有されることが望まれる。その背景にクジラをめぐる商業捕鯨の一時的全面禁止（モラトリアム）を経て、ウナギなどにも絶滅の問題が大きく浮上していることをわすれてはならない。いうまでもなく、ウナギ、マグロが日本における魚食できわめて重要な位置を占めている。この場合、種ごとに規制を精緻化する科学的研究とともに、違法な漁業（ＩＵＵ）の規制強化、まきあみ、底曳網、はえなわなど大規模漁業の規制を強化するなど、複合的な政策の実施が望まれる。

第3節　魚とコモンズ

俵物交易と魚食のグローバル化

魚には、おなじタンパク質源である陸上の野生動物や家畜・家禽にくらべて多種類のものがあり、食文化の多様性を生み出してきた。どういった種類の魚に高い価値があたえられてきたかは地域や文化によって異なるとともに、歴史を通じても変化してきた。古代ローマでもっとも評価されたヒメジの仲間は現在も地中海世界では美味な魚とされている。中華料理では、明代以降に魚翅（フカひれ）、鮑魚（アワビ）、海参（ナマコ）、燕窩（ウミツバメの巣）は四大珍味とされる高級品であった。しかもそのほとんどが海外産のものであり、ナマコとフカひれは南海産のものも重要であるが、アワビとナマコは日本産のものが多く、江戸時代における「俵物」として幕府の貴重な財源ともなった（松浦 2012）。

これらの高級食材は乾燥品であり、その漁場も日本や東南アジアだけでなく、現代では太平洋、インド洋へと拡大している。エクアドル領のガラパゴス諸島では数千人ものエクアドル漁民が長期滞在してナマコ漁をおこなった。島の人口も一万人に達しようとした。ダーウィンが生物進化の調査をおこなった一九世紀には考えられないことであった。当初、ナマコの資源量も無尽蔵であったが、乱獲により激減した。政府も禁漁期間を設けようとしたが、漁民が反発し、島のチャールズ・ダーウィン研究所を閉鎖するなどの暴挙に出た。これがいわゆる「ナマコ戦争」とよばれる事態である（赤嶺 2016）。問題であったのは、ナマコ漁に従事する漁民が食料とするために、諸島で保全されているゾウガメを消費していたことが発覚した。経済と保全が対立する事態になったゆゆしい例である。また、インド洋ではナマコの生産地はマダガスカル島までに達している（飯田 1998, 2001）。

ここ一〇数年ほどの間に、中国ではナマコのうま煮料理の提供の仕方に大きな変化が起こっている。中華料理では、円卓の中央に大皿に盛られた料理を各自が銘々皿に取り分けるのがふつうである。しかし、小型のナマコ料理を銘々皿で提供するようになり、当然、皿に合う小型のナマコが必要とされるようになった（秋道 2013b）。

江戸時代から評価の高い日本産の刺参（しさん）は東北から北海道で獲れるキンコナマコである。密輸ないし違法漁業として、小型ナマコの密漁が横行し、陸奥湾、噴火湾、オホーツク海一帯では夜間に高速船を使った漁がおこなわれているようだ。小型のナマコを乱獲すれば、将来的にも資源の縮小再生産にいたる懸念があり、水産庁や海上保安庁もその対策に頭を痛めている。沿岸漁民の生活を保障するためにも成金主義の違法操業が自然にあたえる悪影響を密漁グループは自覚すべきであろう。

アワビも米国西岸、南米へと広がり、フカひれについてもインド・太平洋地域に拡大している。しかも、対象資源の種類も多様化する傾向にある。前述したジンベエザメがその例である。東南アジアでは温帯・冷温帯で採集されるアワビ（クロアワビ、メガイアワビ、マダカアワビ、エゾアワビ）ではなく、小型のミミガイ科の仲間が輸出され、東南アジア産のマタ・トゥジュ（mata tuju）は小型のトコブシの仲間である。また、アワビの養殖業が進められ、中国、韓国における生産量は飛躍的に増大している。

二〇〇〇年にインドネシアのアラフラ海にあるアルー諸島で調査をおこなったさい、刺し網を使ってサメを獲る漁民に話を聞いた。獲れたサメの鰭を切り取り、のこりの身の部分は船上で吊るして乾燥し、食用に利用したという。ただし、サメ肉が船上でいっぱいになると、獲れたサメの鰭だけを回収して肉は海上に投棄された。マルク州のカヨア島のバジャウ漁撈民の村では、日本人がサメ用の網を提供し、漁獲されたサメは華人商人が購入していた（図8-4）。

東北地方の気仙沼ではマグロのはえなわ漁がおこなわれている。そのさいサメが獲れるので、中国向けのフカひれとして加工される。ただし、船上で鰭の部分だけを切り落とし、魚体は海上に投棄されていた。資源利用上の点から問題ありと国際的に指摘され、サメ肉を加工して活用する工夫がなされるようになった。サメはワシントン条約締結国会議を参照すれば、二〇〇四年にホホジロザメが附属書Ⅱに掲載されて以降、二〇一三年にシュモクザメの仲間やマンタ属のエイを附属書Ⅱに掲載することが決議された。附属書Ⅱは、輸出国政府が輸出許可書を発給することを条件に商業取引が認められている（金子 2016a）。資源管理を通じて持続的にサメ・エイを利用すべきとする考えと、ワシントン条約を通じた規制こそが資源維持のうえで重要と考える立場の間で論争があったが、附属書Ⅱにアップリストすることが大きな転機となった（仙波 2016）。第5章でふれた通り、ジンベエザメは水族館の人気者である一方、フカひれ用の高級食材とされ、乱獲により個体の大きさも減少傾向にある

図8-4　乾燥したフカひれをもつバジョの漁民（インドネシア東部マルク州カヨア島のグルアピン・バジョの村にて）

ことが指摘されている。

漁獲物の利用について、必要な部分だけを回収し、要らない部分は海上に投棄する例として歴史的にも知られているのが一九世紀の捕鯨である。鯨油やクジラのひげを主要な対象とした捕鯨では、鯨肉は不要であり、海上で投棄された。クジラをあますところなく利用することは資源を無駄にしない有効利用法であり、日本以外にも先住民社会ではふつうにおこなわれている。エスキモーやイヌイットにおけるクジラの包括的な利用方法は過去においてもおこなわれていたことが民族学の調査と考古学的な遺物との照合からも指摘されている（秋道 1995b）。無駄にしない資源の利活用は発展途上国だけの問題ではない。技術をふくめた先進国の責任の一端でもあることを強く認識すべきだろう。

食は中国にありか

一九五〇年代以降、とくに広東料理ではハタ類やベラの活魚を淡白な味の清蒸料理によって調理する方法が隆盛している。これらの活魚はサンゴ礁海域で漁獲されるもので、東南アジアからオセアニア・インド洋にまで漁場が拡大している。生きたまま輸送するためには、生産地と中国をはじめとする消費地との距離が問題となる。大型の生け簀をもつ輸送船ならインドネシア西部のビンタン島やナトゥナ諸島から香港まで一週間の行程である。この海域は中国による「九段線」のフロンティアにあたる。中国による軍事的拡張と経済圏の維持はコインの裏表の関係にある。欲望による海の環境破壊は決して許されるものではない。

東南アジアのタイ国では高価なハタ科魚類にくらべて、バラマンディは安価に蓄養できるのでレストランでの価格も安い。ハタの仲間でプラーカオ・ドクデン（pla khao dok deng）は高価であるが、バラマンディ、つまりプラカポン（pla kapong）は廉価である。できれば、バラマンディの普及がのぞまれる。二〇一六年秋に上海でバラマンディ（金目鯛）料理を食べた。従来の清蒸料理とは異なる現代風の調理がなされており、こうした調理技術の開発と新しい食味の提供は今後の課題であろう。

エコロジカル・フットプリント（輸送食品の重量と輸送距離の積で、キロ・トンで表示）の増大は遠距離交易の功罪を衆目にさらしている。もちろん、輸送距離が大きくなると、魚自体が弱り、健康な状態で出荷できなくなる。このため、マーシャル諸島からメラネシア地域を超えて活魚を輸送するさい空輸に依存しては採算があわないことになる。こうした「成長の限界」の認識が現代では焦眉の課題である。

中国の経済発展と人口増加により、以上述べてきた高級食材を利用した海鮮食文化はますます大きくなろうとしている。食欲と胃袋を満たすための追及が環境を劣化させ、健全な生態系の維持が機能不全に陥ってよいはずはない。「食は中国にあり」とする通念の再考が課題である。

魚食の画一化とアレルギー問題

最近では魚介類の生鮮品だけでなく、加工食品が広く流通している。調理済みの缶詰やレトルト食品があり、電子レンジで簡単に調理できる。出汁にしても、料理店ではカツオ節を削り、昆布とあわせた出汁が利用されるが、同時にパックに入った花カツオや出汁の粉末があり、湯をくわえるだけで独特の風味を味わうことができるようになった。食の簡便化は食生活の向上とともに味の画一化を産みだしている。その一方で、地域独自の味や風味、地場産の食材を使った食文化が衰退する元となっている。

魚にふくまれるＥＰＡやＤＨＡの効用が宣伝され、それらをふくむ機能性薬品が商品化される時代である。生活習慣病や運動不足など、現代人の抱える病気罹患率の軽減、健康増進などの観点からは歓迎すべきかもしれない。しかし、食と味の画一化とともに、他方で地域の食が軽視されるとすればやはり問題とすべきだろう。

食物アレルギーは小学校でも学校給食の食材について細かい点が指導要領のなかで指摘されている。食品衛生法では、卵や乳製品だけでなく、ソバなどについても表示を義務付けるか奨励する法令がある。魚貝類についていえば、アレルギーを引き起こす食品としてエビとカニが「特定原材料」とされ、サバ、サケ、イカ、イクラなどが「特定原材料に準ずる」としての標示が前者で義務付けされ、後者では奨励されている。また年齢により、青年期に甲殻類が、成人以降は甲殻類と魚介類がアレルギー誘因食品となる傾向も指摘されている。

以上は日本の場合であるが、世界全体でも海鮮食品の生産と消費がグローバル化するなかで、アレルギー症状が顕著にみられるようになっている。甲殻類、イカ、貝類（カキ、アワビ）、魚類（サケ、マグロ、タラ、ニシン、イワシ、アジ、マス、カジキマグロ、マナガツオ、キハダマグロなど）でアレルゲンとなるタンパク質を分子レベルで特定化する研究も進んでいる（Lopata and Lehrer 2009; Lopata *et al.* 2010; Andreas 2012; Rahman *et al.* 2012）。もちろん、魚食の習慣が広がり、魚介類の摂取量も多いアジアでアレルギー問題が多く発生している。飛躍的に魚食文化の広がっている中国での実態を探ることが今後の課題であろう。

魚とコモンズ

われわれ人類は魚にたいして多様な観念とかかわりをもってきた。世界の大宗教においては、魚にたいして多様な象徴的意味があたえられてきた。魚のもつ多産性は自然界のなかでの食う・食われる関係を通して展開してきた。人間は川や湖沼、海洋における魚よりも高位の消費者であることはいうまでもない。今では資源枯渇が叫ばれているが、かつて魚が湧くようにいたとか、サケの群れを足で踏んで歩いたなどの言説は決して誇張ではなかった。

しかし、人口の増加と産業の発達、漁撈技術の発展や船舶の大型化、移動範囲の拡大から、見知らぬ海や川の魚までもが漁獲されるにおよび、見かけ上、無尽蔵であった魚の現存量は変動の枠を超えて時間とともに右下がりする現象が明らかとなってきた。

毎年決まった時期に回遊してくる魚を待ち受ける人びとにとり、魚の来遊は再生と豊饒のシンボルであった。魚の来遊を祈る儀礼が世界各地で発達してきたが、沖合で巨大な船と大規模な網によって漁獲され、沿岸に来る魚が激減する現象も発生している。

魚はいったい誰のものか。誰のものでもないから、自由奔放に獲ることは当然とされる時代が長く続いた。それだけでなく、誰のものでもない無主の魚を私物化、独占化する傾向はなくなることはなかった。その一方で、特定の魚を聖なるものとして誰もが利用することを排除する宗教的な教義や民族社会における魚の禁忌が生み出された。（秋道・赤坂 2016）

誰のものでもなくみんなのもの、つまり共有資源とする発想から、魚の資源がなくなると考える「共有の悲劇」論は誤解を生み出すもととなった。共有であったから悲劇が起こったのではなく、資源にアクセスする権利が誰にも認められるオープン・アクセスの場合が悲劇を生んだと考えるべきであった。もしも海の資源が共有物であるとするならば、利害関係者は魚の利用をめぐり、さまざまな協議やもめごとを繰り返してきたはずである（秋道 2016b）。先述したマグロは広域を回遊する資源であり、利害関係者も広い範囲にわたっている。したがって、共有資源としてその漁獲量や漁場についての配分が最重要の課題となることは当然のことである。

新しい海洋保護区モデル

現代では、資源を保全するための保護区を設定する動きが顕著にみられるようになった。海洋保護区（Marine Protected Areas）の規模や位置づけ、管理主体が誰であるのかなどの条件はさまざまである。誰もが入ることのできない聖域としての保護区の場合と、世界遺産や「人間と生物圏計画」（MAB：Man and Biosphere）におけるような、誰もが入れない核心地域、研究やエコツーリズムなどの限定的な利用にかぎり入ることのできる緩衝地域、地域住民による地域振興や生業目的の利用に資する移行地帯にゾーニングされている場合までがある。環境保護をどのように担保するのか、地域住民の利益をどこまで許容するのかによって海洋保護区のあり方にも幅が出てくる。保護区の意味付けと政策的な位置づけは国ごとの政策だけでなく、国際的な基準の策定も考えるべきであろう。

他方で、中国による南シナ海のサンゴ礁の埋め立てと軍事基地化など、環境保護とは相いれない動きもある。海洋保護区の策定にさいしては、非武装地帯（non-militarized zone）として位置づける視点も肝要であろう。海洋保護区は今後ともに焦点となる生態学的・政治的な課題である。この点で、海洋生態系と人間の生きざまをセットとして取り込んだ新しい思想がぜひとも必要ではないだろうか。その原点に魚と人のかかわりを統合的にとらえる本書の視座が根幹となることをここで強調しておきたい。

第４節　魚と人の文明論

魚食の社会史と多国籍化

人類の歴史を通覧してみると、魚にはさまざまな価値と意味があたえられてきたことが本書から明らかとなった。食べることについていえば、美食の対象魚を求めて遠方への漁業や水産物を現場で低価格で買い取り、高価格で売る経済行為がいたるところで繰り広げられた。冷蔵・冷凍技術の発達以前の段階では、もっぱら塩漬けや乾燥品が流通した。中世・近世ヨーロッパにおけるニシン、タラ漁をめぐるハンザ同盟の隆盛と衰退、クリップフィスク（乾燥塩ダラ）、砂糖、黒人奴隷をめぐり、アメリカ大陸、ヨーロッパ、アフリカをつないだ三角貿易は世界史にのこる魚の利用例である。二〇世紀には、アイスランド周辺海域で一九五八～一九七六年年にかけてタラ漁場の漁業権をめぐる争いが勃発した。日本でも近世期に飛島（山形県）沖では鱈場をめぐる村落間の紛争があった。タラは産卵期に群遊する傾向があり、漁場の占有は国家間、村落間を問わず当事者にとりつねに大きな課題であったわけだ。

ニューファウンドランド島の南東沖に広がるグランドバンクスから大西洋岸に回遊していたおびただしい数のタイセイヨウタラ魚群は、一〇世紀ごろのヴァイキング、鯨を追っていたバスク人を魅了し、さらには探検家ジョン・カボットの報告書に記され、ヨーロッパの人びとを北米大陸へと誘引した。イギリスやフランスの漁民は沿岸部にタラ漁業の拠点を確保し、タラは浜で塩干し加工され、保存食としてヨーロッパのみならず中南米で重宝された。船舶の近代化、漁業技術の進歩に伴って漁獲高は飛躍的に増加したが、底曳き網による大量捕獲により漁業資源は一九六八年をピークとして一九七〇年以降急激に減少し、魚体のサイズも小型化した。カナダ政府、カナダ漁業海洋省は一九九二年からの一時禁漁を経て二〇一〇年にはタイセイヨウタラを絶滅危惧種に指定した。現在は調査監視漁業、自家消費用にのみ漁獲が許されているので、流通量は少ない。タラの養殖はまだ実用化にいたっていない。

サケ缶からツナ缶へ

一九世紀初頭のナポレオン戦争（一八〇三～一八一五年）当時、ナポレオン・ボナパルトは軍事遠征のさいに保存のきく軍用食の開発が必須と考え、懸賞金をつけて公募した。一八〇四年にアペールが瓶詰めを発明して以来、英国でも缶詰技術の開発がすすめられ、一八一〇年に英国でブリキを使った金属製缶詰が考案され、早くも一八一二年に世界初の缶詰工場が建設され、翌年には英国陸軍・海軍に提供された。軍用食として有用であった缶詰は一九世紀中葉以降、米国の南北戦争、クリミヤ戦争、日清・日露戦争で活用された。

缶詰製品のなかで、オイルサーディンやカニなどもあるが、やはりサケ缶の果たした役割は世界史のなかで重要とおもわれる。英国では一八二四年にサケ缶工場がスコットランドのアバディーンで創業し、米国では一八六四年に西部カリフォルニアのサクラメント川で工場が開かれ、のちワシントン州のコロンビア川で事業が拡大した。米国がロシアよりアラスカを購入後（一八六七年）、アラスカのサケ漁とサケ缶製造業は飛躍的に発展した。二〇世紀になっても、二次にわたる世界大戦や戦後のベトナム戦争でもサケ缶は兵隊の軍事食として大きな人気を得た。その後、サケ缶はのちに見るようにツナ缶にとってかわられるが、航空機の発達と輸送技術の進展により生のサケを空輸するようになった。現在、日本では回転寿司店でキングサーモンのにぎりを廉価で食べることができる。

一方、マグロ類を使ったツナ缶は日本で戦前の一九二九（昭和四）年、静岡県水産試験場で試作されたのが最初である。戦後、サケの不漁もあり、ツナ缶が注目されるのは一九七〇年代であり、サケ缶製造は低迷した。しかし、ツナ缶製造はその後も増加傾向にあり、ＦＡＯの Fish Stat（漁獲の経年変化データ資料）の一九七六～二〇一一年における資料をみても右上がりの傾向にあり、ツナ缶の製造がマグロ類漁獲の六割を占めていることは注目すべきである。現在では、生産の多い国はタイ、スペイン、エクアドル、米国の順になっている。注意すべき点は、タイにおけるツナ缶製造の原料は自国の零細漁民による小型のカツオ・マグロ類である熱帯性小型マグロ類である。そのなかにはコシナガマグロ（*Thunnus tonggol*）、ヒラソウダ（*Auxis thazard*）とスマ（*Euthynnus affinis*）がふくまれる。タイは海外からビンナガ、キハダ、メバチ、カツオなどを輸入している。輸入先は台湾、ヴァヌアツ、日本、モルディヴ、韓国、インドネシア、マーシャル諸島などである。またツナ缶の輸出先は米国・カナダ・中東・ヨーロッパ・オセアニア（豪州とニュージーランド）、アジア（日本・台湾・香港）などである。水産物の流通が多国籍化している現状は魚食の未来を占ううえで試金石となっている。

タラ、サケ、マグロなどが人類史上、果たしてきた大きな役割は大陸や文明を横断し、経済だけでなく社会や文化に多大な影響をあたえてきた点にある。いいかえれば、魚が歴史を変えたことをあらためて理解することができる。魚食文化が大陸間、さらに地球規模でのグローバルな展開を経てきたことを確認することができる。

魚食をめぐる文化圏と文明論

ここで古代から展開してきた魚食の問題を文化圏としての広がりを仮説的に類型化してみた。これは文化の広がり、すなわち文化圏（cultural sphere）の範疇である。ハンチントンによる文明の類型についてはすでに序章でふれたが、文明は人間のアイデンティティの集積したものであり、言語、歴史、宗教、生活習慣、社会制度やその統合体としての文化と深くかかわるものである。魚食の文化圏から、魚と人の文明論を提示することは可能だろうか。以下、魚食に着目した九つの魚食文化圏を提案しておこう。

1．断食・魚食優先圏

キリスト教で肉食禁止の四旬節などの断食日において、魚食が隆盛したことは西洋文明における魚食の意義を二千年以上にわたり伝えるものであり、西洋の魚食をささえた宗教原理でもある（第3章参照）。

2．無鱗魚タブー圏

イスラーム圏、ユダヤ教圏では鱗のない無鱗魚は禁食とされている（第3章参照）。単なる文化的特質というよりもイスラーム文明のアイデンティティともなっている。

3．**非魚食圏**

魚を食べることを禁じる仏教圏では原則、肉食禁止の戒律があり、宗教的教義としてだけでない世界観を特徴としている。アフリカなどでも魚食のみられない地域がある（第3章参照）。

4．**タラ・ニシン食圏**

北大西洋域で発達し、回遊性のタラ・ニシンを大量に漁獲し、流通・交易を通じて多様なタラ食、ニシン食の文化をヨーロッパ全域や南北アメリカに広げた（越智 2014）。

5．**サケ・マス圏**

北半球の寒帯・亜寒帯で回遊性のサケ・マス資源を利用する文化は先住民社会だけでなく、植民者による産業化、缶詰産業の発展による商品化を通じて、北米、ユーラシア大陸北部にひろがった（第5章参照）。

6．**アワビ・ナマコ・フカひれ圏**

明代以降の中華文明とも結びつき、高級食材であるフカひれ、アワビ、ナマコなどの供給先を周辺地域だけでなく遠隔地へと拡大してきた点が特徴である。これらの食材の取引には交易関係やパトロン・クライアント関係などのネットワークがこの文明をささえた（秋道 1995a）。

7．**カツオ・マグロ圏**

太平洋地域で土着のカツオ・マグロ食が展開してきたが、現代では日本を中心に、台湾、スペインなどをふくむ国ぐにによるカツオ・マグロ食は大きく発達し、健康食、ペット・フード産業などを生み出す元となった。鰹節を使い、うまみ成分を開発してきた和食のひろがった日本などの地域をふくむ（藤林・宮内 2004）。

8．**魚醤・ナレズシ圏**

魚醤は東南アジア・東アジア、および地中海で発達した魚の発酵食品である（石毛・ラドル 1995）。古代ローマで魚醤ガルムはあったが、アジアの稲作地帯のように米を使ったナレズシの発酵食品はなかった。西洋の麦作はナレズシ文化の発展には寄与しなかった。

9．**鮨食圏**

8．のナレズシとは異なり、生魚の鮨を食べる二〇世紀以降の魚食文化で、魚の生食は健康にもよいとされている。日本を発信源とし、欧米先進国の都市部に急速に展開した点が特徴である。カウンターでにぎりを食べることからスシ・バー（sushi bar）の用語が生まれた（石毛ほか 1985）。ただし魚の生食自体は古くさかのぼる。

以上の九つの魚食文化圏のほかにも、タコ食文化、踊り食い文化、サメ・エイ食文化、魚卵食文化、海藻食文化などを仮設として提案することができるだろう（秋道 2017c）。

文化圏から文明論へ

前記の九つのうち、文明論の基盤となる文化圏は、1．、2．、3．、4．、5．、6．、7．の六つである。なぜなら、魚が個々の文化圏を超えて相互に影響を及ぼしあい、制度と政治面、環境面で大きな役割を果たしてきたからだ。このうち、1．、2．、3．はいずれも大宗教とかかわる分野であり、宗教的な戒律や教義が魚との関係を大きく規定し、時代を超えて持続してきた点が特徴である。4．から7．は交易と経済にかかわる。人間の移動とも関連が深く、地域間、大陸間における物流と人間の移動に大きな役割を果たしてきた。サケ・マス、タラ、フカひれ・ナマコ・アワビなどは大陸を越えた人・モノの移動を促し、国際的な紛争や合意・協定を生み出すもととなった。魚と人の文明論を構築するうえで、以上の類型論は重要な結論となる。

本論は魚類をもとに文明を考える視点に立脚している。生態資源を元にした議論はともすれば環境決定論、ないし正反対の文化決定論とする意見が根強いだろう。一方、これまでの文明論は制度や物質文化、社会制度を元にした議論がほとんどであり、環境と人間とのかかわりを重視する視点がまったく欠落している。本論では両者のかかわりを重視した。漁撈は魚と人の直接的なかかわりを示すものであるが、これまでの研究は技術論を重視し、かならずしも文明論の議論となじまなかった（薮内 1978）。分布論は地理学では重要な作業であるが、人間とのかかわりを軽視すればその分、文明論にはそぐわないことにもなる。

魚以外の陸上資源で人類の文明と大きくかかわる例があるだろうか。野牛、シカ、イノシシなどの野生動物や、ウシ、ブタ、ヒツジ、ウマ、ニワトリ、アヒルなどの家畜・家禽が重要な食料とされてきたとして、それらの動物と人間とのかかわりを文明論として構築した議論は皆無である。まして、野生動物でもある魚が世界の歴史上、文明の大きな変革をもたらす契機を作り出したことはタラやニシンの例以外ほとんど指摘されてこなかった（越智 1914）。また、養殖・蓄養の対象となってきた水産物の意義についても議論すべきであるが、ここでは外来種の導入による生態系の攪乱について人類の文明を考えるべき可能性についてのみ言及しておこう。

魚と人の新たな文明論

最後に指摘しておきたいのは、歴史上、あるいは地域ごとに展開してきた魚と人のかかわりを統合的に把握することができたのかという問いにたいする回答である。まず、人と魚の多様なかかわりを整理しておこう。自然

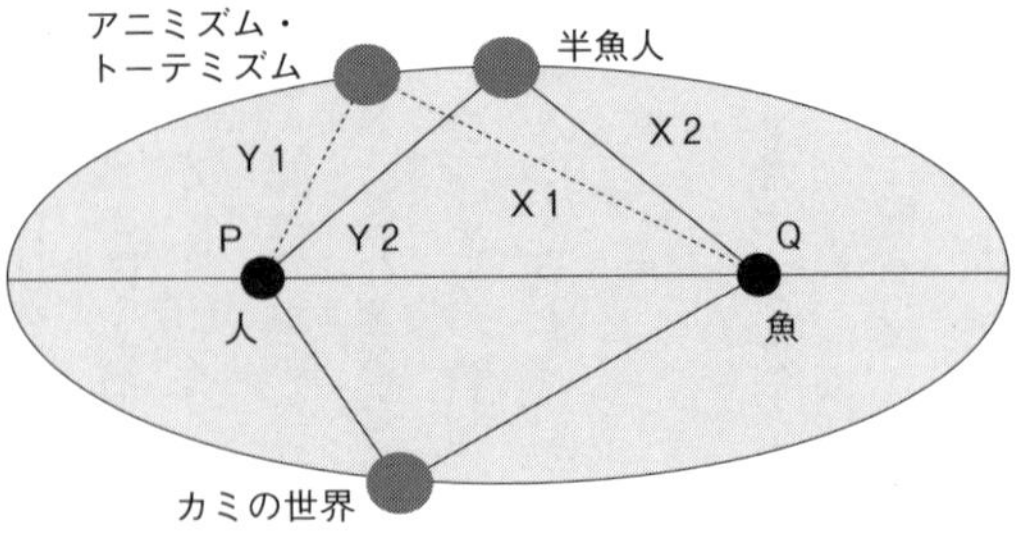

界の多種多様な魚類は人間社会に取り込まれるさいには、有用性と有害性におうじて選別されてきた。有用な魚には美食の対象、王権への献上魚・貢納品、キリスト教の四旬節などに積極的に消費される魚などとともに、ふつうに食されるイワシ、アジ、サバなどの大衆魚、中央の大市場には出回らないが地元で消費される「地魚」などがふくまれる。

一方、有害な魚のなかには、宗教的な教義や民俗社会ごとに決められた慣行に応じた禁忌魚や、食べると死に至るかアレルギーを起こすなどの中毒魚があった。食べるのではないが、接触することで危害を蒙る危険な魚もあった。有用魚と有害魚は、時代や地域を超えて人類の魚食を基本的に規定してきた二つのモメントであるといってよい。

ただし、有用・有害だけの基準で自然界のすべての魚類が存在しているわけではない。というのは、人間が利用しない「ただの魚」が大多数を占めているからだ。有用・有害の議論から抜け落ちた魚はふつう議論の対象とはならない。しかし、海や河川・湖沼の生態系を構成する種には「ただの魚」が数多くふくまれており、生態系の維持と多様性を保証する重要な要素となっている。有用・有害の発想は人間を中心においたものであるが、「ただの魚」は生態系を中心においた発想であり、非人間的な見方ともいえる。

図8－5　魚と人のかかわりの楕円モデル

魚・人・カミの三極関係、半魚人、アニミズムとトーテミズムの動態を示す。X1とY1、X2とY2はたがいに距離が異なるが、その分、楕円上にある多様な魚と人のかかわりを示す。

この視点を包括的に図8-5によって示そう。楕円の長軸上にある二つの焦点の一方（P）を人間、もう一方の焦点（Q）を魚とすれば、魚と人の多様なかかわりは二つの焦点をもとに描かれる軌跡、つまり楕円によってモデル化することができる。二つの焦点から楕円上にいたる距離は、図のX1とY1、あるいは図のX2とY2におけるようにたがいに異なっており、世界中の人と魚のかかわりあいが多様であることを示している。人間だけでもなく、魚だけでもなくたがいのかかわりあいを考える発想もこの図のなかでうまく表すことができる。

魚と人のかかわりの考察に欠かせなかったカミや半魚人、「魚が人になり、人が魚になる」変幻自在な思考のあり方もこの楕円の軌跡上に位置づけることができる。楕円構造に集約される魚と人のかかわりあいは、デスコラによる西洋のパラダイムとはまったく異質な展開であることを読み取っていただきたい。魚と人との関係を広義の世界観として位置づけるならば、その世界観自体が多様な形で存在することを楕円の軌跡として図式化する意味が有効といえるのではないか。

陸域の事象を対象にした文明論は数多く提唱されてきたが、海や河川湖沼の魚を中心に扱った論はこれまでなかった。普段は水中にいて人間の創造力とあくなき観察欲の対象であった魚と、人間とのさまざまなかかわりから生み出された技術や思考様式は、人と魚の文明論の根幹にあるといってよい。

人類史を展望して、魚にかかわるあらゆる知を歴史、科学、芸術を踏まえて構築することこそが今後の地球時代における自然と人間のかかわりを占う重要な試金石となることを確信して本書を閉じることとしたい。

文献

青柳正規　一九九七『トリマルキオの饗宴―逸楽と飽食のローマ文化』中央公論社
赤木攻・秋道智彌・秋篠宮文仁・高井康弘　一九九七「北部タイ・チエンコーンにおけるプラー・ブック（*Pangasianodon gigas*）の民族魚類学的考察」『国立民族学博物館研究報告』二二（二）：二九三―三四四頁
赤嶺淳　二〇一〇『ナマコを歩く』新泉社
赤嶺淳　二〇一六「ナマコ」中野秀樹・高橋紀夫編『魚たちとワシントン条約』文一総合出版、一八七―一九九頁
秋篠宮文仁　二〇一六「メコンに棲む神の使い　プラー・ブック」秋篠宮文仁・緒方喜雄・森誠一編『ナマズの博覧誌』誠文堂新光社、一八四―二一七頁
秋篠宮文仁・緒方喜雄・森誠一編『ナマズの博覧誌』誠文堂新光社
秋道智彌　一九七五「漁撈活動と魚の生態―ソロモン諸島マライタ島の事例」『季刊人類学』七（二）：七八―一二八頁
秋道智彌　一九八一「〝悪い魚〟と〝良い魚〟―Satawal 島における民族魚類学」『国立民族学博物館研究報告』六（一）：六六―一三三頁
秋道智彌　一九八八「自然の文化表象」伊藤幹治・米山俊直編『文化人類学へのアプローチ』ミネルヴァ書房、二〇五―二三〇頁
秋道智彌　一九八九ａ「ミクロネシアの筌漁―漁具・漁法の生態学的研究」牛島巌・中山和芳編『国立民族学博物館研究報告別冊』六号（オセアニアの基層社会の多様性と変容―ミクロネシアとその周辺）、二六九―二九八頁
秋道智彌　一九八九ｂ「サタワル島における食物カテゴリー」松原正毅編『人類学とは何か―言語・儀礼・象徴・歴史』日本放送出版協会、一九九―二三二頁
秋道智彌　一九九二『アユと日本人』（丸善ライブラリー81）丸善出版
秋道智彌　一九九四『クジラとヒトの民族誌』東京大学出版会
秋道智彌　一九九五ａ『海洋民族学―海のナチュラリストたち』東京大学出版会

秋道智彌　一九九五ｂ「資源と所有―海の資源を中心に」秋道智彌・市川光雄・大塚柳太郎編『生態人類学を学ぶ人のために』世界思想社、一七四―一九二頁
秋道智彌　一九九六「東南アジア・オセアニアのトビウオ漁」劉茂源編『人・モノ・コトバの人類学』慶友社、一一二―一二一頁
秋道智彌　一九九八「開発の村と漁業―ヴァヌアツの島じまと発展」秋道智彌・田和正孝『海人たちの自然誌』関西学院大学出版会、一〇七―一二九頁
秋道智彌　一九九九ａ『なわばりの文化史―海・山・川の資源と民俗社会』小学館
秋道智彌　一九九九ｂ「オーストロネシア語族とサメの民族学」中尾佐助・秋道智彌編『オーストロネシアの民族生物学』平凡社、二九五―三二三頁
秋道智彌　二〇〇二「海辺のエスノ・サイエンス―パプアニューギニア・マヌス島民の民俗知識と食物交換の変容に関する考察」寺嶋秀明・篠原徹編『講座生態人類学7　エスノ・サイエンス』京都大学学術出版会、一二一―一五二頁
秋道智彌　二〇一三ａ『漁撈の民族誌』昭和堂
秋道智彌　二〇一三ｂ『海に生きる―海人の民族学』東京大学出版会
秋道智彌　二〇一三ｃ「トビウオ文化」秋道智彌『漁撈の民族誌』昭和堂、七八―八一頁
秋道智彌　二〇一三ｄ「アジアの巨大淡水魚」秋道智彌『漁撈の民族誌』昭和堂、一〇六―一〇九頁
秋道智彌　二〇一三ｅ「空飛ぶ熱帯魚」秋道智彌『漁撈の民族誌』昭和堂、一一〇―一一三頁
秋道智彌　二〇一六ａ『サンゴ礁に生きる海人―琉球の海の生態民族学』榕樹書林
秋道智彌　二〇一六ｂ『越境するコモンズ』臨川書店
秋道智彌　二〇一六ｃ「海の恩恵と災禍を考える――文治地震・明和津波・東日本大震災にふれて――」『年報人類学研究』六：一―一六頁
秋道智彌　二〇一六ｄ「アジアのナレズシと魚醤の文化」滋賀県ミュージアム活性化推進委員会編『みんなで語る「ふなずし」の歴史』サンライズ出版、五七―一〇五頁
秋道智彌　二〇一六ｅ「大槌町のローカル・コモンズ」谷口真人編『大槌発　未来へのグランドデザイン―震災復興と地域の自然・文化』昭和堂、一二五―一五三頁
秋道智彌　二〇一七ａ「クジラと人―日本人の自然観を解体する」秋道智彌編『交錯する世界―自然と文化の脱構築』京都大学学術出版会（印刷中）

秋道智彌　二〇一七b「鳥人の形象論―扮装と変身」秋道智彌編『交錯する世界―自然と文化の脱構築』京都大学学術出版会（印刷中）
秋道智彌　二〇一七c「海藻食の多様性と人類」『季刊ヴェスタ』一〇七：四六―五六頁
秋道智彌・赤坂憲雄　二〇一六「I部対談「コモンズ＝入会」の可能性と未来を探る」玉川大学出版部、五―六四頁
浅川滋男　一九八〇「ウートがたちあがるまで―トラック諸島トル島におけるウート建設過程の報告」『季刊人類学』一一（三）：一一二―一七五頁
浅川滋男　二〇〇三「東アジア漂海民と家船居住」『鳥取環境大学紀要』一：四一―六〇頁
浅野高造（たかつくり）　一八〇三『会席料理　細工庖丁』（一九八〇『翻刻　江戸時代料理本修正　第八巻』吉井始子・翻刻代表者、臨川書店、一四五―一九五頁
アテイリオ・クカーリ、エンツォ・アンジェルッチ　一九八五『船の歴史事典』（堀元美・訳）原書房
アピキウス　一九九七『古代ローマの調理ノート』（千石玲子・訳）小学館
網野善彦　一九八四『日本中世の非農業民と天皇』岩波書店
網野善彦　一九八五「古代・中世・近世初期の漁撈と海産物の流通」『講座　日本技術の社会史第2巻　塩業・漁業』日本評論社、一九七―二七一頁
網野善彦　二〇〇九『海民と日本社会』新人物往来社
新城（あらき）安哲・大嶺稔・吉葉繁雄　一九九六「アンボイナ刺症の一症例とイモガイ刺症の問題点」『沖縄県衛生環境研究所報』三〇：四三―五二頁
荒俣宏　一九九一『極楽の魚たち』リブロポート
有山啓之　一九九九「大阪湾で採集されたヒョウモンダコ」『南紀生物』四一（一）：二三―二六頁
安渓遊地　一九八二「ザイール川とタンガニイカ湖漁撈民の魚類認知の体系」『アフリカ研究』二一：一―五六頁
飯田卓　一九九八「マダガスカルのナマコ漁」『月刊アフリカ』三八（二）：九―一三頁
飯田卓　二〇〇一「マダガスカル南西海岸部における漁家経済と農家経済：生業と食生活の分析から」『アフリカ研究』五七：三七―五四頁
五百藏良・西念幸江・三舟隆之　二〇一五「古代の調味料としての鰹色利―鰹色利における保存性―」『東京医療保健大学紀要』一〇（一）：九―一四頁

石川栄吉　二〇〇六「概観・クック時代の太平洋諸島民」『クック時代のポリネシア―民族学的研究』(国立民族学博物館調査報告五九)、五―一〇頁
石毛直道・小山修三・山口昌伴・栄久庵祥二　一九八五『ロスアンジェルスの日本料理日本料理店「その文化人類学的研究」』ドメス出版
石毛直道・ケネス/ラドル　一九九五『魚醤とナレズシの研究』岩波書店
石森秀三　一九八〇「ロンの世界―カミとつきあう知識の体系」『季刊民族学』一三:四〇―四六頁
石森秀三　一九八五『危機のコスモロジー―ミクロネシアの神々と人間』福武書店
磯野直秀　一九九二「『梅園画譜』とその周辺」『参考書誌研究』四一:一―一九頁
磯野直秀　二〇〇八「『衆鱗手鑑残欠』の出現」『慶應義塾大学日吉紀要　自然科学』四三:七五―八九頁
板垣英治　二〇〇五「フグの子糠漬け」『化学と工業』五八(一二):一四一五―一四一八頁
伊谷純一郎　一九七七「トングウェ動物誌」伊谷純一郎・原子令三編『人類の自然誌』雄山閣、四四一―五三八頁
市毛弘子・石川松太郎　一九八四「近世節用集類に収録された食生活関係語彙についての調査(第3報)―魚介類、獣鳥鯨肉類、卵類、乳類、砂糖および甘味類、油脂類、調味料および香辛料類関係語彙を中心に」『家政学雑誌』三五(一二):八八六―八九八頁
稲田浩二・小澤俊夫編　一九八一『日本昔話通観』第一一巻(富山・石川・福井)同朋社
稲村賢敷　一九五七『宮古島庶民史』稲村賢敷
今津勝紀　二〇一二『日本古代の税制と社会』塙書房
岩尾研二　二〇一二「阿嘉島のイソギンチャク食習慣」『みどりいし』二三:三七―四〇頁
岩田慶治　一九九一『草木虫魚の人類学―アニミズムの世界』講談社
岩田慶治　二〇〇五『木が人になり、人が木になる。アニミズムと今日』人文書館
岩本由輝　一九七九『南部鼻曲がり鮭』日本経済評論社
植木久行　一九八五「唐宋田園詩詞札記(上):菜花・黄花・五辛盤・花信」『文経論叢　人文学科篇』五:二二三―二四一頁
上田和子　二〇〇一『おいしい古代ローマ物語―アピキウスの料理帖』原書房
上田純一　二〇一七「「つくりもの」あるいは「見立て」としての精進料理」上田純一編『京料理の文化史』思文閣出版
内田詮三・荒井一利・西田清徳　二〇一四『日本の水族館』東京大学出版会

宇仁義和　二〇一二「アイヌの鯨種認識と捕獲鯨種」『北海道民族学』八：一六―二六頁

梅棹忠夫　一九六七『文明の生態史観』中央公論社

悦秀満　二〇〇二『島言葉でわかる沖縄魚図鑑』沖縄マリン出版

NHK出版編　一九九七『故宮博物館』第一集（神、人と共にあり～先史・殷・周～）日本放送出版協会、二六、八三、八五頁

大友義助　一九九六『山形県最上地方の伝説』東北出版企画

大林太良　一九七九「東西人魚覚え書」『神話の話』講談社、六七―七三頁

大林太良　一九八三「漁民の生業と民俗」大林太良編『日本民俗文化体系5　山民と海人』小学館、四二五―四三三頁

大林太良　一九九六『海の道　海の民』小学館

大林太良　一九九七「北太平洋地域の神話と儀礼における鮭」『北の人　文化と宗教』第一書房、一四一―一六〇頁

大原一郎・村田裕子・高嶋康晴　二〇〇四「マダイとゴウシュウマダイの判別について」『DNA多型＝DNA polymorphism』一二：七九―八一頁

大村敬一　二〇〇二「伝統的な生態学的知識」という名の神話を超えて：交差点としての民族誌の提言」『国立民族学博物館研究報告』二六（四）：二五―一二〇頁

岡千曲　二〇〇五「「サケの大助」拾遺」『相模女子大学紀要　A，人文・社会系』六九：四三―五九頁

岡田真美子　一九九九「仏教における環境観の変容」『姫路工業大学環境人間学部研究報告』一：一〇五―一〇九頁

岡田真美子　二〇〇二「東アジア的環境思想としての悉有仏性論」『木村清孝博士還暦記念論集　東アジア仏教―その成立と展開』春秋社、三五五―三七〇頁

岡田真美子・中峰空　二〇一二「虫送りの生命観　日中の棲み分け共生思想」秋道智彌編『日本の環境思想の基層―人文知からの問い』岩波書店、二四九―二七三頁

緒方喜雄　二〇一六「鯰料理の名店「十一屋」のこと」秋篠宮文仁・緒方喜雄・森誠一編『ナマズの博覧誌』誠文堂新光社、三三〇―三三九頁

岡村俊則・宮ノ下耕一・西原充貴・吉留吉弘　二〇〇〇「南方毒魚による食中毒防止に関する調査研究（第Ⅰ報）」『鹿児島県環境保健センター所報』一：八一―八二頁

岡村俊則・宮ノ下耕一・西原充貴・吉留吉弘　二〇〇〇「南方毒魚による食中毒防止に関する調査研究（第Ⅱ報）」『鹿児島県

環境保健センター所報』二：八七―八八頁
岡村俊則・宮ノ下耕一・西原充貴・吉留吉弘　二〇〇〇「南方毒魚による食中毒防止に関する調査研究（第Ⅲ報）」『鹿児島県環境保健センター所報』三：一〇九―一一〇頁
萩生田憲昭　二〇一六「古代エジプトにおけるナマズの文化誌」秋篠宮文仁・緒方喜雄・森誠一編著『ナマズの博覧誌』誠文堂新光社、二三四―二五五頁
奥野克巳・近藤祉秋・山口未花子編　二〇一二『人と動物の人類学（シリーズ来たるべき人類学）』春風社
越智敏之　二〇一四『魚で始まる世界史：ニシンとタラとヨーロッパ』平凡社
小野地健　二〇〇五「八百比丘尼伝承の死生観（木山英雄教授退職記念号）」『人文研究：神奈川大学人文学会誌』一五五：五一―七二頁
風戸真理　二〇〇八「世界のくらしと文化　―モンゴル国（2）モンゴル遊牧民の自然観―自然に対する畏怖とナーダム」『人権と部落問題』七八〇：六六―七一頁
勝浦令子　一九七七「律令制下贄貢納の変遷」『日本歴史』三五二：一九―四二頁
加藤秀弘　二〇〇〇『ニタリクジラの自然誌―土佐湾にすむ日本の鯨』平凡社
金森修　二〇一二『動物に魂はあるのか　生命を見つめる哲学』（中公新書）中央公論新社
金子与止男　二〇一六a「ワシントン条約（CITES）とは」中野秀樹・高橋紀夫編『魚たちとワシントン条約』文一総合出版、七―二七頁
金子与止男　二〇一六b「ナポレオンフィッシュ」中野秀樹・高橋紀夫編『魚たちとワシントン条約』文一総合出版、一八一―一八五頁
鹿野忠雄　一九九六『東南亜細亜民族学先史学研究　1・2』（アジア学叢書）大空社
神野義治　一九九六「鮭の精霊とエビス信仰―藁人形のフォークロア」『鮭・鱒の民俗』（日本民俗文化資料集成⑲）、三一書房、三三二―三六七頁
神谷信明　二〇〇二「韓国における肉食文化とその背景」『印度學佛教學研究』五一（一）：二三三―二三七頁
辛川十歩・柴田武　一九八〇『メダカの方言　五、〇〇〇の変種とその分布』未央社
カーランスキー・マーク　一九九九『鱈―世界を変えた魚の歴史』（池央耿・訳）飛鳥新社
川勝平太　一九九七『文明の海洋史観』中央公論社

川端牧　一九九九「糸満の魚名を考える―知識の個人差と専門化という視点から」『沖縄文化』三五（一）：七七―九六頁
木村圭一　一九九六「アイヌ地名から見た古代日本の鮭の分布」谷川健一編『鮭・鱒の民俗』（日本民俗文化資料集成⑲）三一書房、六一―六九頁
九頭見和夫　二〇一一「日本の「人魚」伝説―「八百比丘尼伝説」を中心として―」『人間発達文化学類論集』一三：六六―七三頁
久手堅憲夫　二〇〇五「那覇（ナーファ）という地名の由来―伊波普猷の魚場説は定説になりうるか」南島地名研究センター編『南東の地名』第6集（仲松弥秀先生カジマヤー記念号）ボーダーインク、一七七―一八七頁
工藤雄一郎　二〇一四「縄文時代草創期土器の煮炊きの内容物と植物利用―王子山遺跡および三角山Ⅰ遺跡の事例から」『国立歴史民俗博物館研究報告』一八七：七三―九三頁
窪徳忠　一九九九『道教百話』（講談社学術文庫）講談社
黄彗性・石毛直道　一九八八『韓国の食』平凡社
河野通博　一九六二『漁場用益権の研究』未来社
国分直一　一九七六『環シナ海民族文化考』（考古民俗叢書15）慶友社
後藤明　一九九九『「物言う魚」たち―鰻・蛇の南島神話』小学館
小長谷有紀　二〇〇五『世界の食文化3　モンゴル』農文協
小濱亜由美　二〇一三「『魔海魚譜』について」『鹿児島総合研究博物館 News Letter』三一：二―一一頁
小早川みどり　二〇一六「現生ナマズの系統と現状」秋篠宮文仁・緒方喜雄・森誠一編『ナマズの博覧誌』誠文堂新光社、三四二―三五七頁
小林達雄　一九九六『縄文人の世界』朝日新聞社
小林達雄　二〇〇八『縄文の思考』（ちくま新書）筑摩書房
駒込林二　一九九八「動物を犠牲にする土俗」礫川全次編著『生贄と人柱の民俗学』批評社、二一八―二三〇頁
小峯和明　二〇一〇「お伽草紙と狂言―料理・異類・争論」『Asian Cultural Studies, Special Issue』一八：一五―二一頁
近藤二郎　二〇一〇『わかってきた星座神話の起源―古代メソポタミアの星座』誠文堂新光社
佐伯有清　一九六七『牛と古代人の生活』至文堂
滋賀県ミュージアム活性化推進委員会　二〇一六『みんなで語る「ふなずし」の歴史』サンライズ出版

滋賀県立琵琶湖博物館編　二〇〇三『鯰―魚と文化の多様性』サンライズ出版
蔀関月　二〇〇五『日本山海名産図絵』名著出版
渋澤敬三　一九五九『日本魚名の研究』角川書店
渋澤敬三　一九九二ａ「オコゼについて」『日本魚名の研究』（網野善彦ほか編『渋澤敬三著作集』第２巻）平凡社、一四六―二一七頁
渋澤敬三　一九九二ｂ「成長段階名」『日本魚名の研究』（網野善彦ほか編『渋沢敬三著作集』第２巻）平凡社、二一八―二五七頁
渋澤敬三　一九九二ｃ「オコゼに関する資料抄」『日本魚名の研究』（網野善彦ほか編『渋澤敬三著作集』第２巻）平凡社、三四八―三七〇頁
島袋源七　二〇〇八「沖縄の古代生活」谷川健一編『村落共同体』（〈沖縄〉論集成―叢書わが沖縄・第四巻）日本図書センター、九一―一八二頁
清水潮　一九八九『フグ毒の謎を追って』裳華房
下田正弘　一九八九「三種の浄肉再考―部派における肉食制限の方向」『佛教文化』二五：一―二二頁
下田正弘　一九九〇「東アジア仏教の戒律の特色」『東洋学術研究』二二四：九八―一一〇頁
下山晃　二〇〇五『毛皮と皮革の文明史　世界フロンティアと掠奪のシステム』ミネルヴァ書房
シュペングラー・オスヴァルト　二〇〇七ａ『西洋の没落―世界史の形態学の素描〈第１巻〉形態と現実と』（村松正俊・訳）五月書房
シュペングラー・オスヴァルト　二〇〇七ｂ『西洋の没落―世界史の形態学の素描〈第２巻〉世界史的展望』（村松正俊・訳）五月書房
徐韶謙　二〇〇三「漁撈と魚の民俗分類」『自然と文化』（特集　台湾蘭嶼の民族と文化）七五：六〇―六七頁
白井隆明　二〇〇五「魚介類の味（食品の二次機能）」谷内透他編『魚の科学事典』朝倉書店、四四〇―四五〇頁
白野夏雲　二〇〇六『復刻版　麑海魚譜』書肆侃侃房
菅豊　一九九四「呪具としての魚叩棒・呪術としての魚叩行為（アイヌ編）」『動物考古学』三：二一―四二頁
菅豊　一九九六「鮭をめぐる民俗的世界―北方文化に見られる死と再生のモデル」『鮭・鱒の民俗』（日本民俗文化資料集成⑲）三一書房、三五〇―三六七頁

菅豊　二〇一二「反・供養論―動物を「殺す」ことは罪か？―」秋道智彌編『日本の環境思想―人文知からの問い』岩波書店、二二五―二四八頁
須藤健一　一九七九「カヌーをめぐる社会関係―ミクロネシア、サタワル島の社会人類学的調査報告」『国立民族学博物館研究報告』四（二）：二五一―二八四頁
須藤健一　一九九一「ヤップの離島支配―朝貢と交易にみる呪術・宗教的力」秋道智彌編『海人の世界』同文舘出版、一九七―二一七頁
須藤健一・SAUCHOMAL, Sabino　一九八二「カヌーと航海にまつわる民話―ミクロネシア Satawal 島の伝統的航海術の外延」『国立民族学博物館研究報告』六（四）：六三九―七六六頁
仙波靖子　二〇一六「サメ類掲載問題」中野秀樹・高橋紀夫編『魚たちとワシントン条約』文一総合出版、一五九―一七二頁
染木煦　一九三七「ヤップ離島巡航記」『民族学研究』三（三）：五四五―六〇四頁
平良恵貴　二〇一〇『琉球の地名と神名の謎を解く』アント出版
高橋忠彦・高橋久子・古辞書研究会編著　二〇〇四『御伽草子精進魚類物語　研究・索引篇』汲古書院
竹ノ内一昭　二〇一三「江戸時代の皮革の交易」『皮革科学』五九（三）：一一五―一二〇頁
竹ノ内一昭　二〇一六「近世アジアの皮革6　日本の皮革貿易」『かわとはきもの』一七五：二―八頁
田口理恵　二〇一二『魚のとむらい―供養碑から読み解く人と魚のものがたり』東海大学出版会
立川武蔵　二〇一二「「　」供養の概念について―南アジアと東アジアの比較」秋道智彌編『日本の環境思想―人文知からの問い』岩波書店、二〇四―二二四頁
ターナー・W・ヴィクター　一九九六『儀礼の過程』（冨倉光雄・訳）新思索社
谷川健一　二〇一二「イフー海岸の砂浜」『谷川健一全集第一六巻　地名三―列島縦断地名逍遥』冨山インターナショナル、一四四―一四六頁
張競　二〇〇三『動物幻想とその表象類型―『山海経』の幻想動物の形態的特徴をめぐって」『明治大学教養論集』三六三：一―五四頁
知里真志保　一九八四『地名アイヌ語小辞典』北海道出版企画センター
鄭大声　一九九八『朝鮮半島の食と酒―儒教文化が育んだ民族の伝統』中央公論社
出口公長　二〇〇六「正倉院宝物の皮革材質調査とその技術」『皮革科学』五二（二）：四七―五八頁

出口公長　二〇〇七「貴重品収納の漆皮箱、金銀鈿荘唐大刀は最高級宝剣」（正倉院と皮革⑥）『かわとはきもの』一四一：一三―一七頁
寺嶋秀明・篠原徹編　二〇〇二『講座生態人類学7　エスノサイエンス』京都大学学術出版会
寺嶋昌代・荻生田憲昭　二〇一四「世界のナマズ食文化とその歴史」『日本食生活学会誌』二五（三）：二一一―二二〇頁
トインビー・アーノルド・J　一九七五『歴史の研究』（長谷川松治・訳）社会思想社
陶思炎　一九九〇「東方魚文化三題」『比較文化研究』二一：三三―四〇頁
冨島壮英　一九八九「ドゥナン（与那国）語源考」『総合調査報告書Ⅳ―与那国島（よなぐにじま）』沖縄県立博物館、一五―二四頁
友田重臣　二〇一六「「鰻」と「鯰」の禁食信仰」秋篠宮文仁・緒方喜雄・森誠一編『ナマズの博覧誌』誠文堂新光社、一五八―一六一頁
ドロール・ロベール　一九九八『動物の歴史』（桃木暁子・訳）みすず書房
ド・ドンデ、ヴィック　一九九三『人魚伝説』荒俣宏監修・富樫瓔子訳（知の再発見双書三二）創元社、一〇八―一〇九頁
中井精一　二〇〇五「魚類の成長段階名と地域社会―出世魚ブリをめぐる民俗分類とその背景」『日本語学』二四（九）：一八―三〇頁
中井精一　二〇一六a「総論「富山湾」美しく豊かな海」『ビオストーリー』二六：六―一五頁
中井精一　二〇一六b「23ぶり（鰤）」大西拓一郎編『新日本言語地図―分布図で見渡す方言の世界』朝倉書店、四六―四七頁
永積洋子編　一九八七『唐船輸入品数量一覧　一六三七～一八三三年』創文社
長沼さやか　二〇一〇『広東の水上居民：珠江デルタ漢族のエスニシティとその変容』風響社
仲原善忠・外間守善　一九七八『おもろさうし辞典・総索引』角川書店
中坊徹次編　二〇一三『日本産魚類検索　全種の同定』東海大学出版会
中松竹雄　一九七六『南島方言の記述的研究』根元書房
西尾幸郎　一九九一「浅川湾産スベスベマンジュウガニからフグ毒関連物質の分離について」『四国女子大学紀要』一一（一）：三一―四〇頁
日本魚類学会編　一九八一『日本産魚名大辞典』三省堂

日本の食生活全集「新潟」編集委員会編　一九八五『聞き書新潟の食事』（日本の食生活全集15）農山漁村文化協会
農商務省水産局編纂　一九八三『日本水産製品誌』（復刻版）岩崎美術社
野口一雄　一九九八「鮭の大助の語るもの」『東北民俗学研究』六：一九―三二頁
野口玉雄　一九九六『フグはなぜ毒をもつのか　海洋生物の不思議』日本放送出版協会
野林厚志　二〇〇〇「「悪い魚」と「真の魚」―台湾ヤミの魚食における食物規制」竹井恵美子編『食とジェンダー』ドメス出版、四六―六三頁
野村敬子　一九八一『真室川の昔話』桜楓社
バイイ・ジャン＝クリストフ　二〇一三『思考する動物たち―人間と動物の共生をもとめて』（石田和男、山口俊洋・訳）出版館ブック・クラブ
橋本道範編著　二〇一六『再考　ふなずしの歴史』サンライズ出版
橋本芳郎　一九八〇『魚貝類の毒』学会出版センター
原田信男　一九八五「日本中世における肉食について―米社会との関連から」石毛直道編『東アジアの食事文化』平凡社、五〇一―五三六頁
原田信男　一九八九『江戸の料理史―料理本と料理文化』中央公論社
春田直紀　二〇〇八「モノからみた15世紀の日本」『日本史研究』五四六：二二―四五頁
春田直紀　二〇一〇「魚介類記事から見えてくる世界」『琵琶湖博物館研究調査報告』二五：七三―八一頁
ハンチントン・サミュエル・P　一九九八『文明の衝突』（鈴木主税・訳）集英社
土方久功　一九七五『復刻　サテワヌ島民話―ミクロネシアの孤島』アルドオ
日髙敏隆　一九八八『動物という文化』講談社
人見必大　一九八〇『本朝食鑑4』（島田勇雄・訳註）（東洋文庫378）平凡社
檜山義夫・安田富士郎　一九七二『中部南太平洋有用有毒魚図鑑』講談社
藤井健夫　二〇〇五「水産食品の誕生」谷内透ほか編『魚の科学事典』朝倉書店、四八三―四八八頁
藤沢美雄　一九八八『岩手の妖怪物語』トリョーコム
福井正二郎　一九九九『紀州・熊野採集日本魚類図譜』（望月賢二・監修）はる書房
福井正二郎・渡邊俊・飯田碧　二〇〇八「【紀州・熊野採集】日本魚類図譜から考察される当地域の稀種と魚類相」『南紀生

物』五〇（一）：一〇八―一一三頁
福島路生・帰山雅秀・後藤晃　二〇〇八「イトウ：巨大淡水魚をいかに守るか」（シリーズ・日本の希少魚類の現状と課題）『魚類学雑誌』五五（一）：四九―五三頁
藤林泰・宮内泰介　二〇〇四『カツオとかつお節の同時代史―ヒトは南へ、モノは北へ』コモンズ
ブレンダ・ローゼン　二〇〇九『妖怪バイブル-幻想の生きものについて知りたかった事の全てが解る』（中谷友紀子・訳）ガイアブックス
ブローデル・フェルナン　二〇〇四『地中海Ⅰ　環境の役割』（浜名優美・訳）藤原書店
ヘッケル・エルンスト　二〇〇九『生物の驚異的な形』（戸田裕之・訳、小畠郁生監修）河出書房新社
ペルシウス・ユウェナーリス　二〇一二『ローマ諷刺詩集』（国原吉之助・訳）岩波書店
堀越昌子　二〇一六「鯰の熟れ鮨」秋篠宮文仁・緒方喜雄・森誠一編『ナマズの博覧誌』誠文堂新光社、三〇二―三〇七頁
ボレー・カロリン　二〇〇四「日本文化における鯉」『日本語・日本文化』三〇：六一―九六頁（大阪外国語大学留学生日本語教育センター）
牧野清　一九八一『八重山の明和大津波』城野印刷所、二四五―二五〇頁
松浦章　二〇一二「江戸時代に長崎から中国へ輸出された乾物海産物」『関西大学東西学術研究所紀要』四五：四七―七六頁
マッコール・ヘンリエッタ　一九九四『メソポタミアの神話』（青木薫・訳）丸善
松平俊久　二〇〇五「セイレン」『図説ヨーロッパ怪物文化誌事典』原書房、一七〇―一七一頁
松平俊久　二〇一二「西欧におけるハイブリッドとしての怪物」奥野克巳・山口未花子・近藤祉秋編『人と動物の人類学』春風社、六三―九三頁
南川雅男　二〇一四『日本人の食性―食性分析による日本人像の探究』（日本歴史　私の最新講義）敬文舎
宮正樹　二〇一六『新たな魚類大系統――遺伝子で解き明かす魚類3万種の由来と現在（シリーズ　遺伝子から探る生物進化4）』慶應義塾大学出版会
宮古郷土史研究会編　一九七六『宮古島紀事仕次』宮古島郷土史研究会
宮原弘和　一九八三「クマノミ（ムガニクー）」沖縄大百科事典刊行事務局編『沖縄大百科事典』沖縄タイムス社、九七一頁
ミルトン・ジョン　一九八一a『失楽園　上』（平井正穂・訳）岩波書店
ミルトン・ジョン　一九八一b『失楽園　下』（平井正穂・訳）岩波書店

村上正二訳注　一九七〇『モンゴル秘史1　チンギスカン物語』（東洋文庫一六三）、平凡社、一〇七―一〇九頁
本村浩之　二〇一一「魚類学的視点から見た「魔海魚譜」」『鹿児島総合研究博物館 News Letter』三一：一一―一二頁
森口恒一　二〇〇三「真の魚・悪い魚・年寄りの魚」『自然と文化』七五：五八―五九頁
森中香奈子　二〇〇六「鮫皮の性質と日本鮫皮工芸の歴史」『皮革科学』五二（一）：一―七頁
安室知　二〇一五「ブリの成長段階名と現代社会」『歴史と民俗』三一：三一一―三五三頁
矢野憲一　一九八一『魚の民俗』雄山閣
矢野憲一　二〇一六『魚の文化史』講談社
柳田国男　一九八九「物言う魚」『柳田国男全集　六』筑摩書房、四四七―四五八頁
屋比久壮実　二〇〇四『沖縄のサンゴ礁を楽しむ　磯の生き物』アクアコーラル企画
薮内芳彦編著　一九七八『漁撈文化人類学の基本的文献資料とその補説』風間書房
山口和雄　一九三九『近世越中灘浦台網漁業史：附録』アチックミユーゼアム
山崎健　二〇一三「古代日本の食嗜好に関する研究」『浦上財団研究報告書』二〇：一三三―一四二頁
山崎真治　二〇一五『島に生きた旧石器人―沖縄の洞窟遺跡と人骨化石』新泉社
山崎幹夫　一九九五「毒薬の誕生」角川書店
山崎幹夫　二〇〇〇『歴史を変えた毒』角川書店
山崎幹夫・中嶋暉躬・伏谷伸宏　一九八五『天然の毒』講談社
山中由里子　二〇一六「人魚のミイラ―「リアルなニセモノ」と対面する驚き」国立民族学博物館編『見世物大博覧会』国立民族学博物館、一九四―一九五頁
山中由里子　二〇一七「捏造された人魚―イカサマ商売とその源泉をさぐる」稲賀繁美編『海賊史観からみた世界史の再構築―交易と情報流通の現在を問い直す』思文閣出版、一七〇―一九五頁
ユルスナール・マルグリット　二〇〇八『ハドリアヌス帝の回想』（多田智満子・訳）、白水社
横井謙典　一九九〇『方言でしらべる沖縄の魚図鑑』沖縄出版
横瀬浩二　一九八四「予見可能性の程度―坂東三津五郎フグ中毒死事件（判例研究）『中京大学大学院生法学研究論集』四：一五〇―一五七頁
吉井始子編　一九七八「鯨肉調味方」『江戸時代料理本集成』第八巻、臨川書店、二七五―二九二頁

吉井良隆編　二〇〇七『エビス信仰辞典』戎光祥出版
吉田兼好　一九九一『徒然草』（西尾実・安良岡康作・校注）岩波書店
吉田仁編　二〇一五『宮古弁小辞典』うみがめ文庫（Kindle版）
吉田宗男　一九九八「親鸞における肉食の意味」『印度學佛教學研究』四七（一）：二一三―二一五頁
吉野哲夫・西島信昇・篠原士郎　一九七五「琉球列島産魚類目録」『琉球大学理工学部紀要　理学編』二〇：六一―一一八頁。
吉野哲夫・益田一・荒賀忠一編　一九七五『魚類図鑑　南日本の沿岸魚』東海大学出版会
吉葉繁雄　一九八九『フグはなぜ毒で死なないか』講談社
李盛雨　一九九九『韓国料理文化史』平凡社
リコッティ・エウゲニア・S・P　二〇一一『古代ローマの饗宴』（武谷なおみ・訳）講談社
梁晨千鶴　二〇一四『東方栄養新書』メディカルユーコン
レヴィ＝ストロース・クロード　一九七六『野生の思考』（大橋保夫・訳）みすず書房
レヴィ＝ストロース・クロード　二〇〇〇『今日のトーテミズム』（仲沢紀雄・訳）みすず書房
魯忠民　二〇〇三「トーテムに子孫繁栄を託す―人面魚紋彩陶盆」『人民中国』（この館この一点）二〇〇三年九月号
渡部武　一九九四「水利潅漑伝承と陂塘稲田模型」『日中文化研究』六：一〇一―一一一頁
渡部武　二〇〇五「中国人の養鯉技術の知恵―陂塘稲田養魚と桑基魚塘」『ビオストーリー』三：六六―七三頁
渡辺仁　一九六三「アイヌのナワバリとしてのサケの産卵区域」『民族学ノート』（岡正雄教授還暦記念論文集）平凡社、二七八―二九七頁
渡部裕　一九九六「北東アジア沿岸におけるサケ漁（I）」『北海道立北方民族博物館研究紀要』五：八五―一〇二頁
渡部裕　一九九七「北東アジア沿岸におけるサケ漁（II）」『北海道立北方民族博物館研究紀要』六：一九九―二一六頁
渡部裕　一九九九「北方民族とサケ」『神の魚・サケ―北方民族と日本』（財）北方文化振興協会、五―一二頁
沈世傑　一九八四『台湾近海魚類図鑑』沈世傑
張文　一九九五『香港海鮮大全』萬里機構・飲食天地出版社
陶隠夕編　二〇〇八『図解神農本草経』山東美術出版社
余光弘　一九九四「雅美人食物的分類及其社會文化意義」『中央研究院民族學集刊』第七六期、二一一―四二頁

楊維湘・林長治・趙丕揚合　一九九四『海味乾貨大全』飲食天地出版社
朴九秉　一九八七『韓半島沿岸捕鯨史』太和出版社

ADAMS, Robert McCormick 1956. Some hypotheses on the development of early civilizations. *American Antiquity* 21(3): 227–232.

AKIMCHI, T. 1980. A note on Palauan food categories: odóim vs. ongráol: Palawan food categories. *Bulletin of the National Museum of Ethnology* 5(3): 493–510.

AKIMICHI, Tomoya 1984. Territorial regulation in the small-scale fisheries in Itoman, Okinawa. In K.Ruddle and T. Akimichi eds. *Maritime Institutions in the Western Pacific*. Senri Ethnological Studies No.17, pp.89–120.

AKIMICHI, Tomoya. 1991. Sea tenure and its transformation in the Lau of north Malaita, Solomon Islands. *South Pacific Study* 12(1): 1–22.

AKIMICHI, Tomoya and Sabino SAUCHOMAL 1982. Satawalese fish names. *Micronesica* 18(2): 1–34.

AKIMICHI, Tomoya and Osamu SAKIYAMA 1991. Manus fish names. *Bulletin of the National Museum of Ethnology* 16(1): 1–29.

ALKIRE, William H. 1970. System of measurement on Woleai atoll. *Anthropos* 65: 1–73.

ALKIRE, William H. 1972. Concepts of order in Southeast Asia and Micronesia. *Comparative Studies in Society and History* 14(4): 484–493.

ANDERSON, E.N. Jr. 1969. Sacred fish. *Man* (n.s.) 4: 443–449.

ANDREAS, L. 2012. Characterization of seafood proteins causing allergic diseases. In Pereira, Celso ed. *Allergic Diseases: highlights in the clinic, mechanisms and treatment*. InTech, Rijeka, Croatia, pp. 107–140.

APEC–MRCWG 1998. *Proceedings of the APEC Workshop on the Impacts of Destructive Fishing Practices on the Marine Environment*, 16–18 December 1997. Agriculture and Fisheries Department, Hong Kong.

BAGNALL, R. S. 2005 [2001]. Roman occupation. In D. B. Redford ed., *The Oxford Encyclopedia of Ancient Egypt* (e-reference edition). Oxford University Press, University of Toronto Libraries: http://go.utlib.ca/cat/5906146, pp. 532–535.

BLACK, Jeremy, Anthony, GREEN, and Tessa, RICHARDS. 1992. *Gods, Demons and Symbols of Ancient Mesopotamia. An Illustrated Dictionary*. British Museum in association with the University of Texas Press.

BLUST, Robert and Stephen TRUSSEL. *Austronesian Comparative Dictionary: Work in Progress*. (Web Edition)

BOULENGER, George A. 1907. *Zoology of Egypt: The Fishes of the Nile*. Hugh Rees.

BREWER, D.J. 2001. Fish. In D.B. Redford ed., *The Oxford Encyclopedia of Ancient Egypt*, 1, Oxford University Press, pp.532–535.

BREWER, D. J. and FRIEDMAN, Renée F. 1989. *Fish and Fishing in Ancient Egypt*. Warminster.

BROWN, H. Cecil. 1979. Folk zoological life-forms: their universality and growth. *American Anthropologists* 81(4): 791–817.

BULMER, R.N.H. 1967. Why is the cassowary not a bird? A problem of zoological taxonomy among the Karam of the New Guinea Highlands. *Man* (n.s.) 2(1): 5–25.

BURROWS, W. 1965. "Palolo", notes on the periodic appearance of the anelia worm *Eunice viridus* (Gray) in the south-west Pacific Islands. *Journal of the Polynesian Society* 64(1): 137–154.

CARRIER, James G. 1981. Ownership of productive resources on Ponam Island, Manus Province. *Journal de la Société des Océanistes* 37 (72): 205–217.

CAUGHEY, J.L. 1977. Fáánakkar Cultural values in a Micronesian society. *University of Pennsylvania Publications in Anthropology* No.2. The Department of Anthropology, University of Pennsylvania.

CHILDE, G.V. 1936. *Man Makes Himself*. Watts.

COAD, Brian W. 2012. Fish 1. Freshwater Fishes. *Encyclopædia Iranica* 9(6): 655–668.

CODRINGTON, R.H. 1891. *The Melanesians—Studies in their Anthropology and Folklore*. The Clarendon Press.

CORBIN, George Allen 1976. The Art of the Baining of New Britain. Columbia University Dissertation.

CORBIN, George Allen 1979. The Art of the Baining: New Britain. In Sidney M. Mead ed. *Exploring the Visual Art of Oceania*. University Press of Hawaii, pp. 159–179.

CORBIN, George Allen 1982. Chachet Bainign Art. *Expedition Magazine* 24(2): 5–16.

CORBIN, George Allen 1984. The central Baining revisited: "Salvage" art history among the Kairak and Uramot Baining of East New Britain, Papua New Guinea. *RES: Anthropology and Aesthetics* No. 7/8: 44–69.

CORBIN, George Allen 1986. Art of the Chachet, Kairak, and Uramot Baining of New Britain, Papua New Guinea. In *Masking and Ritual Theater of the Baining and Gimi Peoples of Papua New Guinea*, Tompkins Square Books, pp.1–11.

CRAIG, O. E., H. SAUL, A. LUCYIN,˒ Y. NISHIDA, K. TACHÉ,˒ L. CLARKE, A. THOMPSON, D. T. ALTOFT,˒ J. UCHIYAMA, M. AJIMOTO, K. GIBBS,˒ S. ISAKSSON, C. P. HERON, and P. JORDAN. 2013. Earliest evidence for the use of pottery. *Nature* 496: 351–354.

CURTIS, Edward S. V. 1928. *The North American Indian*. Vo.18. The Plimpton Press.

DAMM, Hans 1938. Zentralkarolinen. In G. Thilenius ed. *Ergebnisse der Südsee-Expedition 1908-1910*, Band 10–II. Friedrichsen, de Gruyter & Co.

DANNESKIOLD, S. 1988. The abomination of the fish in Egyptian religion. *Kart Richard Lepsius : Akten der tagung anlässlich* 100: 18–25.

DEPARTMENT OF LAND AND NATURAL RESOURCES, DIVISION OF AQUATIC RESOURCES 2012. Molokai Island Gill–net Project May 2008 – June 2009. Division of Aquatic Resources, State of Hawai'i.

DÉRY, Carol A. 1977. Fish as food and symbol in ancient Rome. In Walker, Harlan ed. *Fish Food from the Waters.* （Proceeding of the Oxford Symposium on Food and Cookery 1997）. Prospect Books, pp. 94–115.

DESCOLA, Philippe 2005. *Par-Delà Nature et Culture*. Gallimard.

DESCOLA, Philippe 2013. *Beyond Nature and Culture*. The University of Chicago Press.

DOUGLAS, Mary. 1957. Animals in Lele Religious Symbolism. *Journal of the International African Institute*. 27(1): 46–58.

DOUGLAS, M. 1966. *Purity and Danger : An Analysis of the Concepts of Pollution and Taboo*. Routledge and Keegan Paul.

DREW, Joshua, Phillip, CHRISTOPHER, and Mark W. WESTNEAT. 2013. Shark tooth weapons form the 19th century reflect shifting baselines in Central Pacific predator assemblies. http://dx.doi. 0rg/10.1371/journal. Pone 0059055

DOBNEY, Keith and Anton VERVYNCK. 2007. To fish or not to fish? Evidence for the possible avoidance of fish consumption during the Iron Age around the North Sea. In Colin Haselgrove and Tom Moore eds., *The Later Iron Age in Britain and Beyond*, Oxbow Books, pp.403–418.

DULMAA, A. 1999. Fish and fisheries in Mongolia. In Petr, T. ed. *Fish and fisheries at higher altitudes: Asia.* （FAO Fisheries Technical Paper. No. 385） FAO, pp.187–236.

FEENY, D., F. BERKES, B. McCAY, and J. ACHESON 1990. The tragedy of the commons: twenty–two years later. *Human Ecology* 18 (1): 1–19.

FIRTH, R. 1938. Totemism in Polynesia. *Oceania* 1(3): 291–321.

FIRTH, R. 1939. Totemism in Polynesia. *Oceania* 1(4): 377–398.

FIRTH, R. 1967. Sea creatures and spirits in Tikopia belief. In G.A. Highland, R.W. Force, A. Howard, M. Kelly and Y.H. Sinoto eds.

Polynesian Culture History. (Bernice P. Bishop Museum Special Publication 56), pp.539–564.

FUJITA, Masaki, Shinji YAMASAKI, Chiaki KATAGIRI, Itsuro OSHIRO, Katsuhiro SANO, Taiji KUROZUMI, Hiroshi SUGAWARA, Dai KUNIKITA, Hiroyuki MATSUZAKI, Akihiro KANO, Tomoyo OKUMURA, Tomomi SONAE, Hikaru FUJITA, Satoshi KOBAYASHI, Toru NARUSE, Megumi KONDO, Shuji MATSU'URA, Gen SUWA, and Yousuke KAIFU 2016. Advanced maritime adaptation in the western Pacific coastal region extends back to 35,000—30,000 years before present. *PNAS* 113(40): 11184–11189.

GOLDMAN, Jason G. 2013. Once upon a time, The Catholic church decided that beavers were fish. *Scientific American* 2013 May 23.

GORDON, H.S. 1954. The economic theory of a common-property resource: the fishery. *Journal of Political Economy* 62: 124–142.

GUNTHER, Erma 1926. An analysis of first salmon ceremony. *American Anthropologist* (n.s.) 28: 605–617.

GUNTHER, Erma 1928. *A Further Analysis of the Analysis of First Salmon Ceremony*. University of Washington Press.

GOODENOUGH, Ward H. 2002. *Under Heaven's Brow -Pre-Christian Religious Tradition in Chuuk*. American Philosophical Society.

HADDON, A. C. and J. HORNELL. 1975. *Canoe of Oceania*. (Special publication), Bernice P. Bishop Museum.

HANCOCK, Graham 1997. *Fingerprints of the Gods*. Random House.

HARDIN, G. 1968. The tragedy of the commons. *Science* 162: 1243–1248.

HAYS, Jeffrey. 2008. *Classical Cookbook by Andrew Dalby and Sally Grainger*, J. Paul Getty Museum.

HELCK, Wolfgang und Eberhard, OTTO. 1977. "Fische, profan" und "Fische, religiös". *Lexikon der Ägyptologie*, Bd. 2. Harrassowitz, pp. 224–234.

HIROA, Te RANGI 1971. *Samoan Material Culture*. (Bernice P. Bernice P. Bishop Museum Bulletin 75). The Bishop Museum Press.

HOGBIN, H. I. 1938a. Tillage and collection: a New Guinea economy. *Oceania* 9(2): 127–151.

HOGBIN, H. I. 1938b. Tillage and collection: a New Guinea economy. *Oceania* 9(3): 286–325.

IKRAM, S. 2001. Diet. In D.B. Redford ed., *The Oxford Encyclopedia of Ancient Egypt*, 1:390–395. Oxford University Press.

IVENS, Walter G. 1927. *Melanesians of the South-East Solomon Islands*. Benjamin Blom.

IVENS, Walter G. 1930. *The Island Builders of the Pacific*. Seeley, Son & Co.

JENSEN, A. 2009. Shifting Focus: Redefining the Goals of Sea Turtle Consumption and Protection in Bali. Independent Study Project (ISP) Collection Paper 753. http://digitalcollections.sit.edu/isp_collection/753.

JOHNSTON, Ruth A. 2011. *All Things Medieval: An Encyclopedia of the Medieval World*. Greenwood.

KAMAL, Samar Mostafa 2009. Taboos in Ancient Egypt. In Ferdinando Trapani Giovanni Ruggieri eds., The third IRT International Scientific Conference Integrated Relational Tourism Territories and Development in the Mediterranean Area. Helwan – Egypt 24 | 25 | 26 October 2009 Conference Proceedings Volume IB, pp.539–548.

KEEN, I. 1978. One Ceremony, One Song: An Economy of Religious Knowledge among the Yolngu of Northeast Arnhem Land. Ph.D. thesis. Australian National University.

KLUCKHORN, Clyde. 1958. The scientific study of values and contemporary civilization. *Proceedings of the American Philosophical Society* 102: 469–76.

KOTTELAT, Maurice. 2006. Fishes of Mongolia-A check-list of the fishes known to occur in Mongolia with comments on systematics and nomenclature. World Bank.

KRÄMER, Augustin 1932. Truk. In G. Thilenius ed. *Ergebnisse der Südsee Expedition 1908-1910*. Series II, B, Vol.5. Friedrichen, De Gruyter & Co.

KUSAKA Soichiro, ISHIMARU Eriko, HYODO Fujio, GAKUHARI Takashi, YONEDA Minoru, YUMOTO Takakazu, and TAYASU Ichiro. 2016. Homogeneous diet of contemporary Japanese inferred from stable isotope ratios of hair. *Scientific Reports* 6: 33122 (DOI: 10.1038/srep33122).

LANDAR, H. 1960. The loss of Athapaskan words for fish in the Southwest. *International Journal of American Linguistics* 26(1).

KUNIKITA, D., I. SHEVKOMUD, YOSHIDA, K., ONUKI, S., YAMAHARA, T. and H. MATSUZAKI. 2013. Dating charred remains on pottery and analyzing food habits in the early Neolithic period in northeast Asia. *Radiocarbon* 55(2–3): 1334–1340.

LAZENBY, Richard A. and McCORMACK, Peter. 1985. Salmon and malnutrition in the Northwest Coast. *Current Anthropology* 26(3): 379–384.

LEACH, Edmund R. 1950. Primitive calendar. *Oceania* 20(4): 246–262.

LOBEL, P.S. 1978. Gilbertese and Ellice Islander names for fishes and other organisms. *Micronesica* 14(2): 177–197.

LOPATA, A. and S. LEHRER. 2009. New insights into sea food allergy. *Current opinion in allergy and clinical immunology* 9(3): 270–277.

LOPATA, A., R. O'HEHIR, and S. LEHRER. 2010. Shellfish allergy. *Clinical & Experimental Allergy* 40(6): 850–858.

LUOMALA, K. 1981. Eels in Gilbert Islands culture : traditional beliefs, rituals and narratives. *Journal de la Société des océanistes* 37

(72): 227–237.

LUOMALA, K. 1984. Sharks and shark fishing in the culture of Gilbert Islands, Micronesia. In B. Gunda ed., *The Fishing Cultures of the World: Studies on Ethnology, Cultural Ecology and Folklore*. Vol. 2. Akademiai Kiadó, pp. 1203–1250.

LUCQUIN, Alexandre, Kevin GIBBS, Junzo UCHIYAMA, Hayley SAUL, Mayumi AJIMOTO, Yvette ELEYA, Anita RADINIA, Carl P. HERONE, Shinya SHODA, Yastami NISHIDA, Jasmine LUNDY, Peter JORDAN, Sven ISAKSSON, and Oliver E. CRAIG. 2016. Ancient lipids document continuity in the use of early hunter-gatherer pottery through 9,000 years of Japanese prehistory. *PNAS* 113 (15): 3991–3996.

MALINOWSKY, B. 1922. *Argonauts of the Western Pacific*. Routledge & Kegan.

MALINOWSKY, B. 1929. *The Sexual Life of Savages*. H. Ellis Publ.

MATTHEWS, W. 1898. Ichthyophobia, *The Journal of American Folklore*. 11(41): 105–112.

MEYER–ROCHOW, Victor Benno 2009. Food taboos: their origins and purposes. *Journal of Ethnobiology and Ethnomedicine* 5(18). Published online 2009 Jun 29. URL: https://doi.org/10.1186/1746-4269-5-18

MOHSIN, Abu Khair Mohammad and Mohd. Azmi AMBAK 1996. *Marine Fishes and Fisheries of Malaysia and Neighboring Countries*. Serdang (Malaysia) Universiti Pertanian Malaysia Press.

MONTAGUE, Leopold A.D. 1921. *Weapons and Implements of Savage Races (Australasia, Oceania, and Africa)*. The Bazaar, Exchange & Mart Office.

MONTET, P. 1950. Le fruit défendu. *Kêmi* 11: 85–116.

MOORE, R. E. and SCHEUER, P. J. 1971. Palytoxin: a new marine toxin from a coelenterate. *Science* 172(982): 495–298.

MORRILL, W.T. 1967. Ethnoichthyology of the Cha–Cha. *Ethnology* 6: 405–417.

MOHIUDDIN SAHEB Moulana Ghulam (compiled) 2010. *Nisab Ahle Khidmat-E-Sharia* (Syllabus for Observers of Islamic Law) PART I to VI, Majlis Ishaatul Uloom.

MUNRO, Ian S. R. 1967. *The Fishes of New Guinea*. Department of Agriculture, Stock and Fisheries. Victor C.N. Blight, Government Printer, p.164.

NGUEN, Duy Thieu and RUDDLE, Kenneth. 2010. Vietnam: The *van chai* system of social organization and fisheries community management: pre–existing aquatic management systems in Southeast Asia In Kenneth Ruddle and Arif Satria eds., *Managing Coastal*

Inland Waters, Springer, pp.129–160.

O'CONNOR, Sue, ONO, Rintaro, and Chris CLARKSON. 2011. Skills of modern humans pelagic fishing at 42,000 years before the present and the maritime. *Science* 34(6059): 1117–1121.

OISHI, Takanori 2016. Ethnoecology and ethnomedicinal use of fish among the Bakwele of southeastern Cameroon. *Revue d' ethnoécologie* 10. Published online 2016 Dec 31. URL : http://ethnoecologie.revues.org/2893

POSNANSKY, A. 1945. Tihuanacu. The Cradle of American Man I – II (Translated into English by James F. Sheaver), J. J. Augustin, Publ., New York and Minister of Education, La Paz, Bolivia.

POSNANSKY, A. 1957. Tihuanacu. The Cradle of American Man II – IV (Translated into English by James F. Sheaver), J. J. Augustin, Publ., New York and Minister of Education, La Paz, Bolivia.

POWDERMAKER, H. 1933. *Life in Lesu: A Study of a Melanesian Society in New Ireland*. W.W. Norton and Co., Inc.

RAHMAN, A. M. Abdel, HELLEUR, R. J., JEEBHAY, M. F., and LOPOTA, A. L. 2012. *Characterization of seafood proteins causing allergic diseases*. In: Pereira, Celso, ed. *Allergic Diseases: highlights* in the clinic, mechanisms and treatment. InTech, Rijeka, Croatia, pp. 107–140.

REDFORD, Donald B. Ed. 2001. Fish. *The Oxford Encyclopedia of Ancient Egypt*. Oxford University Press, vol.1: 532–535.

RENARD, Louis 1718 or 1719. Poissons, Ecrevisses et Crabes, de diverses couleurs et figures extraordinaires, que l'on trouve autour des Isles Moluques, et sur les côtes des Terres Australes. Louis Renard. (FALLOURS, Samuel. *Tropical Fishes of the East Indies*, TASCHEN)

RIVERS, W.H.R. 1914. *History of the Melanesian Society*. Vol.1 and 2. Cambridge University Press.

RUBINSTEIN, D.H. 1979. *An Ethnography of Micronesian Childhood: Contexts of Socialization of Fais Island*. University Microfilm International (Stanford University).

SHAW, I. and NICHOLSON, P. 2002. *British Museum Dictionary of Ancient Egypt*. British Museum Press.

SOPHER, D. 1977. *The Sea Nomads: A Study of the Maritime Boat People of the Southeast Asia*. The Museum.

STIETENCRON, Heinrich von. 2010. *Ganga and Yamuna: River Goddesses and their Symbolism in Indian Temples*. Orient Blackswan.

THOMAS. Maurice A. M. 1818. *Observations on the Remains of Ancient Egyptian Grandeur and Superstition, as Connected with Those of Assyria Forming the Appendix to Observation on the Ruins of Babylon*. John Murray.

TITCOMB, M. 1972. *Native Use of Fish in Hawaii*. The University Press of Hawaii..

TOYNE, J.M., C.D. WHITE, J.W. VERANO, SU CASTILLO, J.F. MILLAIRE, and F.J. LONGSTAFFE 2014. Residential histories of elites and sacrificial victims at Huacas de Moche, Peru, as reconstructed from oxygen isotopes. *Journal of Archaeological Science* 42, 15–28.

TSERPES, George, FIORENTINO Fabio, LEVI Dino, CAU, Angelo, MURENU, Matteo, , ZAMBONI, Ada, and PAPACONSTANTINOU, Costas. 2002. Distribution of *Mullus barbatus* and *M. surmuletus* (Osteichthyes: Perciformes) in the Mediterranean continental shelf: implications for management. *Scintia Marina* 66 (Suppl. 2): 39–54.

TSUCHIDA, Shigeru 1984. Fish names in Yami (Imorod dialect). *Tokyo University Linguistics Papers* 84.

TYLOR, Edward B.1871. *Primitive Culture-- Researches into the Development of Mythology, Philosophy, Religion, Art, and Custom*. J. Murray.

UIBLEIN, Franz and GOUWS, Gavin. 2014. A new goatfish species of the genus *Upeneus* (Mullidae) based on molecular and morphological screening and subsequent taxonomic analysis. *Marine Biology Research* 10(7): 655–681.

VEHLING, Joseph Dommers ed. 1977. Apicius, *Cookery and Dining in Imperial Rome: A Bibliography, Critical Review and Translation of the Ancient Book Known as 'Apicius de re Coquinaria'*, Dover (reprint). (Walter M. Hill, 1936).

WALKER, Harlan ed. 1998. *Fish Food from the Waters*. (Proceeding of the Oxford Symposium on Food and Cookery 1997). Prospect Books.

YUE, S. 2011. The welfare of crustaceans at slaughter. (A Humane Society of the United States Report), pp.1–10.

ZAHN, Johann 1696. *Specula physico-mathematico-historica, illus*. Public domain; thanks to Treasure of the NOAA Library Collection for the photo. The caption reads Triton or human–type sea monster.

ZERNER, C. 1990. Marine tenure in Indonesia's Makassar Strait: The Mandar raft fishery. Paper presented at the first annual meeting of the International Association for the Study of Common Property, Duke University. Durham, North Carolina, September 1990.

ZERNER, C. 1991. Sharing the catch in Mandar: Changes in an Indonesian raft fishery (1970–1989). In J.J. Porgie and R.B. Pollnac eds., *Small Scale Fishery Development: Sociocultural Perspectives*. University of Rhode Island.

ZERNER, C. 2003. Sounding the Makassar Strait: the poetics and politics of an Indonesian marine environment. In C. Zerner ed., *Culture and the Question of Rights to Southeast Asian Environments: Forests, Sounds, and Law*. Duke University Press.

索　引

凡例——括弧内は英語ないし現地語表記。

秋道智彌（あきみち　ともや）

1946年京都市生。総合地球環境学研究所名誉教授、山梨県立富士山世界遺産センター所長。生態人類学。理学博士。京都大学理学部動物学科卒、東京大学大学院理学系研究科人類学修士課程修了、同博士課程単位修得。国立民族学博物館民族文化研究部長、総合研究大学院大学先導科学研究科客員教授、総合地球環境学研究所教授、同副所長などを経て現職。
主な著書に、『なわばりの文化史—海・山・川の資源と民俗社会』（小学館、1995年）、『コモンズの人類学—文化・歴史・生態』（人文書院、2004年）、『コモンズの地球史』（岩波書店、2010年）、『漁撈の民族誌—東南アジアからオセアニアへ』（昭和堂、2013年）、『海に生きる—海人の民族学』（東京大学出版会、2013年）、『日本のコモンズ思想』（岩波書店、2014年）（編著）、『サンゴ礁に生きる海人』（榕樹書林、2016年）『越境するコモンズ—資源共有の思想をまなぶ』（臨川書店、2016年）などがある。

魚と人の文明論

二〇一七年十二月三十一日　初版発行

著　者　秋道智彌
発行者　片岡敦
印刷・製本　亜細亜印刷株式会社

発行所　株式会社　臨川書店
606-8204 京都市左京区田中下柳町八番地
電話（〇七五）七二一—七一一一
郵便振替　〇一〇七〇—二—八〇〇

落丁本・乱丁本はお取替えいたします
定価はカバーに表示してあります

ISBN 978-4-653-04118-4 C0039